高等学校土木工程专业系列规划教材

高等钢结构

主编　夏军武　常鸿飞　郭　震

WUHAN UNIVERSITY PRESS
武汉大学出版社

图书在版编目(CIP)数据

高等钢结构/夏军武,常鸿飞,郭震主编 .—武汉:武汉大学出版社,2019.5
高等学校土木工程专业系列规划教材
ISBN 978-7-307-20701-1

Ⅰ.高…　Ⅱ.①夏…　②常…　③郭…　Ⅲ.钢结构—高等学校—教材
Ⅳ.TU391

中国版本图书馆 CIP 数据核字(2019)第 022448 号

责任编辑:方竞男　　责任校对:李嘉琪　　装帧设计:吴　极

出版发行:**武汉大学出版社**　(430072　武昌　珞珈山)
(电子邮箱:whu_publish@163.com　网址:www.stmpress.cn)
印刷:北京虎彩文化传播有限公司
开本:880×1230　1/16　印张:11　字数:354 千字
版次:2019 年 5 月第 1 版　　2019 年 5 月第 1 次印刷
ISBN 978-7-307-20701-1　　定价:55.00 元

特别提示

教学实践表明，有效地利用数字化教学资源，对于学生学习能力以及问题意识的培养乃至怀疑精神的塑造具有重要意义。

通过对数字化教学资源的选取与利用，学生的学习从以教师主讲的单向指导模式转变为建设性、发现性的学习，从被动学习转变为主动学习，由教师传播知识到学生自己重新创造知识。这无疑是锻炼和提高学生的信息素养的大好机会，也是检验其学习能力、学习收获的最佳方式和途径之一。

本系列教材在相关编写人员的配合下，逐步配备基本数字教学资源，主要内容包括：

文本：课程重难点、思考题与习题参考答案、知识拓展等。

图片：课程教学外观图、原理图、设计图等。

视频：课程讲述对象展示视频、模拟动画，课程实验视频，工程实例视频等。

音频：课程讲述对象解说音频、录音材料等。

数字资源获取方法：

① 打开微信，点击"扫一扫"。

② 将扫描框对准书中所附的二维码。

③ 扫描完毕，即可查看文件。

更多数字教学资源共享、图书购买及读者互动敬请关注"开动传媒"微信公众号！

丛书序

土木工程涉及国家的基础设施建设，投入大，带动的行业多。改革开放后，我国国民经济持续稳定增长，其中土建行业的贡献率达到1/3。随着城市化的发展，这一趋势还将继续呈现增长势头。土木工程行业的发展，极大地推动了土木工程专业教育的发展。目前，我国有500余所大学开设土木工程专业，在校生达40余万人。

2010年6月，中国工程院和教育部牵头，联合有关部门和行业协(学)会，启动实施"卓越工程师教育培养计划"，以促进我国高等工程教育的改革。其中，"高等学校土木工程专业卓越工程师教育培养计划"由住房和城乡建设部与教育部组织实施。

2011年9月，住房和城乡建设部人事司和高等学校土建学科教学指导委员会颁布《高等学校土木工程本科指导性专业规范》，对土木工程专业的学科基础、培养目标、培养规格、教学内容、课程体系及教学基本条件等提出了指导性要求。

在上述背景下，为满足国家建设对土木工程卓越人才的迫切需求，有效推动各高校土木工程专业卓越工程师教育培养计划的实施，促进高等学校土木工程专业教育改革，2013年住房和城乡建设部高等学校土木工程学科专业指导委员会启动了"高等教育教学改革土木工程专业卓越计划专项"，支持并资助有关高校结合当前土木工程专业高等教育的实际，围绕卓越人才培养目标及模式、实践教学环节、校企合作、课程建设、教学资源建设、师资培养等专业建设中的重点、亟待解决的问题开展研究，以对土木工程专业教育起到引导和示范作用。

为配合土木工程专业实施卓越工程师教育培养计划的教学改革及教学资源建设，由武汉大学发起，联合国内部分土木工程教育专家和企业工程专家，启动了"高等学校土木工程专业系列规划教材"建设项目。该系列教材贯彻落实《高等学校土木工程本科指导性专业规范》《卓越工程师教育培养计划通用标准》和《土木工程卓越工程师教育培养计划专业标准》，力图以工程实际为背景，以工程技术为主线，着力提升学生的工程素养，培养学生的工程实践能力和工程创新能力。该系列教材的编写人员，大多主持或参加了住房和城乡建设部高等学校土木工程学科专业指导委员会的"土木工程专业卓越计划专项"教改项目，因此该系列教材也是"土木工程专业卓越计划专项"的教改成果。

土木工程专业卓越工程师教育培养计划的实施，需要校企合作，期望土木工程专业教育专家与工程专家一道，共同为土木工程专业卓越工程师的培养作出贡献！

是以为序。

2014年3月于同济大学四平路校区

前　言

随着社会经济的发展，钢结构的工程应用越来越多，钢结构的形式趋于多样化，其稳定问题也越来越突出。实际工程中因失稳造成的钢结构安全事故也时有发生，其主要原因归结于设计者和施工人员对稳定问题缺乏足够的认识。

稳定问题是钢结构最重要的问题之一，其分为构件的稳定、板件的稳定和结构的整体稳定三个层次。这三个层次的稳定问题相互影响，使稳定问题具有多样性、整体性和相关性的特点，因而非常复杂。因此，本书侧重于对稳定问题基本概念的阐述，辅以一定数量的例题和习题，并结合我国《钢结构设计标准》(GB 50017—2017)的规定，力图通过钢结构稳定分析，使读者清楚地认识到各种性质的稳定问题。

本书共分为7章：第1章和第2章主要介绍钢结构稳定的基本概念和基本分析方法，以期读者对稳定问题的性质有一个大致的了解；第2～5章主要介绍轴心受压构件、受弯构件和压弯构件的稳定问题，主要解决构件的整体稳定问题；第6章主要介绍板的局部稳定问题；第7章主要介绍框架平面内的弯曲失稳问题，结合简单的框架结构形式阐述结构的稳定问题及解决方法。本书内容深入浅出，每一章都从简单的问题开始，而后逐步深入，从理想情况过渡到有缺陷情况，从弹性情况过渡到弹塑性情况，从而使初学者容易理解和接受。另外，鉴于目前有限元计算软件的发展，很多稳定问题都可以通过有限元分析解决，因此本书没有介绍稳定分析的数值积分法。

本书由夏军武、常鸿飞、郭震担任主编。具体编写分工为：夏军武(第1章，第2章)、常鸿飞(第3～5章)、郭震(第6章，第7章)。

由于编者水平所限，书中不足之处在所难免，希望读者提出宝贵的意见和建议。

编　者

2019年1月

目 录

1 绪　　论

课前导读

内容提要

本章主要内容包括钢结构的失稳现象及稳定问题的分类、钢材的基本性能。本章的教学重点为稳定的概念和分类、钢材的残余应力。

能力要求

通过本章的学习，学生应了解钢结构的失稳现象及其危害，理解钢结构稳定问题的分类、特征，熟悉钢材的基本力学性能，以及冷弯和加工引起的强度变化和残余应力分布。

1.1 钢结构的失稳现象

1.1.1 钢结构的失稳破坏

与混凝土结构相比，钢结构具有强度高、自重轻、延性好等优点，在各类工程结构中均有广泛的应用。然而，钢结构的构件比较细长，组成构件的板件宽而薄，因而在荷载作用下容易失稳。钢结构工程事故的发生，多因失稳破坏。

1907 年，加拿大圣劳伦斯河上的魁北克桥，在用悬臂法架设桥的中跨桥架时，由于悬臂的受压下弦失稳，导致桥架倒塌，9000 t 钢结构变成一堆废铁，桥上施工人员 75 人罹难。1987 年 1 月 18 日，美国哈特福德市（Hartford City）一座平面尺寸为 92 m×110 m 的体育馆网架屋盖突然坍塌，其原因是网架杆件采用了 4 个等肢角钢组成的十字形截面，其抗扭刚度较差，加之压杆的支撑杆有偏心，不能起到预期的减少计算长度的作用，导致网架破坏。据统计，苏联 1951—1977 年期间所发生的 59 起重大钢结构事故中有 17 起是由于钢结构的整体或局部失稳造成的。如原古比雪夫列宁冶金厂锻压车间，在 1957 年末，7 榀钢屋架因压杆提前屈曲，连同 1200 m^2 屋盖突然塌落。20 世纪 80 年代，在我国也发生了数起由钢构件失稳而导致的事故。高层或大跨度钢结构在地震中因失稳而破坏也不乏其例。1985 年 9 月 19 日，墨西哥城湖泊沉淀区发生 8.1 级强震。震后调查表明，位于墨西哥城中心区的 Pino Suarez 综合楼第 4 层有 3 根钢柱严重屈曲（失稳），横向 X 形支撑交叉点的连接板屈曲，纵向桁架梁腹杆屈曲破坏。1994 年发生在美国的洛杉矶北岭地震、1995 年发生在日本的阪神地震以及 2008 年发生在我国的汶川地震，均出现钢结构支撑的整体失稳和局部失稳破坏。

1.1.2 钢结构稳定问题的特点

钢结构稳定问题具有多样性、整体性、相关性等特点。

① 多样性：钢结构失稳，在形式上具有多样化特点。例如，变形可能会导致结构的某些部位由受拉状态转变为受压状态，进而导致构件或结构失稳；轴心受压构件的弯曲失稳是最常见的屈曲形式，但它并非唯一的失稳形式，它还有可能出现扭转失稳和既弯又扭等多种失稳形式；在桁架结构中，除了受压杆件外，连接杆件的节点板也存在失稳的可能；另外，桁架和柱子组成的框架也有可能失稳等。这些都是稳定问题多样化的表现。

② 整体性：结构是由各个杆件组成一个整体的，当一个杆件发生失稳变形后，它必然牵动和它刚性连接的其他杆件。因此，杆件的稳定性不能就某一根杆件去孤立地分析，而应当考虑其他杆件对它的约束作用。这种约束作用是要从结构的整体分析来确定的，这就是结构稳定的整体性特征。

③ 相关性：稳定的相关性是指不同失稳模式的耦合作用。例如，单轴对称的轴心受压构件，当在对称平面外失稳时，呈现既弯又扭的变形，它是弯曲和扭转的相关屈曲；对冷弯薄壁型钢构件、格构式压杆，常存在局部和整体稳定的相关性问题；对于存在缺陷的杆件而言，局部和整体稳定之间的相互影响更复杂；另外，组成钢构件的板件之间发生局部屈曲时的相互约束，有时也称为相关性。

因此，钢结构稳定的计算分析有如下几个特点：

① 稳定问题采用二阶分析。以未变形的结构来分析它的平衡，不考虑变形对作用效应的影响，称为一阶分析（first order analysis，FOA）；针对已变形的结构来分析它的平衡，则称为二阶分析（second order analysis，SOA）。应力问题通常采用一阶分析，也称线性分析；稳定问题原则上均采用二阶分析，也称几何非线性分析。

② 不能应用叠加原理。应用叠加原理应满足两个条件：a. 材料符合胡克定律，即应力与应变成正比；b. 结构处于小变形状态，可用一阶分析进行计算。弹性稳定问题不满足第二个条件，即对二阶分析不能用叠加原理；非弹性稳定计算则两个条件均不满足。因此，叠加原理不适用于稳定问题。

③ 稳定问题不必区分静定结构和超静定结构。对应力问题，静定和超静定结构内力分析方法不同：静定结构的内力分析只用静力平衡条件即可；超静定结构内力分析则还需增加变形协调条件。在稳定计算中，无论何种结构都要针对变形后的位形进行分析。既然总要涉及变形，区分静定与超静定就失去意义。

1.2 钢结构稳定问题的分类

一个处于平衡状态的刚性球，可以有三种性质不同的平衡状态：稳定平衡、随遇平衡和不稳定平衡。如图 1-1(a)所示，用实线表示的球，在凹面中处于平衡状态，如果有一侧向力使球偏离平衡位置 B 点，到达图中虚线所示位置，当撤去侧向力，球体在重力作用下，经过振动仍恢复到原来的平衡位置 B 点，则这种平衡状态是稳定的。图 1-1(b)中，如果有侧向水平力使其偏离平衡位置 B 点，当除去水平力后，球体不再回到原来的 B 点，而是停留在新的点（图中虚线所示位置），这种推到何处就停在何处的状态称为随遇平衡。图 1-1(c) 中的球体在凸面顶点 B 处于平衡状态，当有一侧向力使球体离开平衡位置 B 点，除去侧向力后，球体不仅不能恢复到 B 点，反而继续沿着凸面滚动，远离平衡位置，因此这种平衡状态是不稳定的。

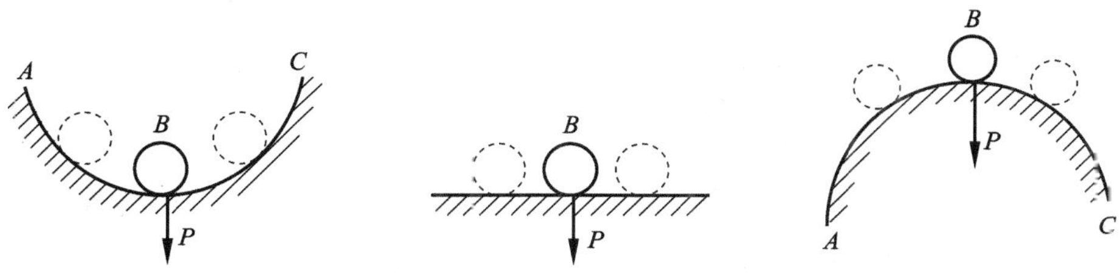

图 1-1 刚体的平衡状态

(a) 稳定平衡；(b) 随遇平衡；(c) 不稳定平衡

材料力学中，在讨论两端铰支、均质弹性材料的轴心受压杆件稳定问题时也遇到了上述类似的三种平衡状态：① 图 1-2(a)中，当轴向压力 P 的数值不大时，如有侧向力使杆件产生横向微弯曲，离开原有直线形状，当撤去侧向力后，杆件经振动仍可恢复到原直线形状，则称为稳定平衡状态。② 图 1-2(b)中，当压力 $P=P_{cr}$ 时，直杆仍可保持其直线形状，如果施加微小侧向力，则杆件发生微弯曲，当除去侧向力后，弯曲变形仍保持不变，杆件不能恢复到原来的直线形状，此时，杆件处于曲线形状的随遇平衡状态，称为临界状态，P_{cr} 称为临界力。③ 当 $P>P_{cr}$ 时，若有侧向力使杆件弯曲，则即使除去侧向力后，杆件在压力 P 作用下，弯曲变形继续增加，最终导致杆件破坏，称为不稳定平衡状态。

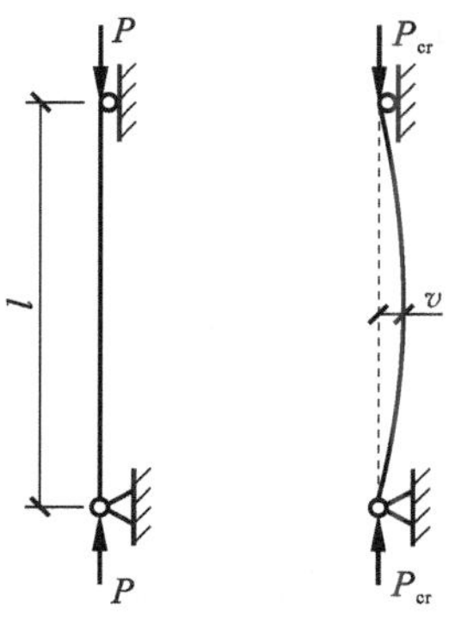

图 1-2 轴心压杆的平衡状态

(a) 稳定平衡状态($P<P_{cr}$)；(b) 临界状态

当然，用上述理想轴心压杆的情况来描述钢结构的失稳现象是不够的，钢结构的失稳现象就其性质而言，可以分为三类稳定问题。

1.2.1 平衡分岔失稳

理想的(即无缺陷的、笔直的)轴心受压杆件和理想的中面内受压平板的失稳(屈曲)都属于平衡分岔失稳，也称分支点失稳，或称第一类失稳。

图 1-3(a)为一理想轴心受压构件，当轴向压力 $P< P_{cr}$时，压杆沿轴向只被压缩 Δc，杆始终处于直线平衡状态，称为原始平衡状态。此时，如果在其横向施加微小干扰，杆件会呈微弯曲状态而偏离原平衡位置，但是撤去此干扰后，压杆立即恢复到原直线平衡状态。可见，原始平衡状态具有唯一的平衡形式。

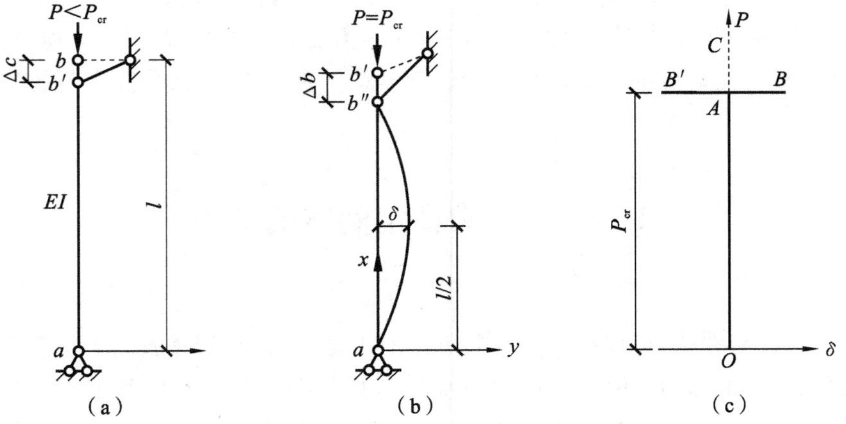

图 1-3 理想轴心受压构件

(a) 原始平衡；(b) 临界平衡；(c) P-δ 曲线

当 $P=P_{cr}$时，压杆会突然弯曲，该现象称为丧失稳定，或称为屈曲。如图 1-3(b)所示，构件由原来挺直的平衡状态转变到微弯曲的平衡状态。从图 1-3(c)所示的荷载(P)-位移(δ)曲线中可以看出，当荷载到达 A 点后，杆件可能有两个平衡路径，即直线 AC 和水平线 $AB(AB')$，A 点称为两个平衡路径的分支点，或分岔点。由于在同一个荷载点出现了平衡分岔现象，所以将此种失稳现象称为分岔点失稳。

分岔点失稳又可以分为稳定分岔点失稳和不稳定分岔点失稳两种。

(1) 稳定分岔点失稳

图 1-3(c)所示荷载-位移曲线是根据小挠度理论分析得到的，如按大挠度理论分析，轴心受压构件屈曲后，荷载随横向位移加大而略有增加，但横向位移的增长速度远大于轴向力的提高速度，如图 1-4(b)所示。轴心压杆屈曲后，荷载-位移曲线是 AB 或 AB'，这种平衡状态是稳定的，属于稳定分支点失稳。由于压杆因弯曲变形而产生弯矩，在压力和弯矩的共同作用下，杆件最大弯矩作用截面边缘纤维先屈服，随着塑性发展，压杆很快就达到承载能力极限状态，即极限荷载 P_u 与屈曲荷载 P_{cr}相差很小，因此，轴心受压构件屈曲后强度并不能被利用。

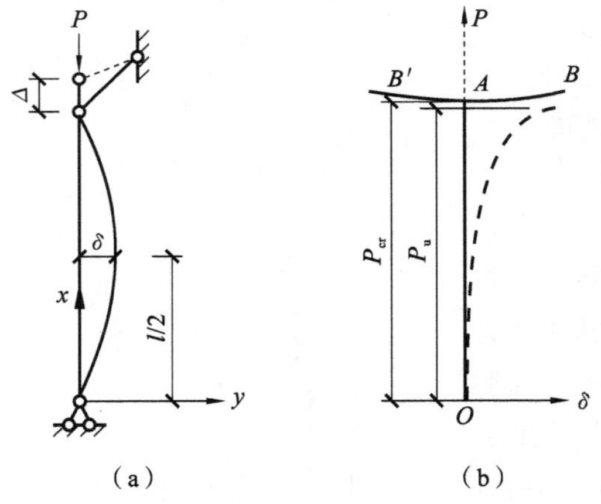

图 1-4 大挠度弹性理论分析的荷载-位移关系

(a) 轴心受压构件；(b) P-δ 曲线

对图 1-5(a)所示四边有支撑的薄板，当中面均匀压力 P 达到屈曲荷载 P_{cr}后，板发生凸曲，同时在板中面产生横向薄膜拉应力，牵制了板的变形，使板屈曲后仍能承受较大的荷载增量，屈曲后板仍处于稳定平衡状态，该板的失稳属于稳定分岔点失稳。薄板屈曲后荷载-位移曲线如图 1-5(b)中的 AB 或 AB'所示，由于薄板的极限荷载 P_u 远超过屈曲荷载 P_{cr}，所以可以利用板屈曲后的强度。

(2) 不稳定分岔点失稳

如果结构或构件发生分支点失稳后，只能在远比临界荷载低的条件下维持平衡状态，则称此类失稳为不稳定分岔点失稳。图 1-6(a)所示承受均匀压力的圆柱壳的失稳就是不稳定分岔点失稳，荷载-位移曲线如图 1-6(b)中的 AB 或 AB'所示。

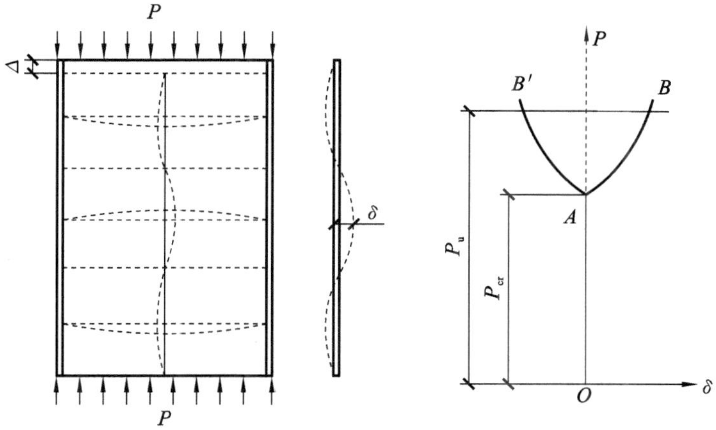

图 1-5 中面均匀受压的四边支承薄板的荷载-位移关系

(a) 中面均匀受压的四边支承薄板;(b) P-δ 曲线

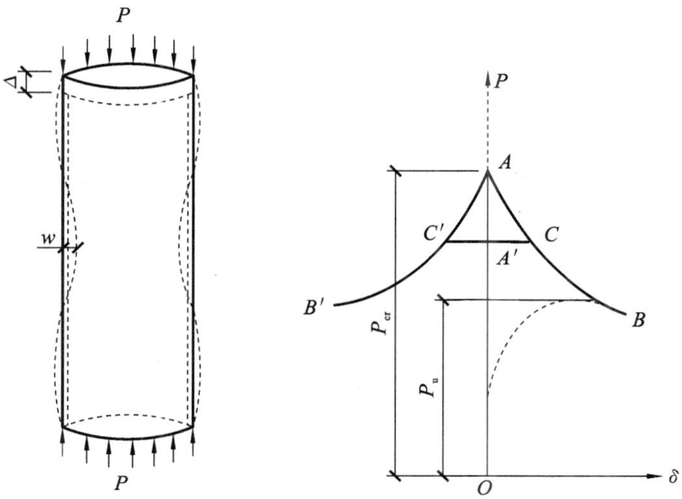

图 1-6 不稳定分支点失稳

(a) 均匀受压圆柱壳;(b) 荷载-位移曲线

1.2.2 极值点失稳

图 1-7(a)所示偏心受压构件,作用力 P 的偏心距为 e,其失稳过程的荷载(P)-挠度(v)曲线见图 1-7(b)。随着压力 P 的增加,偏心压杆的挠度 v 也随之增长,形成曲线的上升段 OA,压弯构件处于稳定平衡状态;但是到达曲线的最高点 A 时,构件的抵抗力开始小于外力作用,即 A 点为压弯构件承载力的极限点,表示压弯构件开始丧失整体稳定,P_u 为偏心压杆的最大承载力,也称为偏心压杆的极限荷载或压溃荷载;A 点之后出现了曲线的下降段 AB,为了维持构件的平衡状态,必须不断降低端部压力 P,构件处于不稳定平衡状态。从压弯构件的失稳过程可知,其荷载-挠度曲线只有极值点,没有出现由直线平衡状态向弯曲平衡状态过渡的分岔点,构件弯曲变形的性质始终不变,这种失稳称为极值点失稳,也称为第二类失稳。

实际的轴心受压构件因为都存在初始弯曲和荷载的作用点稍稍偏离构件轴线的初始偏心,因此其荷载-挠度曲线呈现图 1-4(b)中虚线所示的极值点失稳现象;与极值点对应的荷载 P_u 才是实际的轴心受压构件的极限荷载。极值点失稳的现象是十分普遍的,如双向受弯构件和双向弯曲压弯构件发生弹塑性弯扭失稳都属于极值点失稳。

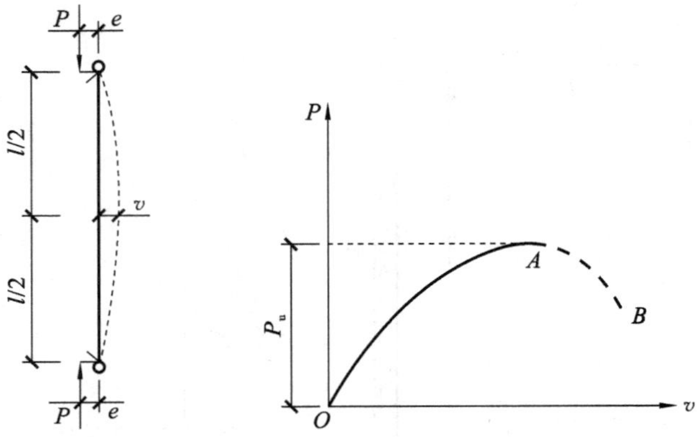

（a）　　（b）

图 1-7　极值点失稳

（a）偏心受压构件；（b）荷载（P）-挠度（v）曲线

1.2.3　跃越失稳

如图 1-8(a)所示的两端铰接较平坦的拱结构，在均布荷载 q 的作用下有挠度 v，其荷载-挠度曲线也有稳定的上升段 OA，但是到达曲线的最高点 A 时会突然跳跃到一个非邻近的具有很大变形的 C 点，拱结构顷刻下垂。在荷载-挠度曲线上，虚线 AB 是不稳定的，BC 段虽然是稳定的且一直是上升的，但是因为结构已经破坏，故不能被利用。与 A 点对应的荷载 q_{cr} 是坦拱的临界荷载。这种失稳现象称为跃越失稳，它既无平衡分岔点，又无极值点，但和不稳定分岔失稳亦有某些相似的现象，都在丧失稳定平衡之后又跳跃到另一个稳定平衡状态。扁壳和扁平的网壳结构也可能发生跃越失稳。图 1-8(b)是发生局部凹陷的网壳结构的点状跃越失稳，而图 1-8(c)是整体跃越失稳。带有缓坡的有侧移大跨度门式刚架，当刚架横梁的刚度很弱而侧移刚度却较强时，有可能发生图 1-8(d)所示的跃越失稳。横梁的初始倾角即横梁的坡度对这类结构的变形影响很大，类似于有缺陷的不稳定分岔失稳，缺陷对这类结构的影响也很大。

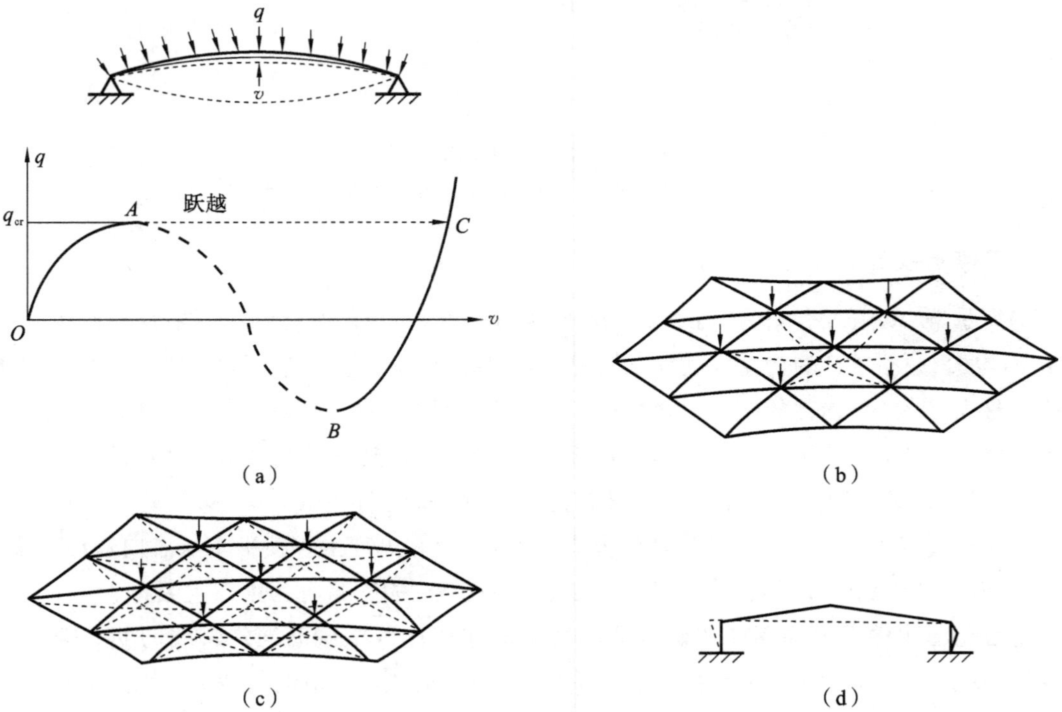

图 1-8　跃越失稳

区分结构失稳类型的性质十分重要，否则不可能正确估量结构的稳定承载力。对于具有平衡分岔失稳现象的结构，如前所述，理论上屈曲荷载分为三种情况：第一种比较接近实际的极限荷载；第二种大于实际的极限荷载，第三种远小于实际的极限荷载。只有大挠度理论才能揭示具有平衡分岔失稳的结构屈曲后的性能，然而用大挠度理论分析实际结构的计算过程十分复杂。

1.3 钢材的性能

1.3.1 钢材的拉伸性能

我国钢结构主要采用碳素结构钢和低合金高强度结构钢两种钢材。碳素结构钢常用的钢号为Q235A、Q235B、Q235C和Q235D，其屈服强度的标准值为 $f_y=235\ \text{N/mm}^2$，其机械性能应符合《碳素结构钢》(GB/T 700—2006)。低合金高强度结构钢Q345，其屈服强度的标准值为 $f_y=345\ \text{N/mm}^2$，其机械性能应符合《低合金高强度结构钢》(GB/T 1591—2008)。上述钢材拉伸图的应力-应变曲线可以划分为图1-9(a)所示的四个阶段，它们与钢结构的稳定性能有直接关系。这四个阶段是Ⅰ弹性阶段、Ⅱ弹塑性阶段、Ⅲ塑性阶段和Ⅳ强化阶段。

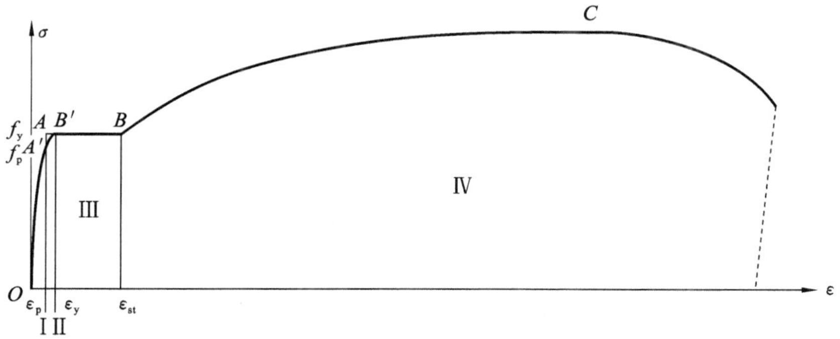

(a)

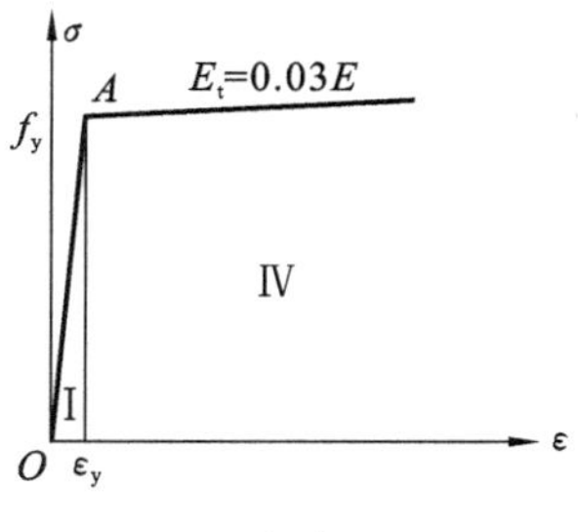

(b)

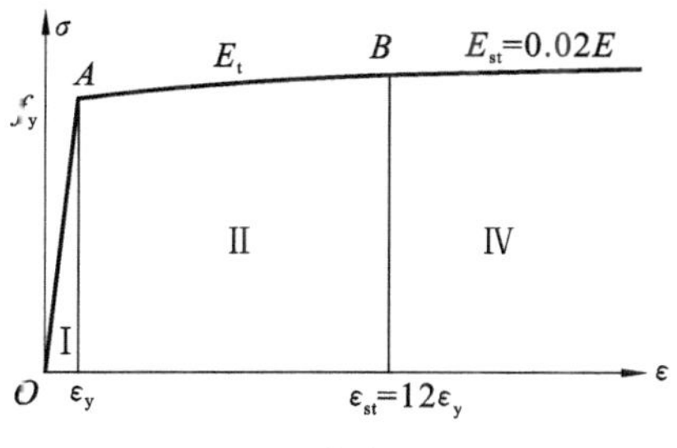

(c)

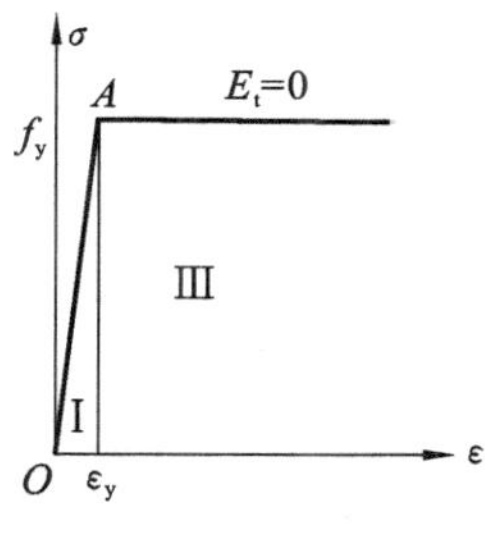

(d)

图1-9 Q235钢的应力-应变曲线

试验资料表明，在静力作用下钢材的拉伸和压缩性能基本相同，钢结构稳定计算是以钢材拉伸试验给出的有关数据为依据的。下面以Q235钢为例说明与钢结构稳定分析有关的机械性能。

在图1-9(a)中，OA'段为弹性阶段。在弹性极限之前，应力和应变成比例变化直至比例极限 f_p。Q235钢的 f_p 约为 $190\ \text{N/mm}^2$，此时应变 ε_p 约为0.1%，弹性模量 $E=(200\sim206)\times10^3\ \text{N/mm}^2$。$A'B'$段为弹塑性阶段，在弹塑性阶段，应力与应变呈非线性关系，直至钢材屈服，与屈服强度 f_y 对应的屈服应变 ε_y 约为0.15%，Q235钢屈服强度的标准值为 $f_y=235\ \text{N/mm}^2$。后文中符号 σ_y 则泛指钢材的屈服强度，而 f_y 是国家标准规定的屈服强度的标准值。在《钢结构设计标准》(GB 50017—2017)中，与 f_y 对应的强度设计值已计及材料分项系数，用符号 f 表示。在弹塑性阶段，应力与应变呈非线性关系，这时曲线上任一点的变形模量为切线模量 $E_t=\frac{d_\sigma}{d_\varepsilon}$，可根据钢材拉伸试验给出的应力-应变曲线确定。也可参考 A. Ylinen 建议的切线模量计算公式[式(1-1a)]或 F. Bleich 建议的近似公式[式(1-1b)]确定：

$$E_t=(\sigma_y-\sigma)E/(\sigma_y-\alpha\sigma) \tag{1-1a}$$

$$E_t=\sigma(\sigma_y-\sigma)E/[\sigma_p(\sigma_y-\sigma_p)] \tag{1-1b}$$

式中，α 是根据不同建筑材料试验资料概括的系数。对于有明显屈服点的钢材，α 为 0.96～0.99，当 $\alpha=1.0$ 时，$E_t=E$，对于碳素结构钢 Q235 和低合金结构 16 锰钢，可取 $\alpha=0.96$。F. Bleich 建议在比例极限和屈服强度之间用二次抛物线过渡，但由此得到的切线模量值偏小。对于分岔屈曲失稳的完善的构件，当其屈曲应力超过比例极限时，其屈曲荷载与钢材的切线模量有关，E_t 的取值不同将影响屈曲荷载的理论值。图 1-9(a)中的 $B'B$ 段为塑性阶段，在 $\varepsilon=0.15\%\sim2.5\%$ 的范围内应力的增加很微小，表现出钢材有明显的屈服台阶。从 B 点开始直至 C 点为强化阶段，而后试件颈缩直至拉断。拉断时延伸率可达 20%～26%，在曲线的最高点 C 给出了钢材的抗拉强度 σ。Q235 钢抗拉强度的标准值 $f_y=375\sim400\ \text{N/mm}^2$，在强化开始阶段强化模量 E_t 为弹性模量 E 的 0.02～0.03 倍。

为了进行弹塑性稳定的理论分析，根据钢材应力-应变曲线的特点，结合钢结构构件的试验研究成果，可将应力-应变关系简化为图 1-9(b)～(d)所示的三种模式。在弹塑性阶段 $A'B'$，应力的变动范围不大，但切线模量的变动较大，它对理想构件的分岔屈曲应力超过比例极限后的弹塑性屈曲荷载的影响较大，但是对于存在缺陷的实际构件，切线模量的变动对构件极限荷载的影响不大。因此在计算实际构件的极限荷载时，常常可以将钢材的应力-应变关系简化为在屈服强度以下呈直线的应力-应变关系，此时 ε_y 的计算值为 0.00114。达到屈服强度以后应力-应变关系有以下三种模式：第一种模式，如图 1-9(b)所示，是建立在钢材连续屈服理论的基础上的，认为钢材的应力达到屈服强度后，会连续出现滑移面，应变由 ε_y 达到钢材的强化应变 ε_{st}，而材料呈现出弹塑性性质，变形模量 $E_t=0.03E$。第二种模式，如图 1-9(c)所示，是建立在钢材非连续屈服理论基础上的，认为钢材的应力达到屈服强度后，一部分开始滑移，应变由 ε_y 跳跃到 ε_{st}，另一部分没有滑移的材料，应变仍停留在 ε_y，其变形模量仍为 E，这样整体的平均应变在 ε_y 和 ε_{st} 之间，而 ε_{st} 可取 $12\varepsilon_y$。在 E 和 E_{st} 之间的切线模量 E_t 可由下式确定：

$$E_t=\frac{11E}{11+49(\varepsilon/\varepsilon_y-1)} \tag{1-2}$$

当 $\varepsilon\geqslant\varepsilon_{st}$ 时，可取 $E_{st}=0.02E$。第三种模式，如图 1-9(d)所示，是由两条直线组成的应力-应变关系，把钢材看作理想的弹塑性体，当 $\varepsilon<\varepsilon_y$ 时，取弹性模量 E；当 $\varepsilon>\varepsilon_y$ 时，取切线模量 $E_t=0$。当考虑构件内的残余应力计算构件的分岔屈曲荷载，以及计算具有极值点失稳构件的极限荷载时，采用以上三种不同模式的应力-应变关系，所得计算结果的差别甚小，而第三种模式计算比较简便，所以应用最为广泛，但是这种模式不能解释塑性设计的刚架何以在出现塑性铰后翼缘不致屈曲。而图 1-9(c)所示应力-应变关系则表明，材料在屈服后仍具有一定的变形模量，符合构件在形成塑性铰的过程中不致发生板件因屈服而产生屈曲的实际情况。

在弹性阶段，钢材的剪变模量 $G=E/[2(1+\nu)]$，泊松比 $\nu=0.3$，这样 $G=(77\sim79)\times10^3\ \text{N/mm}^2$；在 τ_p 和 τ_y 之间的剪变模量 G 值不变，钢材屈服后，剪变模量为 G 的 1/4～1/3，计算时可取 $G_t=G/4$。G_t 的变化对构件的弹塑性性能影响很小。在强化阶段，G_{st} 可按下式确定：

$$G_{st}=\frac{2G}{1+E/[4E_{st}(1+\nu)]} \tag{1-3}$$

钢材屈服以后，根据材料不可压缩的条件，泊松比 ν_p 应取 0.5，此为塑性泊松比。

上面列举的钢材性能是试件的一次拉伸试验曲线给出的。但是经过冷加工的钢材则有所不同，由于被冷加工的部分经受了塑性变形，材料经历了冷加工硬化，屈服强度和抗拉强度都有所提高，而延伸率则有所降低。屈服强度的提高一般不予考虑，但是当提高的幅度很大时，也可以加以利用。例如冷弯薄壁型钢一般是由 6 mm 以下的薄板经冷加工成型的，在棱角处屈服强度可提高 50%左右，抗拉强度可提高 30%左右，而在平板部分也略有提高。图 1-10(a)是带卷边的 Π 形冷弯型钢截面，其屈服强度和抗拉强度的实测数据见图 1-10(b)，图中实线表示半个截面展开后各部分屈服强度的变化曲线，而虚线表示抗拉强度的变化曲线。强度的提高不仅与棱角处冷弯半径和板厚的比值有关，还与母材的抗拉强度 σ_u 和屈服强度 σ_y 的比值有关，即与强屈比有关。平板部分的强度提高主要与冷弯型钢在调直、整平和成型过程中受到不同程度的冷加工硬化有关。强屈比高的钢材和棱角处径厚比小的板件在冷加工时需要供给大得多的应变硬化能。

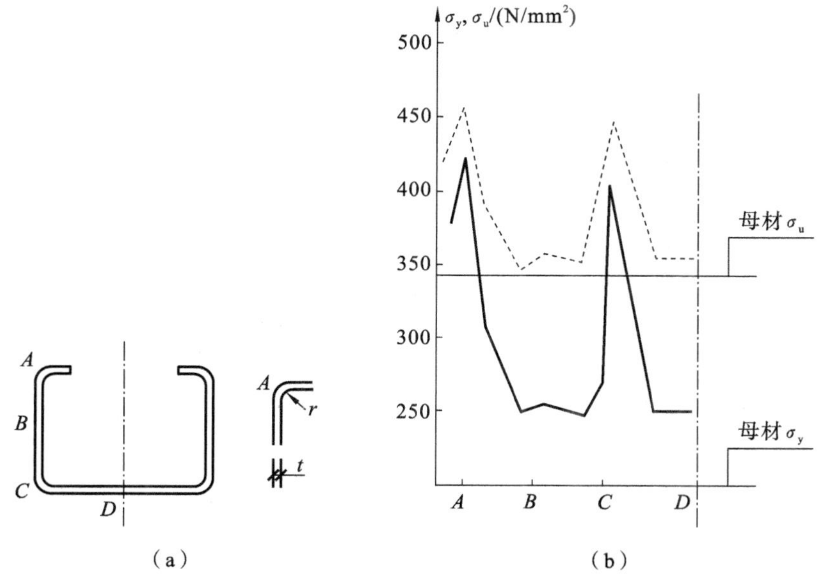

图 1-10 冷弯薄壁型钢的强度提高

棱角部分屈服强度的标准值 f_{yc} 与平板冷加工时塑性变形的发展有关，根据 K. W. Karren 的研究成果，可用以下经验公式确定，并已列入了 AISI 1996 设计规范：

$$f_{yc}=\frac{\alpha f_y}{(r/t)^\beta} \tag{1-4}$$

式中，α 与 β 为与平板的抗拉强度 f_u 和屈服强度 f_y 标准值有关的系数。

$$\alpha=3.69(f_u/f_y)-0.819(f_u/f_y)^2-1.79 \tag{1-5}$$

$$\beta=0.192(f_u/f_y)-0.068 \tag{1-6}$$

如果钢材的强屈比小于 1.2 或棱角处的径厚比 r/t 大于 7 和弯折角大于 120°，式(1-4)不再适用。以 A 表示型钢的截面积，A_c 表示棱角处圆角所占的总面积，则全截面考虑冷弯效应后屈服强度的平均值为

$$f_{ya}=\frac{A_c}{A}f_{yc}+\left(1-\frac{A_c}{A}\right)f_y \tag{1-7}$$

黑龙江低温研究所利用材料的塑性变形理论得出平板圆角冷弯后截面屈服强度的平均值。

对于不卷边的 Π 形截面

$$f_{ya}=\left(1+2n\frac{f_u}{f_y}\times\frac{t}{l}\right)f_y \tag{1-8}$$

对于方管截面和带卷边的 Π 形截面

$$f_{ya}=\left(1+8\frac{f_u}{f_y}\times\frac{t}{l}\right)f_y \tag{1-9}$$

式中 t——板厚；

l——截面中线的总长度；

n——截面的棱角数。

N. C. Lind 和 D. K. Schroff 采用线性的应变硬化关系和 K. W. Karren 的一系列试验资料，认为因冷弯效应板件屈服强度的提高只与棱角处的径厚比 r/t 和一定范围内抗拉强度的变幅 f_u-f_y 有关。由于比值 r/t 减小，屈服强度大幅提高，但是棱角的截面积却很小，而比值 r/t 增大，屈服强度提高得不多，因此可以忽略棱角冷弯截面的影响，建议采用下式计算均匀受拉和受压板件冷弯效应的屈服强度，计算时取每一直角棱角处的有效长度为 $5t$。加拿大标准 CAN3S136M94 采用了这种计算方法。

$$f_{ya}=f_y+\frac{5nl}{l}(f_u-f_y) \tag{1-10}$$

《冷弯薄壁型钢结构技术规范》(GB 50018—2002)附录C给出了考虑冷弯效应的Q235和Q345钢强度设计值的计算方法。

【例 1-1】 考虑冷弯效应确定图1-11所示轴心受压构件冷弯薄壁截面的平均屈服强度。Q235钢的屈服强度 $f_y=23.5\ \text{kN/cm}^2$，抗拉强度 $f_u=37.5\ \text{kN/cm}^2$。

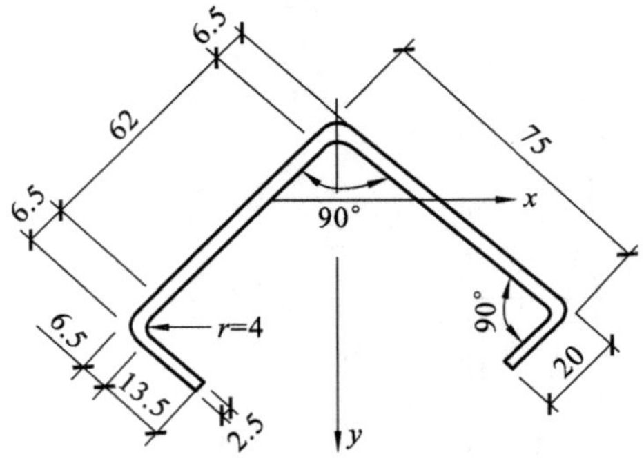

图 1-11 例 1-1 图

【解】 (1) 检查设计要求。

$$\frac{f_u}{f_y}=\frac{37.5}{23.5}=1.6>1.2,\quad \frac{r}{t}=\frac{4}{2.5}=1.6<7,\quad \theta=90°<120°$$

(2) 计算截面面积和中心线长度。

$$A_c=3\,\frac{\pi}{2}(R+r)\frac{t}{2}=\frac{3\pi}{4}(0.65+0.4)\times0.25=0.6185(\text{cm}^2)$$

$$A=2\times(1.35+6.2)\times0.25+0.6185=4.394(\text{cm}^2)$$

$$\frac{A_c}{A}=0.141,\quad l=\frac{4.394}{0.25}=17.576(\text{cm})$$

(3) 计算平均屈服强度 f_{ya}。

① 按照 AISI 1996，有

$$\begin{aligned}\alpha&=3.69\frac{f_u}{f_y}-0.819\left(\frac{f_u}{f_y}\right)^2-1.79\\&=3.69\times1.6-0.819\times1.6^2-1.79=2.017\end{aligned}$$

$$\beta=0.192\frac{f_u}{f_y}-0.068=0.192\times1.6-0.068=0.239$$

$$\left(\frac{r}{t}\right)^\beta=\left(\frac{4}{2.5}\right)^{0.239}=1.119$$

$$f_{yc}=\frac{\alpha f_y}{\left(\frac{r}{t}\right)^\beta}=\frac{2.017\times23.5}{1.119}=42.36(\text{kN/cm}^2)$$

$$\begin{aligned}f_{ya}&=\frac{A_c}{A}f_{yc}+\left(1-\frac{A_c}{A}\right)f_y\\&=0.141\times42.36+(1-0.141)\times23.5\\&=5.973+20.187\\&=26.16(\text{kN/cm}^2)\end{aligned}$$

$$\frac{f_{ya}}{f_y}=\frac{26.16}{23.5}=1.113$$

说明屈服强度将提高11.3%。

② 按照式(1-8)，有

$$\begin{aligned}f_{ya}&=\left(1+\frac{2nf_u}{f_y}\times\frac{t}{l}\right)f_y\\&=\left(1+\frac{2\times3\times37.5}{23.5}\times\frac{0.25}{17.576}\right)\times23.5\\&=26.7(\text{kN/cm}^2)\end{aligned}$$

$$\frac{f_{ya}}{f_y}=\frac{26.7}{23.5}=1.136$$

说明屈服强度将提高13.6%。

③ 按照 CAN3S136M94，有

$$f_{ya}=f_y+\frac{5nt}{l}(f_u-f_y)$$

$$=23.5+\frac{5\times3\times0.25}{17.576}\times(37.5-23.5)$$

$$=26.49(\mathrm{kN/cm^2})$$

$$\frac{f_{ya}}{f_y}=\frac{26.49}{23.5}=1.127$$

说明屈服强度将提高12.7%。

1.3.2 钢构件截面的残余应力分布

构件的残余应力是构件内部自相平衡的内应力。沿构件轴线方向截面的纵向残余应力分布和大小与一系列因素，诸如截面的形状和尺寸、型钢和钢板的轧制、焊接工艺和材料性能等有关。许多国家曾用锯割法测定构件中的残余应力，并经统计分析，拟订典型的残余应力图式，用于构件或板件的稳定计算。图1-12是几种截面的残余应力分布，截面的上半部给出了实测值，实际上残余应力的分布在截面的上下左右各部位均不完全对称，但其差别不大，截面的下半部给出的是可用于计算的数值，正号值为拉应力，负号值为压应力。严格来说，残余应力分布呈曲线形式，但为便于计算，也可用折线代替，其中残余压应力的峰值和此峰值所在截面的位置对受压构件和板件稳定性的影响最大。

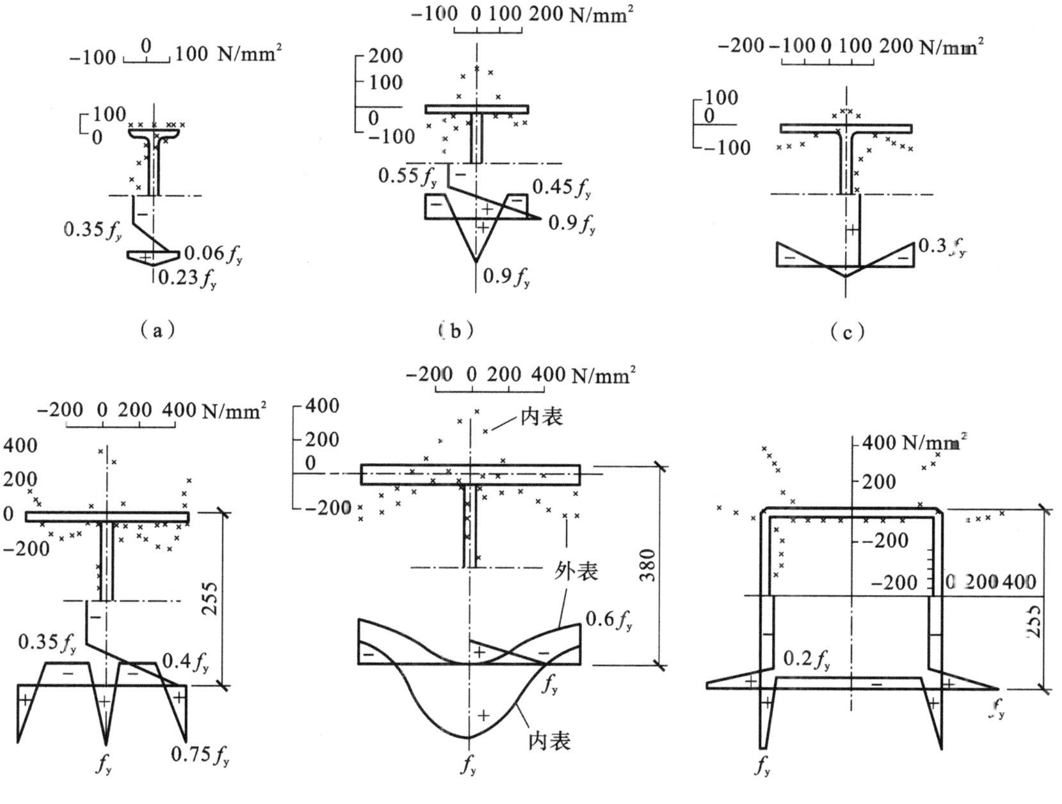

图1-12　几种截面的残余应力分布

图1-12(a)是18号普通I形钢截面的残余应力分布，由于翼缘窄而厚，轧制冷却时延续时间长，因此翼缘全部是拉应力，翼缘外侧的拉应力很微小；图1-12(b)是由三块8 mm×140 mm钢板焊接成的I形截面，翼缘边缘原是火焰切割的，但试件成型后又经过刨边，因此边缘出现压应力；图1-12(c)是8 in(1 in=0.0254 m)的轻型轧制宽翼缘I形钢；图1-12(d)为翼缘具有火焰切割边的焊接I形钢，翼缘与腹板的连接处的残余拉应力达到屈服强度，而翼缘的外侧也存在很高的拉应力；图1-12(e)为厚钢板的焊接I形钢，由于翼缘很厚，其内表和外表的残余应力有很大差别，在翼缘与腹板的连接处，内表的残余拉应力高达屈服强度，而外表却存在压应力；图1-12(f)是箱形截面的残余应力分布，残余压应力的峰值与板的宽厚比有关，当宽

厚比小于30时，其峰值可达$0.6f_y$。

知识归纳

(1) 钢结构的失稳现象可分为三类稳定问题，即平衡分岔失稳、极值点失稳和跃越失稳。只有准确判断结构失稳类型的性质，才能正确估量结构的稳定承载力。

(2) 冷加工会引起钢材的硬化，进而提高钢材的屈服强度和抗拉强度，降低其延伸率。

(3) 构件的残余应力是构件内部自相平衡的内应力，残余应力分布和大小较复杂，残余压应力的峰值和此峰值所在截面的位置对受压构件和板件稳定性的影响最大。

独立思考

1-1 钢结构按失稳性质可分为几类？各自有何特征？

1-2 残余应力的分布与哪些因素有关？

1-3 残余应力如何影响受压构件的稳定性？

参考文献

[1] 陈绍蕃，顾强. 钢结构基础. 3版. 北京：中国建筑工业出版社，2014.

[2] 沈祖炎，陈扬骥，陈以一. 钢结构基本原理. 2版. 北京：中国建筑工业出版社，2005.

[3] 陈骥. 钢结构稳定理论与设计. 6版. 北京：科学出版社，2014.

[4] 钟善桐. 钢结构稳定设计. 北京：中国建筑工业出版社，1991.

[5] 吕烈武，沈世钊，沈祖炎，等. 钢结构构件稳定理论. 北京：中国建筑工业出版社，1983.

[6] 陈绍蕃. 钢结构稳定设计指南. 3版. 北京：中国建筑工业出版社，2013.

2 稳定计算的近似分析法

课前导读

▽ 内容提要

本章主要内容包括稳定计算的近似方法。本章的教学重点为能量守恒原理，以及能量法在稳定近似计算中的应用。

▽ 能力要求

通过本章的学习，学生应了解稳定问题的解析方法和数值方法，理解平衡法和能量法计算稳定问题的基本原理，熟悉势能驻值原理和最小势能原理的求解过程。

2.1 概 述

结构稳定问题的分析方法都是针对在外荷载作用下结构存在变形的条件进行的，此变形应该与所研究结构或构件失稳时出现的变形相对应。首先需画出结构或构件的计算简图，图中应展示其变形和内外力。例如，对于两端铰接的轴心受压构件的弯曲屈曲，在计算式中应计入轴心压力对弯曲变形产生的弯矩，求解构件的弯曲屈曲荷载。而对于两端固定的轴心受压构件，在求解弯曲屈曲荷载时，不仅要计入上述弯矩，还要考虑弯曲变形在构件端部受到约束而产生的固端弯矩。稳定计算将涉及构件或结构的一系列初始条件，如结构体系、构件的几何长度、连接条件、截面的组成、形状、尺寸和残余应力分布，以及钢材性能和外荷载作用等。稳定计算所给出的，不论是屈曲荷载还是极限荷载，都标志着所计算构件或结构的稳定承载力。稳定问题的计算方法有以下三种。

（1）平衡法

中性平衡法或静力平衡法，简称平衡法，是求解结构稳定极限荷载的最基本的方法。对于有平衡分岔点的弹性稳定问题，在分岔点存在两个极为邻近的平衡状态，一个是原结构的平衡状态，另一个是已经有了微小变形的结构平衡状态，平衡法是根据已产生了微小变形后结构的受力条件建立平衡方程而后求解的。如果得到的符合平衡方程的解有不止一个，那么其中具有最小值的一个才是该结构的分岔屈曲荷载。平衡法只能求解屈曲荷载，但不能判断结构平衡状态的稳定性。尽管如此，由于常常只需要得到结构的屈曲荷载，所以经常采用平衡法。在许多情况下，采用平衡法可以获得精确解。

（2）能量法

如果结构承受保守力，可以根据变形后结构的受力条件建立总势能，总势能是结构的应变能和外力势能两项之和。如果结构处在平衡状态，那么总势能必有驻值。根据势能驻值原理，先由总势能对于位移的一阶变分为零，可得到平衡方程，再由平衡方程求解分岔屈曲荷载。按照小变形理论，能量法一般只能获得屈曲荷载的近似解；但是，如果事先能够了解屈曲后的变形形式，采用此变形形式进行计算可以得到精确解。能量法用于大挠度理论分析，可以判断屈曲后的平衡是否稳定。对于图 1-1 中三个均处于平衡状态的小刚球，当有微小干扰时，其势能有变化，在平衡位置势能对位移的一阶微分都是零。但是图 1-1(a)的势能具有最小值，它的二阶微分是正值，平衡状态是稳定的。稳定平衡时总势能最小的原理称为最小势能原理。图 1-1(c)的势能具有最大值，它的二阶微分是负值，平衡状态是不稳定的。图 1-1(b)的二阶微分仍为零，属于中性平衡。这就是说，用总势能驻值原理可以求解屈曲荷载，而用总势能最小原理可以判断屈曲后平衡的稳定性。

（3）动力法

处于平衡状态的结构体系，如果施加微小干扰使其发生振动，这时结构的变形和振动加速度都和已经作用在结构上的荷载有关。当荷载小于稳定的极限值时，加速度和变形的方向相反，因此干扰撤去以后，运动趋于静止，结构的平衡状态是稳定的；当荷载大于稳定的极限值时，加速度和变形的方向相同，即使将干扰撤去，运动仍是发散的，因此，结构的平衡状态是不稳定的；临界状态的荷载即为结构的屈曲荷载，可由结构振动频率为零的条件解得。动力法属于结构动力稳定问题，本书不进行深入讨论。

在平衡法和能量法的运算过程中，有用解析法求解的，也有用数值法求解的。利用计算机技术的数值法已成为近代研究结构稳定问题的一种基本方法。本章将要介绍的数值法是有限差分法、有限积分法和有限单元法。下面先介绍能量法的能量守恒原理、势能驻值原理和最小势能原理，以及应用这些原理解决弹性稳定问题的方法。

2.2 能量守恒原理

当受外力作用的弹性结构偏离其原来的平衡位置而存在微小变形时，如果应变能的增量 ΔU 大于外力功的增量 ΔW，即说明此结构具有恢复到原有平衡位置的能力，则此结构处于稳定平衡状态；如果 $\Delta U<\Delta W$，则结构处于不稳定平衡状态而导致失稳。由稳定平衡过渡到不稳定平衡的临界状态的能量关系式是

$$\Delta U=\Delta W \tag{2-1}$$

对于外力和内力所做的功与运动所经历的路线无关，而只取决于运动的起点和终点的保守结构体系，能量守恒原理可以表述为：如果贮存在结构体系中的应变能等于外力所做的功，则该保守体系处在平衡状态，此谓之能量守恒。用能量守恒原理来解决结构弹性稳定问题的方法是由 S. P. Timoshenko 提出的，故又称为 Timoshenko 能量法。

对于长度为 l 的单向弯曲构件，当构件由挺直状态转变到弯曲状态时，构件中的内力是按比例增加的，略去轴向应变，只计弯曲应变能

$$\Delta U=\frac{1}{2}\int_0^l \frac{M^2}{EI}\mathrm{d}x \tag{2-2}$$

将 $M=-EIy''$ 代入后，式(2-2)也可写作

$$\Delta U=\frac{1}{2}\int_0^l EI(y'')^2\mathrm{d}x \tag{2-3}$$

由于构件由一种变形状态转变到另一种变形状态时，作用于构件上的外力并没有变化，所以外功 ΔW 等于外力与相应的位移的乘积，它取决于作用在构件上外力的形式。如果外力是压力 P，那么相应的线位移为 Δ，$\Delta W=P\Delta$；如果外力是力矩 M，那么相应的角位移为 θ，这时 $\Delta W=M\theta$。

对于图 2-1 所示的两端铰接的轴心受压构件，构件弯曲时，上、下两端之间的相对位移为 Δ，而微段 $\mathrm{d}x$ 因变形而缩短的距离为 $\mathrm{d}x(1-\cos\theta)$，$\theta$ 为微段的倾角，将 $\cos\theta$ 用级数表示：

$$\cos\theta=1-\frac{1}{2}\theta^2+\frac{1}{24}\theta^4+\cdots \tag{2-4}$$

因 θ 很微小，故可只取级数中的前两项 $\cos\theta\approx1-\frac{1}{2}\theta^2$，则 $\mathrm{d}x(1-\cos\theta)=\frac{1}{2}\theta^2\mathrm{d}x$，而 $\theta=\frac{\mathrm{d}y}{\mathrm{d}x}$，故

$$\Delta=\int_0^l(1-\cos\theta)\mathrm{d}x\approx\frac{1}{2}\int_0^l(y')^2\mathrm{d}x \tag{2-5}$$

$$\Delta W=P\Delta=\frac{1}{2}P\int_0^l(y')^2\mathrm{d}x \tag{2-6}$$

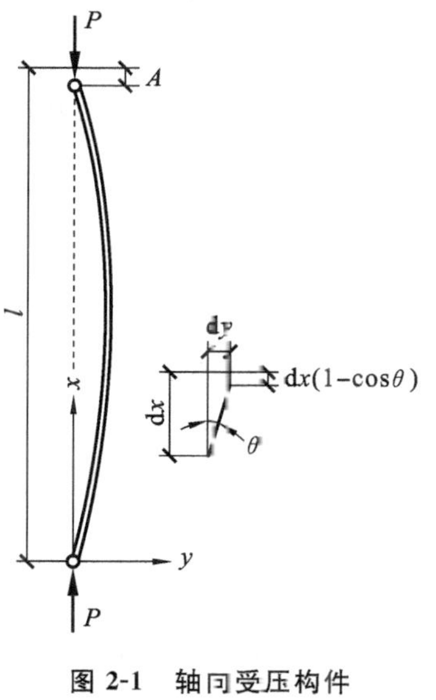

图 2-1 轴向受压构件

由式(2-1)得到屈曲荷载的表达式为

$$P=\frac{EI\int_0^l(y'')^2\mathrm{d}x}{\int_0^l(y')^2\mathrm{d}x} \tag{2-7}$$

对于承受任意荷载的构件，因为不知其变形曲线，可以先假定变形曲线式子，但此曲线需尽可能接近实际的变形曲线，必须符合构件的边界条件。为了便于计算，一般采用三角函数或多项代数式。今假定曲线的表达式为

$$y=f(a_1,a_2,\cdots,a_n) \tag{2-8}$$

而

$$y' = f'(a_1, a_2, \cdots, a_n) \tag{2-9}$$

$$y'' = f''(a_1, a_2, \cdots, a_n) \tag{2-10}$$

这样

$$EI\int_0^l (y'')^2 \mathrm{d}x = F_1(a_1, a_2, \cdots, a_n) \tag{2-11}$$

$$\int_0^l (y')^2 \mathrm{d}x = F_2(a_1, a_2, \cdots, a_n) \tag{2-12}$$

以上诸式中的 $a_1, a_2, \cdots, a_n$ 均为待定的独立参数。

由式(2-7)得到

$$P = \frac{F_1(a_1, a_2, \cdots, a_n)}{F_2(a_1, a_2, \cdots, a_n)} \tag{2-13}$$

为了得到 P 的最小值，选择参数时应满足 $\frac{\partial P}{\partial a_1}=0, \frac{\partial P}{\partial a_2}=0, \cdots, \frac{\partial P}{\partial a_n}=0$，则

$$\frac{\partial P}{\partial a_1} = \frac{F_2 \frac{\partial F_1}{\partial a_1} - F_1 \frac{\partial F_2}{\partial a_1}}{F_2^2} = \frac{1}{F_2}\left(\frac{\partial F_1}{\partial a_1} - \frac{F_1}{F_2}\frac{\partial F_2}{\partial a_1}\right) = \frac{1}{F_2}\left(\frac{\partial F_1}{\partial a_1} - P\frac{\partial F_2}{\partial a_1}\right) = 0$$

但 $F_2 \neq 0$，只有

$$\frac{\partial F_1}{\partial a_1} - P\frac{\partial F_2}{\partial a_1} = 0 \tag{2-14}$$

$$\frac{\partial F_1}{\partial a_2} - P\frac{\partial F_2}{\partial a_2} = 0 \tag{2-15}$$

$$\frac{\partial F_1}{\partial a_n} - P\frac{\partial F_2}{\partial a_n} = 0 \tag{2-16}$$

解上述方程组得到 $P_{cr1}, P_{cr2}, \cdots, P_{crn}$，取其中的最小值即为构件的屈曲荷载。

如果构件有精确解可供参考，而且所假定的挠曲线式子只用一项或两项已可得到足够精确的解，那么所假定的挠曲线式子不必用更多项，因为增多一项将加大计算工作量。如果对所求解的构件没有可供参考的精确解，可以分几次计算，逐步增加挠曲线中的项；如果前后两次得到的结果相差甚微，说明所得到的值即为构件的屈曲荷载精确解的很好的近似值。

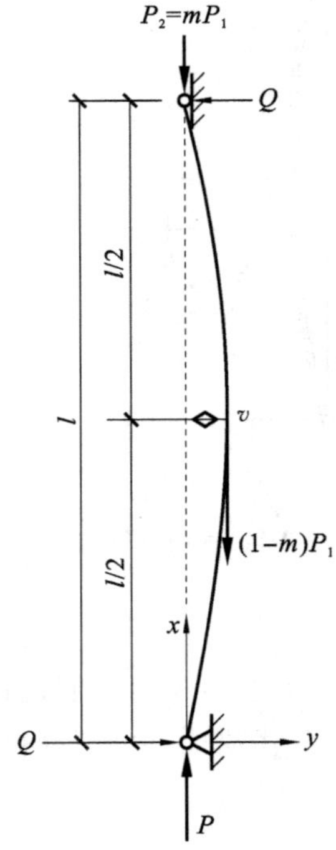

图 2-2 变压力轴心受压构件

用能量法得到的屈曲荷载常常比精确解略大，这是因为所假定的挠曲线与实际曲线之间存在一定差别，好像在实际构件的横向增加了不少弹性约束，提高了构件的抗弯能力，从而提高了屈曲荷载。

【例 2-1】 试确定图 2-2 所示变压力的轴心受压构件的屈曲荷载。构件上段的压力为 $P_2 = mP_1$，在构件的中点又增加一个压力 $(1-m)P_1$，因此下段的压力为 P_1，此处 m 是小于 1.0 的比值 $m = P_2/P_1$。

【解】 由于构件上、下段的轴心压力不同，所以用平衡法求解时需分段建立平衡方程，并需利用中点的变形协调条件，所得到的屈曲方程将是

$$\frac{k_1 l}{2\tan\frac{k_1 l}{2}} + \frac{k_2 l}{2m\tan\frac{k_2 l}{2}} = \frac{(1-m)^2}{m(1+m)}$$

其中，

$$k_1 = \sqrt{\frac{P_1}{EI}}, \quad k_2 = \sqrt{\frac{mP_1}{EI}}$$

这是一个较复杂的超越函数，较难求解。现采用 Timoshenko 法计算。

若构件中点的挠度为 v，如图 2-2 所示，两端的水平力 $Q = (1-m)P_1 v/l$。因为要表示出构件上段和下段的截面弯矩受变压力的影响，故分别用以下两式计算弯矩和应变能：

弯矩

$$M_1=mP_1y+(1-m)P_1v(l-x)/l \tag{1}$$

$$M_2=P_1y-(1-m)P_1vx/l \tag{2}$$

应变能

$$\Delta U=\int_{l/2}^{l}\frac{M_1^2}{2EI}\mathrm{d}x+\int_0^{l/2}\frac{M_2^2}{2EI}\mathrm{d}x \tag{3}$$

外力功

$$\Delta W=\frac{1}{2}P_1\int_0^{l/2}(y')^2\mathrm{d}x+\frac{1}{2}mP_1\int_{l/2}^{l}(y')^2\mathrm{d}x \tag{4}$$

式(3)和式(4)都与构件的挠曲线公式有关。今假定挠曲线为

$$y=v\sin\frac{\pi x}{l} \tag{5}$$

此曲线符合构件两端的边界条件 $y(0)=y(l)=0, y''(0)=y''(l)=0$。

将式(5)代入式(1)与式(2)，再将 M_1 和 M_2 代入式(3)，经分段积分后得到

$$\Delta U=\frac{P_1^2v^2l}{12EI}\left[2m^2-m+2-\frac{12\,(1-m)^2}{\pi^2}\right] \tag{6}$$

将式(5)代入式(4)，经分段积分后得到

$$\Delta W=\frac{\pi^2P_1v^2}{8l}(m+1) \tag{7}$$

由 $\Delta U=\Delta W$ 得到

$$P_{1\mathrm{cr}}=\frac{3\pi^2EI}{2l^2}\times\frac{(m+1)}{[2m^2-m+2-12\,(1-m)^2/\pi^2]} \tag{8}$$

与精确解比较，由式(8)得到的屈曲荷载稍大，但不超过1%，且式(8)便于计算。

将 $P_{1\mathrm{cr}}$ 写成屈曲荷载的通式 $P_{1\mathrm{cr}}=\pi^2EI/(\mu l)^2$，得到此变压力轴心受压构件的计算长度系数为

$$\mu=\sqrt{\frac{2[2m^2-m+2-12\,(1-m)^2/\pi^2]}{3(m+1)}}=\sqrt{\frac{m^2-0.477\,(1-m)^2+1}{m+1}} \tag{9}$$

用不同的 m 值代入式(9)可得到 μ 值，如表2-1所示。

计算长度系数还可用便于应用的直线式表示，许多国家的钢结构设计规范均采用了此近似式。

$$\mu=0.75+0.25P_2/P_1 \tag{10}$$

以不同的比值 P_2/P_1 代入式(10)可得到 μ 值，如表2-1所示。当 P_2 为拉力时，可取负值，但由式(10)得到的 μ 值应不小于0.5。

表2-1 **变压力轴心受压构件计算长度系数 μ**

$m=P_2/P_1$	0	0.2	0.4	0.6	0.8	1.0
精确解	0.727	0.785	0.841	0.897	0.950	1.000
式(9)	0.723	0.782	0.840	0.896	0.949	1.000
式(10)	0.750	0.800	0.850	0.900	0.950	1.000

2.3 势能驻值原理和最小势能原理

2.3.1 势能驻值原理

当受外力作用的结构体系，其位移有微小变化而总的势能不变，即总的势能有驻值时，则该结构体系处

于平衡状态，此即为势能驻值原理。这个原理是由虚位移原理推导得来的，如果以 δW 表示外力因虚位移而做的功，则外力势能必将减小，因此外力势能的变化 δV 应等于外力虚功 δW 的负值。由于发生虚位移时，外力已经作用在结构上，所以外力虚功应是外力与虚位移的乘积。δU 是虚位移引起的结构体系内的应变能的变化，它总是正值。如总势能的变化用符号 $\delta \Pi$ 表示，则势能有驻值的表达式为

$$\delta \Pi=\delta(U+V)=0 \tag{2-17}$$

式中，$\Pi=U+V=U-W$，是结构体系的总势能，而 $\delta\Pi$ 是总势能的一阶变分，所以对于多变量的结构体系需运用变分法。这样势能驻值原理还可以表述为：弹性变形体对每一个和约束相容的虚位移，其总势能的一阶变分为零，则该体系处于平衡状态。

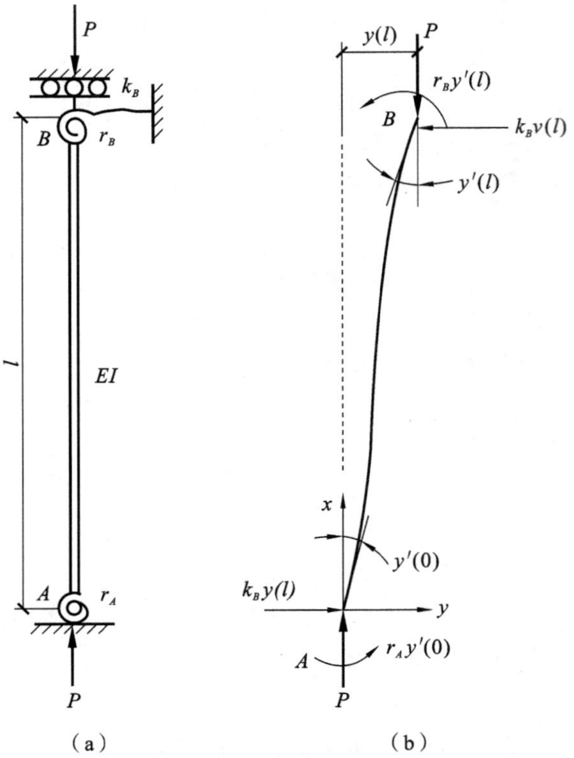

图 2-3 端部受约束的轴心受压构件

运用势能驻值原理来考察图 2-3(a)所示端部受到弹簧约束的轴心受压构件发生微小弯曲变形时的特性。构件上端具有弹簧常数为 r_B 的可移动的弹簧铰和抗侧移弹簧常数为 k_B 的弹簧各一个，而下端只有一个弹簧常数为 r_A 的弹簧铰。

当此轴心受压构件由挺直状态转变到图 2-3(b)所示的弯曲状态时，此体系的应变能为

$$U=\int_0^l \frac{EI}{2}(y'')^2\mathrm{d}x+\frac{1}{2}r_A[y'(0)]^2+\frac{1}{2}r_B[y'(l)]^2+\frac{1}{2}k_B[y(l)]^2 \tag{2-18}$$

外力势能

$$V=-W=-\frac{P}{2}\int_0^l (y')^2\mathrm{d}x$$

总的势能

$$\begin{aligned}\Pi&=U+V\\&=\int_0^l\left[\frac{EI}{2}(y'')^2-\frac{P}{2}(y')^2\right]\mathrm{d}x+\frac{1}{2}r_A[y'(0)]^2+\frac{1}{2}r_B[y'(l)]^2+\frac{1}{2}k_B[y(l)]^2\end{aligned} \tag{2-19}$$

总势能的驻值条件是 $\delta\Pi=\delta(U+V)=0$，对式(2-19)取一阶变分得

$$\delta\Pi=\int_0^l(EIy''\delta y''-Py'\delta y')\mathrm{d}x+r_Ay'(0)\delta y'(0)+r_By'(l)\delta y'(l)+k_By(l)\delta y(l) \tag{2-20}$$

利用分部积分并在积分过程中将边界条件 $y(0)=0$ 和 $\delta y(0)=0$ 代入，则式(2-20)中的第一和第二项的积分式将分别是

$$\begin{aligned}EI\int_0^l y''\delta y''\mathrm{d}x&=[EIy''\delta y']_0^l-\int_0^l EIy'''\delta y'\mathrm{d}x\\&=[EIy''\delta y']_0^l-[EIy'''\delta y]_0^l+\int_0^l EIy^{(4)}\delta y\mathrm{d}x\\&=EIy''(l)\delta y'(l)-EIy''(0)\delta y'(0)-EIy''(l)\delta y'(l)+\int_0^l EIy^{(4)}\delta y\mathrm{d}x\end{aligned}$$

$$P\int_0^l y'\delta y'\mathrm{d}x=[Py'\delta y']-\int_0^l Py''\delta y\mathrm{d}x=Py'(l)\delta y(l)-\int_0^l Py''\delta y\mathrm{d}x$$

将以上两个积分式代入式(2-20)，并将相同的项合并后得到

$$\begin{aligned}\delta\Pi&=[EIy''(l)+r_By'(l)]\delta y'(l)-[EIy''(0)-r_Ay'(0)]\delta y'(0)-\\&\quad[EIy'''(l)+Py'(l)-k_By(l)]\delta y(l)+\int_0^l[EIy^{(4)}+Py'']\delta y\mathrm{d}x\\&=0\end{aligned} \tag{2-21}$$

因为平衡条件 $\delta\Pi=0$ 是恒等式。而 $\delta y(l)$，$\delta y'(0)$ 和 $\delta y'(l)$ 均为边界上不为零的任意值，为满足式(2-21)为零的条件，以下诸式都应得到满足：

① $EIy''(l)+r_By'(l)=0$ 或者 $r_By'(l)=-EIy''(l)=M(l)$。

② $EIy''(0)-r_Ay'(0)=0$ 或者 $r_Ay'(0)=EIy''(0)=-M(0)$。

③ $EIy'''(l)+Py'(l)-k_By(l)=0$ 或者 $k_By(l)=EIy'''(l)+Py'(l)=-Q(l)$。

④ $EIy^{(4)}+Py''=0$。

需知道的是，前三项分别是构件边界上的弯矩与横向力，表示满足构件的自然边界条件，而第四项是构件的平衡方程。这就证明了势能驻值与平衡方程等价。这一结论具有重要意义，它可以被推广到解决复杂结构的弹性稳定问题。有很多结构一下子很难建立它们的平衡方程，可以先写出其总的势能 Π，然后利用 $\delta\Pi=0$，即可得到平衡方程。还可以先假定构件的挠曲线函数，此函数必须满足几何边界条件，将其代入总的势能 Π，通过 $\delta\Pi=0$ 求解屈曲荷载，这就是瑞利(L. Rayleigh)和里兹(W. Ritz)解决稳定问题的方法，简称瑞利-里兹法。如果所假定的挠曲线函数既符合构件的几何边界条件，又符合自然边界条件，也可以直接利用式(2-21)中的最后一项求解屈曲荷载，这就是迦辽金(B. G. Galerkin)解决弹性稳定问题的方法，简称迦辽金法。由于迦辽金法所要求的挠曲线函数需同时满足两种边界条件，可能会增加计算难度，但是所得结果的精确度将更高。这两种方法都属于能量法。通过对上述轴心受压构件势能变化的阐述，以后还要把能量法推广到解决压弯构件、受弯构件和板结构等稳定问题。

在解决具体问题时，也可直接用下面的欧拉公式建立平衡方程。

应把总势能 Π 看作泛函，它是由一个或几个函数选取而确定其值的变量，其一般表达式为

$$\Pi=U+V=\int_{x_1}^{x_2}F[x,y,y',y'',\cdots,y^{(n)}]\mathrm{d}x \tag{2-22}$$

式(2-22)具有极值的必要条件为 $\delta\Pi=0$，其表达式为

$$F_y-\frac{\mathrm{d}F_{y'}}{\mathrm{d}x}+\frac{\mathrm{d}^2F_{y''}}{\mathrm{d}x^2}+\cdots+(-1)^n\frac{\mathrm{d}^nF_{y^{(n)}}}{\mathrm{d}x^n}=0 \tag{2-23}$$

式中，$F_y=\dfrac{\partial F}{\partial y}$，$F_{y'}=\dfrac{\partial F}{\partial y'}$，$F_{y''}=\dfrac{\partial F}{\partial y''}$，$\cdots$，$F_{y^{(n)}}=\dfrac{\partial F}{\partial y^{(n)}}$。

式(2-23)即称为欧拉方程。

由式(2-19)可知，$F=\dfrac{EI}{2}(y'')^2-\dfrac{P}{2}(y')^2$，$F_y=0$，$F_{y'}=-Py'$，$F_{y''}=EIy''$，将它们代入欧拉方程后，知 $EIy^{(4)}+Py''=0$，立即得到了任意边界条件轴心受压构件的平衡方程。

在后面将要研究的压弯构件沿纵轴 z 方向有 u，v 和 φ 三种位移，板结构也有 u，v 和 w 三种位移。如果压弯构件总的势能表达式是

$$\Pi=\int_0^l F(z,u,v,\varphi,u',v',\varphi',u'',v'',\varphi'',\cdots)\mathrm{d}x$$

式中，u，v 与 φ 均为 z 的函数，这时由 $\delta\Pi=0$ 可得到三个平衡方程，欧拉方程应该是

$$F_u=\frac{\mathrm{d}F_{u'}}{\mathrm{d}z}+\frac{\mathrm{d}^2F_{u''}}{\mathrm{d}z^2}+\cdots+(-1)^n\frac{\mathrm{d}^nF_{u^{(n)}}}{\mathrm{d}z^n}=0 \tag{2-24a}$$

$$F_v=\frac{\mathrm{d}F_{v'}}{\mathrm{d}z}+\frac{\mathrm{d}^2F_{v''}}{\mathrm{d}z^2}+\cdots+(-1)^n\frac{\mathrm{d}^nF_{v^{(n)}}}{\mathrm{d}z^n}=0 \tag{2-24b}$$

$$F_\varphi=\frac{\mathrm{d}F_{\varphi'}}{\mathrm{d}z}+\frac{\mathrm{d}^2F_{\varphi''}}{\mathrm{d}z^2}+\cdots+(-1)^n\frac{\mathrm{d}^nF_{\varphi^{(n)}}}{\mathrm{d}z^n}=0 \tag{2-24c}$$

2.3.2 最小势能原理

利用能量守恒原理和势能驻值原理都能求解构件的弹性屈曲荷载，但利用势能驻值原理虽然可以得到构件的平衡方程，但是却不能判别这种平衡形式是稳定的、不稳定的还是中性的。

当受外力作用的结构体系，其位移有微小变化时，如构件处于稳定平衡状态，其总势能为最小，应有总势能的二阶变分 $\delta^2\Pi>0$。为了便于运算，可考察总势能的增量 $\Delta\Pi$，视其是否大于零。

设$\Pi(x)$为结构体系的总势能，当位移有微小变化时，其总势能为$\Pi(x+\delta x)$，利用泰勒级数展开可得

$$\Pi(x+\delta x)=\Pi(x)+\frac{\mathrm{d}\Pi(x)}{\mathrm{d}x}\delta x+\frac{1}{2!}\frac{\mathrm{d}^2\Pi(x)}{\mathrm{d}x^2}(\delta x)^2+\frac{1}{3!}\frac{\mathrm{d}^3\Pi(x)}{\mathrm{d}x^3}(\delta x)^3+\cdots \tag{2-25}$$

因为结构处在平衡状态，因此，$\frac{\mathrm{d}\Pi(x)}{\mathrm{d}x}=0$，这样总势能的增量为

$$\Delta\Pi=\Pi(x+\delta x)-\Pi(x)=\frac{1}{2!}\frac{\mathrm{d}^2\Pi(x)}{\mathrm{d}x^2}(\delta x)^2+\frac{1}{3!}\frac{\mathrm{d}^3\Pi(x)}{\mathrm{d}x^3}(\delta x)^3+\cdots \tag{2-26}$$

当$\Delta\Pi>0$时，总势能有极小值，平衡是稳定的，$\Delta\Pi$的正负号取决于式(2-26)右侧的第一项。如果$\frac{\mathrm{d}^2\Pi(x)}{\mathrm{d}x^2}>0$，则平衡是稳定的；如果$\frac{\mathrm{d}^2\Pi(x)}{\mathrm{d}x^2}<0$，则平衡是不稳定的；如果$\frac{\mathrm{d}^2\Pi(x)}{\mathrm{d}x^2}=0$，则由此可得到屈曲荷载。但是在式(2-26)中，$(\delta x)^3$可能为正值，也可能为负值，必须满足$\frac{\mathrm{d}^3\Pi(x)}{\mathrm{d}x^3}\equiv0$和$\frac{\mathrm{d}^4\Pi(x)}{\mathrm{d}x^4}>0$才能判断平衡是稳定的。如果$\frac{\mathrm{d}^4\Pi(x)}{\mathrm{d}x^4}=0$，则以此类推。下面举一个例子说明此原理的应用。

【例 2-2】 图 2-4(a)为一单自由度、两端铰接的刚性压杆，中间用弹簧常数为r的弹簧铰连接，试用能量法求解其屈曲荷载，并判别其稳定性。

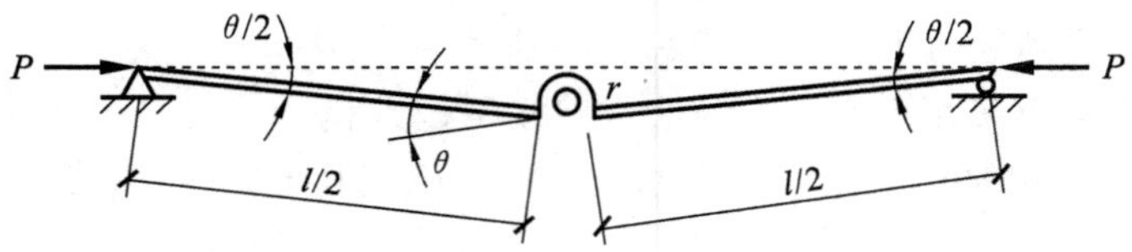

(a)

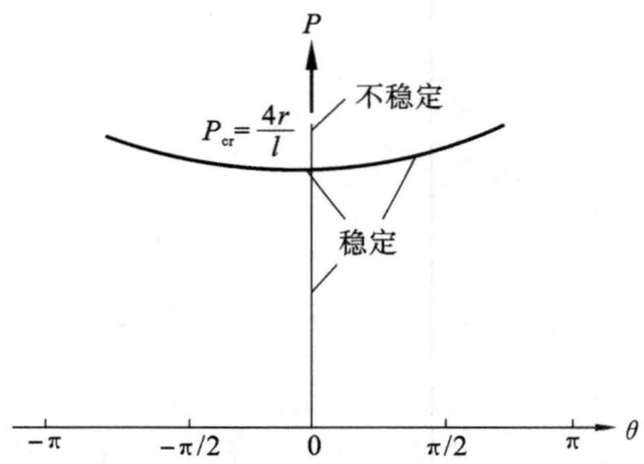

(b)

图 2-4 弹簧铰轴心压杆

【解】 在两端压力P的作用下刚性杆产生一夹角θ，见图 2-4(a)。

(1) 按能量守恒原理求解屈曲荷载。

弹簧势能

$$U=\frac{1}{2}r\theta^2$$

外力功

$$W=Pl\left(1-\cos\frac{\theta}{2}\right)$$

当θ很小时，$\cos\frac{\theta}{2}\approx1-\theta^2/8$，故$W=Pl\theta^2/8$。

根据能量守恒原理，$U=W$，故$P_{cr}=4r/l$。

(2) 按势能驻值原理求解屈曲荷载。

外力势能

$$V=-W=-Pl\left(1-\cos\frac{\theta}{2}\right)$$

总的势能

$$\Pi=U+V=\frac{1}{2}r\theta^2-Pl\left(1-\cos\frac{\theta}{2}\right)$$

势能驻值的条件为$\frac{\mathrm{d}\Pi}{\mathrm{d}\theta}=0$，即 $r\theta-\frac{Pl}{2}\sin\frac{\theta}{2}=0$。当 θ 很小时，$\sin\frac{\theta}{2}\approx\frac{\theta}{2}$，故 $P_{\mathrm{cr}}=4r/l$。

用能量守恒原理和势能驻值原理得到的分岔屈曲荷载是相同的，但所用方法不同，物理概念也不一样，前者出自能量守恒，后者出自平衡条件。

(3) 根据最小势能原理判别分岔屈曲的稳定性。

$$\frac{\mathrm{d}\Pi}{\mathrm{d}\theta}=r\theta-\frac{Pl}{2}\sin\frac{\theta}{2}=0$$

故

$$P=\frac{2r\theta}{l\sin(\theta/2)}$$

$$\frac{\mathrm{d}^2\Pi}{\mathrm{d}\theta^2}=r-\frac{Pl}{4}\cos\frac{\theta}{2}=r\left[1-\frac{\theta}{2\tan(\theta/2)}\right]$$

当 $\theta\neq0$ 且 $0<\theta<\pi$ 时，见图 2-4(a)，$1-\frac{\theta}{2\tan(\theta/2)}>0$，故$\frac{\mathrm{d}^2\Pi}{\mathrm{d}\theta^2}>0$，说明总势能具有最小值，则压杆在分岔屈曲后仍处在稳定平衡状态；当 $\theta=0$ 时，$\frac{\mathrm{d}^2\Pi}{\mathrm{d}\theta^2}=0$，还不能判断分岔点的稳定性，但由$\frac{\mathrm{d}^2\Pi}{\mathrm{d}\theta^2}=0$ 也可得到 $P_{\mathrm{cr}}=4r/l$，再考察$\frac{\mathrm{d}^3\Pi}{\mathrm{d}\theta^3}=r\sin\frac{\theta}{2}=0$，$\frac{\mathrm{d}^4\Pi}{\mathrm{d}\theta^4}=\frac{r}{2}\cos\frac{\theta}{2}=r/2>0$，故分岔点是稳定的。

2.4 瑞利-里兹法

瑞利-里兹法是应用势能驻值原理，直接求解总势能不变时的条件极值变分问题。今假定结构屈曲时在坐标轴 x，y 和 z 三个方向的位移分别是 u，v 和 w，它们的试解函数可以用下列多项函数表示：

$$u=\sum_{i=1}^{n}a_i\varphi_i(x,y,z) \tag{2-27a}$$

$$v=\sum_{i=1}^{n}b_i\psi_i(x,y,z) \tag{2-27b}$$

$$w=\sum_{i=1}^{n}c_i\eta_i(x,y,z) \tag{2-27c}$$

式中，a_i，b_i 和 $c_i(i=1,2,\cdots,n)$是待定的 $3n$ 个独立参数，称为广义坐标；φ_i，ψ_i 和 η_i 是 $3n$ 个连续的独立坐标函数，这些坐标函数虽然可以任意假定，但是必须满足几何边界条件。这样将它们代入总势能的表达式 $\Pi=U+V$ 后，根据势能驻值原理，即总势能的一阶变分为零，$\delta\Pi=\delta(U+V)=0$，就可确定这具有 $3n$ 个独立参数结构的三个方向的位移。这相当于把具有无限自由度的连续体转化为 $3n$ 个自由度的结构体系。在分岔屈曲的稳定问题中，面临的将是 $3n$ 个线性齐次方程组。为了得到 a_i，b_i 和 c_i 的非零解，由它们的系数形成的行列式应为零。由于在行列式中含有荷载项，从而可以得到屈曲荷载。所以用瑞利-里兹法求解得到的并非是结构的位移函数，而是屈曲荷载。如果在 $3n$ 个代数方程组中含有常数项，那么用瑞利-里兹法可以得到荷载和位移之间的关系式。

【例 2-3】 用瑞利-里兹法确定图 2-5 所示两端简支的压弯构件的最大挠度和最大弯矩。

【解】 假定构件的挠曲线为

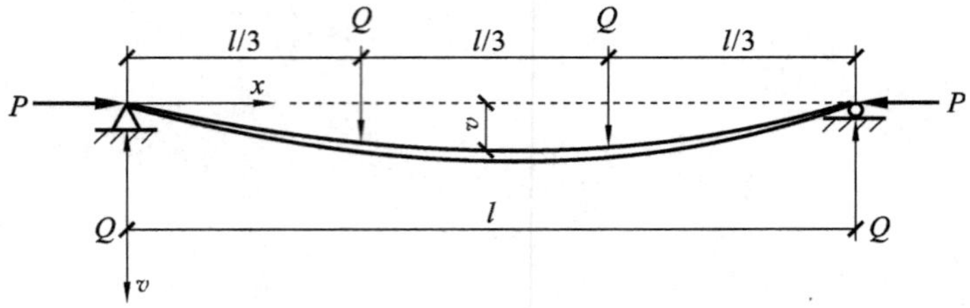

图 2-5 横向集中荷载作用的压弯构件

$$y=v\sin\frac{\pi x}{l} \tag{1}$$

$$U=\frac{EI}{2}\int_0^l(y'')^2\mathrm{d}x=\frac{\pi^4EIv^2}{4l^3} \tag{2}$$

$$\begin{aligned}V&=-\frac{P}{2}\int_0^l(y')^2\mathrm{d}x-2Qy(l/3)=-\frac{\pi^2Pv^2}{2l^2}\int_v^l\cos^2\frac{\pi x}{l}\mathrm{d}x-2Qv\sin\frac{\pi}{3}\\&=-\frac{\pi^2Pv^2}{4l}-1.732Qv\end{aligned} \tag{3}$$

$$\Pi=U+V=\frac{\pi^4EIv^2}{4l^3}-\frac{\pi^2Pv^2}{4l}-1.732Qv \tag{4}$$

由势能驻值条件$\frac{\mathrm{d}\Pi}{\mathrm{d}v}=0$，得到

$$v=\frac{3.464Ql^3}{\pi^4EI(1-P/P_{\mathrm{E}})}=\frac{Ql^3}{28.12EI(1-P/P_{\mathrm{E}})} \tag{5}$$

得到假定的挠曲线函数为

$$y=\frac{Ql^3\sin(\pi x/l)}{28.12EI(1-P/P_{\mathrm{E}})} \tag{6}$$

构件的最大弯矩为

$$\begin{aligned}M_{\max}&=\frac{Ql}{3}+Pv=\frac{Ql}{3}\left[1+\frac{Pl^2}{9.373EI(1-P/P_{\mathrm{E}})}\right]=\frac{Ql(1+0.053P/P_{\mathrm{E}})}{3(1-P/P_{\mathrm{E}})}\\&\approx\frac{Ql/3}{1-P/P_{\mathrm{E}}}\end{aligned} \tag{7}$$

2.5 迦辽金法

前面的瑞利-里兹法先要写出在外力作用下结构的总势能，再由一阶变分为零这一条件引出一组联立方程，这一组方程都是通过微分得到的。而迦辽金法则直接利用了势能驻值条件中的平衡微分方程式，不再需要写出总势能，但是这样做的前提是所选位移函数必须既满足几何边界条件，又满足自然边界条件，这样一来从式(2-21)得到的平衡方程将是

$$\delta\Pi=\int_0^l[EIy^{(4)}+Py'']\delta y\,\mathrm{d}x=0$$

如果用$L(y)$代表上面括号中的诸项，也即$EIy^{(4)}+Py''$，这样一来，上面的平衡方程可以写成更普遍的形式

$$\delta\Pi=\int_{x_1}^{x_2}L(y)\delta y\,\mathrm{d}x=0 \tag{2-28}$$

设位移函数 $y=a_1\varphi_1+a_2\varphi_2+\cdots+a_n\varphi_n=\sum_{i=1}^{n}a_i\varphi_i(x)$，对此位移求一阶变分，得到

$$\delta y = \frac{\partial y}{\partial a_1}\delta a_1 + \frac{\partial y}{\partial a_2}\delta a_2 + \cdots + \frac{\partial y}{\partial a_n}\delta a_n = \sum_{i=1}^{n} \frac{\partial y}{\partial a_i}\delta a_i$$
$$= \varphi_1 \delta a_1 + \varphi_2 \delta a_2 + \cdots + \varphi_n \delta a_n = \sum_{i=1}^{n} \varphi_i \delta a_i \tag{2-29}$$

将式(2-29)代入式(2-28)，但是在式(2-29)中 $\delta a_1, \delta a_2, \cdots, \delta a_n$ 都是不等于零的微小的任意值，而式(2-28)是恒等式，因此只有

$$\left.\begin{aligned} &\int_{x_1}^{x_2} L(y)\varphi_1(x)\mathrm{d}x = 0 \\ &\int_{x_1}^{x_2} L(y)\varphi_2(x)\mathrm{d}x = 0 \\ &\qquad\vdots \\ &\int_{x_1}^{x_2} L(y)\varphi_n(x)\mathrm{d}x = 0 \end{aligned}\right\} \tag{2-30}$$

式(2-30)称为迦辽金方程组，它们都具有积分的形式，经积分以后，得到含有 $a_1, a_2, \cdots, a_n$ 的几个联立方程组，如果此方程组均为无常数项的齐次方程，则通过其系数行列式为零可得到构件的屈曲荷载。如式(2-30)为非齐次方程组，则可解得 $a_1, a_2, \cdots, a_n$，从而得到近似的挠曲线函数、最大挠度和最大弯矩。

【例 2-4】 用迦辽金法确定图 2-6(a)所示受均匀变化的轴心压力作用的悬臂构件的屈曲荷载。

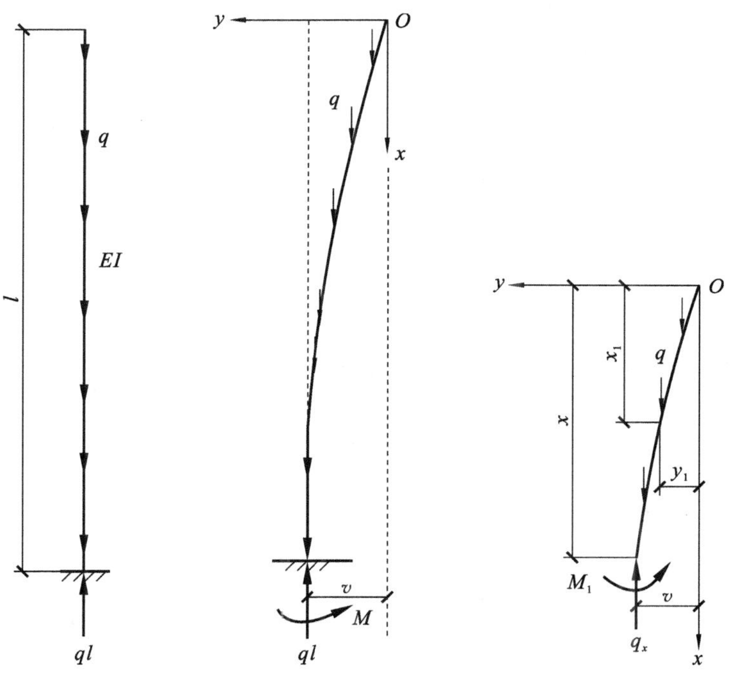

图 2-6 变轴心压力的悬臂构件

【解】 悬臂构件变形后的坐标轴如图 2-6(b)所示，假定挠曲线为

$$y = v\sin\frac{\pi x}{2l} \tag{1}$$

上式符合几何边界条件 $y(0)=0, y(l)=v$ 和 $y'(l)=0$ 和自然边界条件 $y''(0)=0$。

根据图 2-6(c)所示隔离体建立平衡方程

$$EIy'' + \int_0^x q(y - y_1)\mathrm{d}x_1 = 0 \tag{2}$$

$$L(y) = EIy'' + q\int_0^x (y - y_1)\mathrm{d}x_1 \tag{3}$$

迦辽金方程为

$$\int_0^l L(y)\sin\frac{\pi x}{2l}\mathrm{d}x=0 \tag{4}$$

$$L(y)=-EIv\left(\frac{\pi}{2l}\right)^2\sin\frac{\pi x}{2l}+q\int_0^x\left(v\sin\frac{\pi x}{2l}-v\sin\frac{\pi x_1}{2l}\right)\mathrm{d}x_1$$

$$=-EIv\left(\frac{\pi}{2l}\right)^2\sin\frac{\pi x}{2l}+qvx\sin\frac{\pi x}{2l}+qv\frac{2l}{\pi}\left(\cos\frac{\pi x}{2l}-1\right) \tag{5}$$

将式(5)代入式(4),经积分后得到

$$v\left[-\frac{\pi^2EI}{8l}+ql^2\left(\frac{1}{4}-\frac{1}{\pi^2}\right)\right]=0 \tag{6}$$

因 $v\neq0$,故

$$(ql)_{\mathrm{cr}}=\frac{\pi^4EI}{2(\pi^2-4)l^2}=8.298EI/l^2 \tag{7}$$

如用平衡法,令 $k^2=\dfrac{ql}{EI}$,可得构件的屈曲方程为第一类的 $-\dfrac{1}{3}$ 阶修正 Bessel 函数,$L_{-\frac{1}{3}}\left(\dfrac{2}{3}kl\right)=0$,$kl$ 的最小值为 2.7995,精确解 $(ql)_{\mathrm{cr}}=7.837EI/l^2$。故近似解稍大 5.9%。

今改用构件的挠曲线函数为二项式

$$y=v_1\sin\frac{\pi x}{2l}+v_2\sin\frac{3\pi x}{2l} \tag{8}$$

这样迦辽金方程组为

$$\int_0^l L(y)\sin\frac{\pi x}{2l}\mathrm{d}x=0 \tag{9}$$

$$\int_0^l L(y)\sin\frac{3\pi x}{2l}\mathrm{d}x=0 \tag{10}$$

将式(8)代入式(3)后得到

$$L(y)=-EIv_1\left(\frac{\pi}{2l}\right)^2\sin\frac{\pi x}{2l}-EIv_2\left(\frac{3\pi}{2l}\right)^2\sin\frac{3\pi x}{2l}+$$

$$q\int_0^l\left(v_1\sin\frac{\pi x}{2l}+v_2\sin\frac{3\pi x}{2l}-v_1\sin\frac{\pi x}{2l}-v_2\sin\frac{3\pi x}{2l}\right)\mathrm{d}x_1$$

$$=-EIv_1\left(\frac{\pi}{2l}\right)^2\sin\frac{\pi x}{2l}-EIv_2\left(\frac{3\pi}{2l}\right)^2\sin\frac{3\pi x}{2l}+$$

$$qx\left(v_1\sin\frac{\pi x}{2l}+v_2\sin\frac{3\pi x}{2l}\right)+qv_1\frac{2l}{\pi}\left(\cos\frac{\pi x}{2l}-1\right)+qv_2\frac{2l}{3\pi}\left(\cos\frac{3\pi x}{2l}-1\right) \tag{11}$$

将式(11)代入式(9)和式(10),积分以后得到

$$v_1\left[-\frac{\pi^2EI}{8l}+ql^2\left(\frac{1}{4}-\frac{1}{\pi^2}\right)\right]-v_2\frac{3ql^2}{\pi^2}=0 \tag{12}$$

$$-v_1\frac{3ql^2}{\pi^2}-v_2\left[\frac{9\pi^2EI}{8l}-ql^2\left(\frac{1}{4}-\frac{1}{9\pi^2}\right)\right]=0 \tag{13}$$

这是一组齐次方程式,有解的条件是其系数行列式为零:

$$\begin{vmatrix}-\dfrac{\pi^2EI}{8l}+ql^2\dfrac{\pi^2-4}{4\pi^2} & \dfrac{3ql^2}{\pi^2}\\ -\dfrac{3ql^2}{\pi^2} & \dfrac{9\pi^2EI}{8l}+ql^2\dfrac{9\pi^2-4}{36\pi^2}\end{vmatrix}=0 \tag{14}$$

将行列式展开后可以解得最小值 $(ql)_{\mathrm{cr}}=7.838EI/l^2$,与精确解 $7.837EI/l^2$ 几乎是一致的。所以挠曲线函数由只用一项改用两项后,效果十分明显。构件的计算长度系数 $\mu=1.122$。

2.6　有限差分法

差分法是把构件划分为许多单元，通过把连续体离散为互有联系的有限数量单元的数值求解法。对于已经建立的微分方程，将其中任一点函数 y_i 的各阶导数通过差分的式子用该点函数 y_i 及其附近分段点的函数 y_{i-2}，y_{i-1}，y_{i+1} 和 y_{i+2} 来表示，将求解微分方程转化为求解差分方程。图 2-7 表示构件挠曲线的一段，曲线 B 点的坐标为 x_i，y_i，该点的各阶导数为 y'_i，y''_i，y'''_i 和 $y_i^{(4)}$。将构件划分为相等或不相等长度的单元，各分段点的函数用带规律的序号表示，如图 2-7 中的 y_{i-1}，y_i 和 y_{i+1} 所示。

2.6.1　任意点函数的差分式

当划分的单元长度相同时，图 2-7 曲线上 B 点函数的一阶导数可以用三种不同的差分式表示。一种是前进差分，用曲线上的 B 点和其前面的 C 点的函数表示，$y'_i=\dfrac{y_{i-1}-y_i}{a}$；另一种是后退差分，用曲线上的 B 点和其后面的 A 点的函数表示，$y'_i=\dfrac{y_i-y_{i+1}}{a}$；还有一种为中央差分。用前后两个点 C 和 A 的函数表示为

$$y'_i=\frac{y_{i-1}-y_{i+1}}{2a} \tag{2-31a}$$

虽然式(2-31a)与两个单元长度有关，但是对 y'_i 说来，中央差分的精确度高些，当然分段点的间距愈小，差分式愈接近实际值。

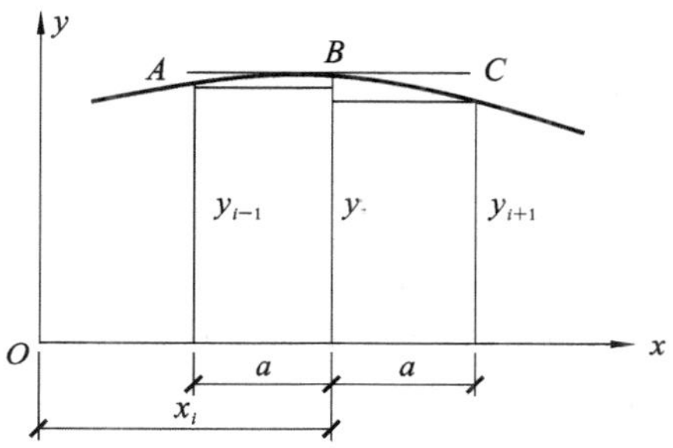

图 2-7　函数与单元

如果利用式(2-31a)推演 y_i 的二阶导数，将得到

$$y''_i=\frac{y'_{i+1}-y'_{i-1}}{2a}=\frac{y_{i+2}-2y_i+y_{i-2}}{4a^2}$$

这样，y''_i 的确定与远离 y_i 两个分段距的 y_{i+2} 和 y_{i-2} 有关，其结果误差较大。如果先按前进差分运算一次得到 y'_i，再按后退差分运算一次得到 y''_i，那么可以得到

$$y''_i=(y'_i)'=\frac{y'_{i+1}-y'_i}{a}=\frac{\dfrac{y_{i+1}-y_i}{a}-\dfrac{y_i-y_{i-1}}{a}}{a}=\frac{y_{i+1}-2y_i+y_{i-1}}{a^2} \tag{2-31b}$$

式(2-31b)说明 B 点函数的二阶导数只与两个分段的三个分点的函数有关，这样不仅便于计算，而且精确度也高。

同理，

$$y'''_i=\frac{y_{i+2}-2y_{i+1}+2y_{i-1}-y_{i-2}}{2a^3} \tag{2-31c}$$

$$y_i^{(4)}=\frac{y_{i+2}-4y_{i+1}+6y_i-4y_{i-1}-y_{i-2}}{a^4} \tag{2-31d}$$

可见，曲线上任一点函数的导数是由高阶导数转化为低阶导数，直至最终形成函数值的表达式。差分式也可用插值函数 $y=a_1x^2+b_1x+c_1$ 导出。如果采用更高阶次的插值函数，可得到更精确的差分式。

2.6.2　边界点的差分式

求解差分方程时，边界条件也是以差分的形式表示的。为了得到图 2-8 所示构件的三种不同边界点的差分式，挠曲线都需向外延伸，如虚线所示，给出分段长度为 a 的虚拟点的函数 y_{i-1}，根据不同的边界条件找出虚拟点 y_{i-1} 与前进点 y_i 之间的关系式。如果边界点在构件的右侧，那么虚拟点在延伸线上的右侧，这时需找出虚拟点与后退点之间的关系式。

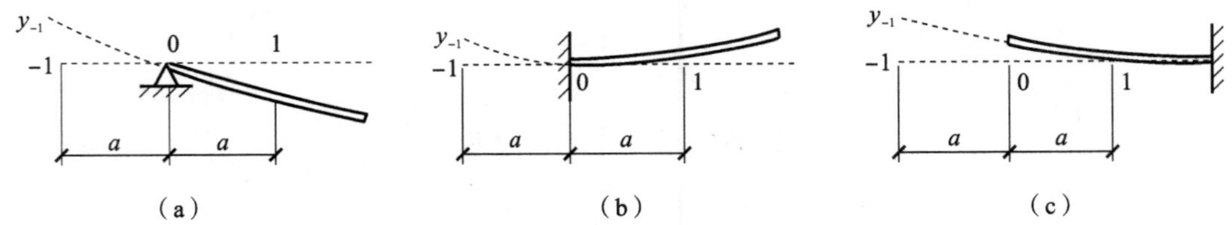

图 2-8 边界虚拟点

对于图 2-8(a)的铰接端,有 $y_0=0, y''_0=0$,但是 $y''_0=\frac{y_1-2y_0+y_{-1}}{a^2}=0$,故

$$y_{-1}=-y_1 \tag{2-32a}$$

对于图 2-8(b)的固定端,有 $y_0=0, y'_0=0$,但是 $y'_0=\frac{y_1-y_{-1}}{2a}=0$,故

$$y_{-1}=y_1 \tag{2-32b}$$

对于图 2-8(c)的自由端,有 $y''_0=0, y''_0=\frac{y_1-2y_0+y_{-1}}{a^2}=0$,故

$$y_{-1}=2y_0-y_1 \quad 或 \quad y_0=\frac{y_1+y_{-1}}{2} \tag{2-32c}$$

由差分法得到的屈曲荷载的近似值常常小于精确解,能量法得到的是屈曲荷载的上限,差分法得到的是屈曲荷载的下限。对于复杂的弹塑性稳定问题,差分法得到的屈曲荷载的误差很小。

2.6.3 提高屈曲荷载精确度的外推法

用差分法求解构件的屈曲荷载时,其精确度与构件的分段数 n 有关,但分段数量影响计算工作量。分段数太少,计算结果的误差大。对于弹性弯曲屈曲荷载,误差的大小与分段数的平方成反比。因此,可以利用两种不同分段数 n_1 和 n_2 得到的屈曲荷载 P_1 和 P_2,采用 Richardson 外推法提高精确度。

设比较精确的解为 P_{cr},与近似解 P_1 和 P_2 有关的比例常数为 β,则有

$$P_{cr}-P_1=\frac{\beta}{n_1^2} \tag{2-33a}$$

$$P_{cr}-P_2=\frac{\beta}{n_2^2} \tag{2-33b}$$

从以上两式中消去比例常数 β,可以得到

$$P_{cr}=\frac{P_2n_2^2-P_1n_1^2}{n_2^2-n_1^2} \tag{2-34}$$

【例 2-5】 用差分法确定图 2-9 所示两端铰接的轴心受压构件的屈曲荷载。

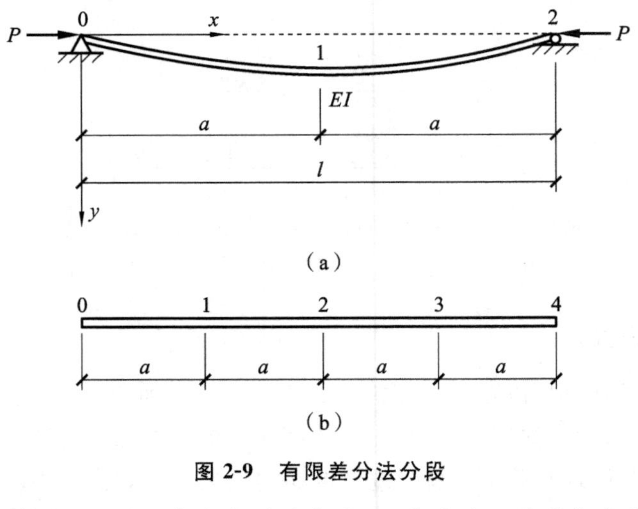

图 2-9 有限差分法分段

【解】 先建立构件的微分方程,再形成分点的平衡方程,即分点 i 的差分方程:

$$EIy''+Py=0$$

令 $k^2=\dfrac{P}{EI}$，则

$$y''+k^2y=0 \tag{1}$$

任意点的差分式 $y''_i=\dfrac{y_{i+1}-2y_i+y_{i-1}}{a^2}$，将其代入式(1)后得到差分方程如下，这是简单的代数方程：

$$y_{i+1}+(k^2a^2-2)y_i+y_{i-1}=0 \tag{2}$$

① 第一次近似将构件全长分为两段，$a=l/2$，如图 2-9(a)所示，在分点 1 的差分方程为

$$y_2+(k^2a^2-2)y_1+y_0=0$$

但 $y_2=y_0=0$，故构件的屈曲条件为 $k^2a^2-2=0$，从而得到 $P_{cr}=\dfrac{8EI}{l^2}$，与精确值 $P_{cr}=\dfrac{9.87EI}{l^2}$ 比较相差 -18.9%。

② 第二次近似将构件划分为 4 段，$a=l/4$。

在分点 1，$y_2+(k^2a^2-2)y_1+y_0=0$，但 $y_0=0$，故

$$y_2+(k^2a^2-2)y_1=0 \tag{3}$$

在分点 2，$y_3+(k^2a^2-2)y_2+y_1=0$，但 $y_3=y_1$，故

$$(k^2a^2-2)y_2+2y_1=0 \tag{4}$$

由式(3)与式(4)得到构件的屈曲条件为

$$\begin{vmatrix} 1 & k^2a^2-2 \\ k^2a^2-2 & 2 \end{vmatrix}=0$$

得到 $k^2a^2=0.586$，$p_{cr2}=16\times0.586EI/l^2=9.376EI/l^2$，与精确值比较相差 -5%。

③ 由外推法得到 $p_{cr2}=\dfrac{9.376\times4^2-8\times2^2}{4^2-2^2}EI/l^2=9.835EI/l^2$，与精确值比较只相差 -0.35%。

2.7 有限积分法

前面用差分法求解构件的屈曲荷载时，分段点的导数用了其相邻两分段点之间的斜率，如分段数太少，分段点导数的误差将很大，这样用差分法求解得到的屈曲荷载必然误差较大。对于在弹塑性状态失稳的构件，如在压弯构件的弹塑性弯扭屈曲问题，由于沿构件的轴线方向诸截面因弹性区不同，因此有效的几何性质是变化的，挠曲线上各相邻点的导数必然有较大差别，其高阶导数相差更大。为了提高精确度，必须加密分段点，这样势必加大计算工作量，同时边界点延伸线上虚拟点的函数也会带来误差。为了获得较高的精确解，还有别的数值法可供选用，如有限积分法和有限单元法，本节先介绍有限积分法。

2.7.1 函数 y(x) 及其导数的数值积分表达式

有限积分法的特点是把挠曲线上任意一点的原函数 $y(x)$ 及其各阶导数 y'，y''，…都用平衡方程中所具有的高阶导数的数值积分式来表示，从而形成高阶导数的代数式。

如果微分方程中的高阶导数为 y''，那么在曲线上任意点(x,y)的一阶导数和原函数分别为

$$y'=\int_0^x y''\mathrm{d}x+y'_0 \tag{2-35a}$$

$$y'=\int_0^x y'\mathrm{d}x+y_0=\int_0^x\int_0^x y''\mathrm{d}x\mathrm{d}x+y'_0x+y_0 \tag{2-35b}$$

如果微分方程中的高阶导数为 $y^{(4)}$，那么在曲线上任意点(x,y)的三阶、二阶、一阶导数和原函数分别为

$$y'''=\int_0^x y^{(4)}\mathrm{d}x+y'''_0 \tag{2-36a}$$

$$y'' = \int_0^x y''' \mathrm{d}x + y''_0 = \int_0^x \int_0^x y^{(4)} \mathrm{d}x\mathrm{d}x + y'''_0 x + y''_0 \tag{2-36b}$$

$$y' = \int_0^x y'' \mathrm{d}x + y'_0 = \int_0^x \int_0^x \int_0^x y^{(4)} \mathrm{d}x\mathrm{d}x\mathrm{d}x + \frac{y'''_0 x^2}{2} + y''_0 x + y'_0 \tag{2-36c}$$

$$y = \int_0^x y' \mathrm{d}x + y_0 = \int_0^x \int_0^x \int_0^x \int_0^x y^{(4)} \mathrm{d}x\mathrm{d}x\mathrm{d}x\mathrm{d}x + \frac{y'''_0 x^3}{6} + \frac{y''_0 x^2}{2} + y'_0 x + y_0 \tag{2-36d}$$

为了便于用计算机求解，将上述诸积分式写成矩阵的形式。先将构件的全长 l 划分为长度为 a 的 m 段，而分段点的序号由 $0,1,2,\cdots,m$，共有 $m+1$ 个分段点，每段的长度 $a=l/m$。经过下面将要推演得到的结果，构件挠曲线上分段点的函数及其导数的数值积分表达式均可用矩阵的形式表示。当微分方程中的高阶导数为 y''时，

$$\{y'\}=(a/12)[N]\{y''\}+y'_0\{1\} \tag{2-37a}$$

$$\{y\}=(a/12)^2[N]^2\{y''\}+y'_0\{x\}+y_0\{1\} \tag{2-37b}$$

当微分方程中的高阶导数为 $y^{(4)}$ 时，

$$\{y'''\}=(a/12)[N]\{y^{(4)}\}+y'''_0\{1\} \tag{2-38a}$$

$$\{y''\}=(a/12)^2[N]^2\{y^{(4)}\}+y'''_0\{x\}+y''_0\{1\} \tag{2-38b}$$

$$\{y'\}=(a/12)^3\ [N]^3\{y^{(4)}\}+y'''_0\{x^2/2\}+y''_0\{x\}+y'_0\{1\} \tag{2-38c}$$

$$\{y\}=(a/12)^4\ [N]^4\{y^{(4)}\}+y'''_0\{x^3/6\}+y''_0\{x^2/2\}+y'_0\{x\}+y_0\{1\} \tag{2-38d}$$

在以上诸式中，$\{x\}$分段点 x 的列向量为$[x_0,x_1,x_2,\cdots,x_m]^{\mathrm{T}}$；$\{1\}$是单位 1 的列向量，为$[1,1,\cdots,1]^{\mathrm{T}}$；$[N]$是在数值积分的运算过程中形成的积分矩阵，或称积分算子。

2.7.2　插值函数和积分算子[N]的形成

对于图 2-10 所示的函数 $y(x)$，在局部范围内，如图中的曲线段 ABC 范围内，可以用分段距为 a 并经过曲线上 A,B 和 C 三点的二次抛物线插值函数 $y(x)=a_1x^2+b_1x+c_1$ 来代替，只要分段距 a 不过于长，此插值函数可以近似于曲线上相邻的 A,B 和 C 三点的原函数 y_i,y_{i+1}和 y_{i+2}，这时，$x_{i+2}-x_{i+1}=x_{i+1}-x_i=a$。把它们一一对应地代入抛物线方程后，即可得到三个常数 a_1，b_1 和 c_1 与原函数的关系式。图 2-10中实线为原函数，虚线为插值函数。

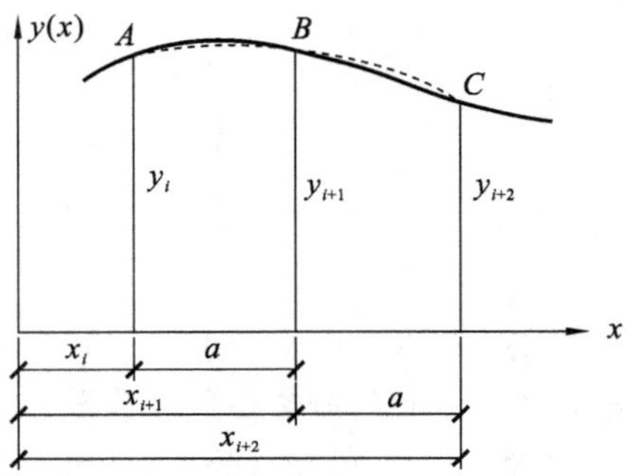

图 2-10　原函数与插值函数

$$a_1=\frac{y_{i+2}-2y_{i+1}+y_i}{2a^2} \tag{2-39a}$$

$$b_1=\frac{y_{i+2}-y_i}{2a}-2a_1x_{i+1} \tag{2-39b}$$

$$c_1=y_{i+1}-a_1x_{i+1}^2-b_1x_{i+1} \tag{2-39c}$$

然后按照分段插值的原则，在将原曲线 ABC 用一段抛物线近似地代替后，紧接着从 C 点开始，将分段距也是 a 的另外三个相邻点的原曲线，用另一段二次抛物线来代替，这样把诸插值函数连接起来，形成一个完整的与原函数非常近似的曲线，此近似曲线在运算过程中经过一次或多次积分后，即可用诸分段点的高阶导数来表示而形成代数式。由图 2-10 可知，在曲线 ABC 与 x 轴之间所围成的面积，用原函数和插值函数分别计算，两者的差别是非常小的，即使放大分段距 a，这种误差也不大，但是这样一来，却可减小计算工作量，而用有限积分法计算构件的屈曲荷载将具有较高的精确度。

在式(2-37)或式(2-38)中的高阶微分 y''或 $y^{(4)}$ 都可以看作函数 $f(x)$，如图 2-11(a)所示，也可以用抛物线插值函数逐段代替它。

图 2-10 中抛物线上两相邻点 A 和 B 之间的数值积分为

$$\int_{x_i}^{x_{i+1}} y(x)\mathrm{d}x = [a_1x^3/3+b_1x^2/2+c_1x]_{x_i}^{x_{i+1}}$$

将式(2-39)中的 a_1,b_1,c_1 和 $x_{i+1}=x_i+a$ 代入上式后可以得到

$$\int_{x_i}^{x_{i+1}} y(x)\mathrm{d}x = \frac{a}{12}(5y_i+8y_{i+1}-y_{i+2}) \tag{2-40a}$$

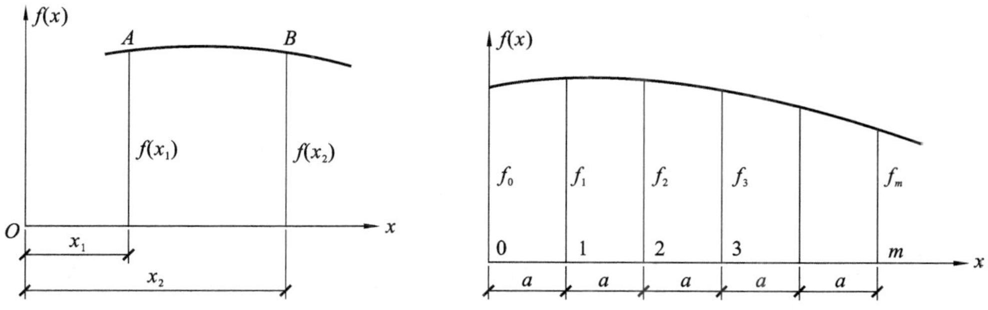

（a）　　（b）

图 2-11　分段点序号与函数值

用辛普森公式可以得到任一抛物线段在区间 x_1 和 x_2 内的数值积分为

$$\int_{x_1}^{x_2} y(x)\mathrm{d}x = \frac{x_2 - x_1}{6}\left[y(x_1) + 4y\left(\frac{x_1 + x_2}{2}\right) + y(x_2)\right] \tag{2-40b}$$

利用上式就可以得到图 2-10 中在区间 x_i 和 x_{i+2} 之间的数值积分为

$$\int_{x_i}^{x_{i+2}} y(x)\mathrm{d}x = \frac{x_{i+2} - x_i}{6}(y_i + 4y_{i+1} + y_{i+2}) = \frac{a}{12}(4y_i + 16y_{i+1} + 4y_{i+2}) \tag{2-40c}$$

现在把上面的关系式应用到由式(2-37)或式(2-38)中高阶微分 y'' 或 $y^{(4)}$ 所代表的函数中来，如果函数所描绘的曲线的分段点按图 2-11(b)所示序号排列，每段的长度均为 a，其相应的函数值为 f_0，f_1，f_2，…，f_m，那么在分段 0～1，0～2 和 0～3 之间的函数积分用符号 g_1，g_2 和 g_3 表示，其矩阵形式为

$$g_1 = \int_0^a f(x)\mathrm{d}x = \frac{a}{12}[5, 8, -1]\begin{Bmatrix} f_0 \\ f_1 \\ f_2 \end{Bmatrix} \tag{2-41a}$$

$$g_2 = \int_0^{2a} f(x)\mathrm{d}x = \frac{a}{12}[4, 16, 4]\begin{Bmatrix} f_0 \\ f_1 \\ f_2 \end{Bmatrix} \tag{2-41b}$$

$$g_3 = \int_0^{3a} f(x)\mathrm{d}x = \int_0^{2a} f(x)\mathrm{d}x + \int_{2a}^{3a} f(x)\mathrm{d}x = \frac{a}{12}[4, 16, 9, 8, -1]\begin{Bmatrix} f_0 \\ f_1 \\ f_2 \\ f_3 \\ f_4 \end{Bmatrix} \tag{2-41c}$$

以此类推，函数积分的普遍表达式可以用矩阵方程表示为

当 $g_m = \int_0^{ma} f(x)\mathrm{d}x$ 时，

$$\{g\} = \frac{a}{12}[N]\{f\} \tag{2-41d}$$

式中，$\{g\}$ 是列向量 $[g_0, g_1, g_2, \cdots, g_m]^{\mathrm{T}}$；$\{f\}$ 是列向量 $[f_0, f_1, f_2, \cdots, f_m]^{\mathrm{T}}$；$[N]$ 就是积分算子，它是一个 $m+1$ 的方阵，按式(2-41a)、式(2-41b)、式(2-41c)的规律形成，如果用电算，它可以自动形成：

$$[N] = \begin{bmatrix} 0 & 0 & 0 & 0 & 0 & 0 & 0 & \\ 5 & 8 & -1 & 0 & 0 & 0 & 0 & \\ 4 & 16 & 4 & 0 & 0 & 0 & 0 & \\ 4 & 16 & 9 & 8 & -1 & 0 & 0 & \cdots \\ 4 & 16 & 8 & 16 & 4 & 0 & 0 & \\ 4 & 16 & 8 & 16 & 9 & 8 & -1 & \\ 4 & 16 & 8 & 16 & 8 & 16 & 4 & \\ & & \vdots & & & & & \end{bmatrix}_{(m+1)(m+1)}$$

再进一步求解函数 $f(x)$ 的二次积分为：

$$p_m = \int_0^{ma} g\mathrm{d}x = \int_0^{ma}\int_0^{ma} f(x)\mathrm{d}x \tag{2-42}$$

这时也把 g 看作独立函数，所以 $f(x)$ 的二次积分为

$$\{p\} = \frac{a}{12}[N]\{g\} = \left(\frac{a}{12}\right)^2 [N]^2\{f\} \tag{2-43}$$

式中，$\{p\}=[p_0,p_1,p_2,\cdots,p_m]^{\mathrm{T}}$，由此可得到各分点的二次积分。以此类推，很容易写出用各点的函数值 $f_0,f_1,f_2,\cdots,f_m$，表示的 $f(x)$ 的三次和四次数值积分。这样一来，微分方程式中的未知函数 y 及其低阶导数都可套用上述数值积分式，把它们均转化为微分方程中最高阶导数的函数，最后形成联立方程组。如果方程组中没有常数项，那么由方程组中的系数形成的行列式为零，即为屈曲条件，从而可解得构件的屈曲荷载。

【例 2-6】 用有限积分法求解图 2-12 所示两端铰接的轴心受压构件的屈曲荷载。

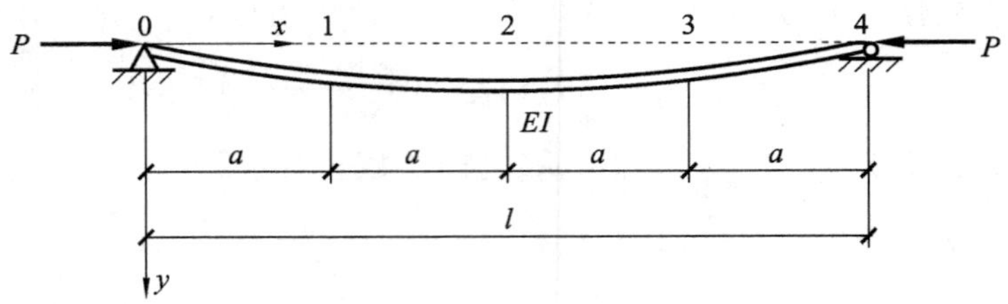

图 2-12 有限积分法分段

【解】 将构件划分为图 2-12 所示 4 段，$m=4$，$m+1=5$，$a=l/4$。

建立构件的微分方程，令 $k^2=P/EI$，则

$$y''+k^2y=0 \tag{1}$$

式(1)中的最高阶微分为 y''，y 的有限积分式为

$$\{y\} = \left(\frac{a}{12}\right)^2 [N]^2\{y''\} + y'_0\{x\} + y_0\{1\} \tag{2}$$

构件的边界条件为 $y_0=0$，$y''_0=0$，而且在跨度中央有 $y'_0=0$，由此可知：

$$y'_0 = \frac{a}{12}[N]_3\{y''\} + y'_0\{1\} = 0$$

由此得到

$$y'_0 = -\frac{a}{12}[N]_3\{y''\} \tag{3}$$

式中，$[N]_3$ 是 $[N]$ 中的第 3 行。

将式(3)代入式(2)得

$$\{y\} = \left(\frac{a}{12}\right)^2 [N]^2\{y''\} - \frac{a}{12}[N]_3\{y''\}\{x\} \tag{4}$$

再将式(4)代入式(1)，可得到数值积分方程：

$$\{y''\} + k^2\left(\frac{a}{12}\right)^2 [N]^2\{y''\} - \frac{k^2a}{12}[N]_3\{y''\}\{x\} = 0 \tag{5}$$

由于构件具有对称性，故可取构件的一半计算，这样，$m=2$，$m+1=3$，将分点的各值代入式(5)后，三个分点的平衡方程表示为一组代数方程：

$$\begin{Bmatrix} y''_0 \\ y''_1 \\ y''_2 \end{Bmatrix} + k^2\left(\frac{a}{12}\right)^2 \begin{bmatrix} 0 & 0 & 0 \\ 5 & 8 & -1 \\ 4 & 16 & 4 \end{bmatrix}\begin{bmatrix} 0 & 0 & 0 \\ 5 & 8 & -1 \\ 4 & 16 & 4 \end{bmatrix}\begin{Bmatrix} y''_0 \\ y''_1 \\ y''_2 \end{Bmatrix} - \frac{k^2a}{12}[4,16,4]\begin{Bmatrix} y''_0 \\ y''_1 \\ y''_2 \end{Bmatrix}\begin{Bmatrix} 0 \\ a \\ 2a \end{Bmatrix} = \begin{Bmatrix} 0 \\ 0 \\ 0 \end{Bmatrix} \tag{6}$$

将边界条件 $y''_0=0$ 代入式(6)，并剔除与此有关的各项后，式(6)可写作

$$\begin{Bmatrix} y''_1 \\ y''_2 \end{Bmatrix} + k^2\left(\frac{a}{12}\right)^2 \begin{bmatrix} 8 & -1 \\ 16 & 4 \end{bmatrix}\begin{bmatrix} 8 & -1 \\ 16 & 4 \end{bmatrix}\begin{Bmatrix} y''_1 \\ y''_2 \end{Bmatrix} - \frac{k^2a}{12}[16,4]\begin{Bmatrix} y''_1 \\ y''_2 \end{Bmatrix}\begin{Bmatrix} a \\ 2a \end{Bmatrix} = \begin{Bmatrix} 0 \\ 0 \end{Bmatrix} \tag{7}$$

$$\begin{Bmatrix} y''_1 \\ y''_2 \end{Bmatrix} + \frac{k^2a^2}{144}\begin{bmatrix} 48 & -12 \\ 192 & 0 \end{bmatrix}\begin{Bmatrix} y''_1 \\ y''_2 \end{Bmatrix} - \frac{k^2a}{12}[16y''_1,4y''_2]\begin{Bmatrix} a \\ 2a \end{Bmatrix} = \begin{Bmatrix} 0 \\ 0 \end{Bmatrix}$$

$$\begin{Bmatrix} y''_1 \\ y''_2 \end{Bmatrix} + \frac{k^2a^2}{12}\begin{Bmatrix} 4y''_1 - y''_2 \\ 16y''_1 \end{Bmatrix} - \frac{k^2a^2}{12}\begin{Bmatrix} 16y''_1 + 4y'' \\ 32y''_1 + 8y'' \end{Bmatrix} = \begin{Bmatrix} 0 \\ 0 \end{Bmatrix}$$

$$\begin{Bmatrix} y''_1 \\ y''_2 \end{Bmatrix} - \frac{k^2a^2}{12}\begin{Bmatrix} 12y''_1 + 5y'' \\ 16y''_1 + 8y'' \end{Bmatrix} = \begin{Bmatrix} 0 \\ 0 \end{Bmatrix} \tag{8}$$

$$\begin{bmatrix} 12(1-k^2a^2) & -5k^2a^2 \\ -16k^2a^2 & 4(3-2k^2a^2) \end{bmatrix}\begin{Bmatrix} y''_1 \\ y''_2 \end{Bmatrix} = \begin{Bmatrix} 0 \\ 0 \end{Bmatrix} \tag{9}$$

构件的屈曲条件为

$$\begin{vmatrix} 12(-k^2a^2) & -5k^2a^2 \\ -16k^2a^2 & 4(3-2k^2a^2) \end{vmatrix} = 0$$

$k^2a^2=0.626$，$P_{cr}=k^2EI=10.02EI/l^2$ 与 $P_{cr}=9.87EI/l^2$ 相比只相差 1.5%。由于在推导有限积分法的过程中采用了插值函数，犹如在许多局部范围内增加微小约束，因此屈曲荷载有所提高。但与前面的差分法比较误差较小。构件分 1 段时，用差分法得到的 P_{cr} 误差为 −5%。

2.8 有限单元法

有限单元法先将构件划分为有限数量的单元，将分段点的位移作为未知量，而后根据各单元两端的位移与内力之间的关系，用矩阵形式表示，利用分段点力平衡和变形协调条件将各单元连接起来形成原构件。各单元两端的位移与内力之间的关系，利用转角位移方程得到，求解时可以得到精确解。

对于图 2-13 所示的单元 AB，长度为 l，线刚度为 $K=EI/l$，构件发生弯曲变形后，此单元位移至 $A'B'$，其两端的线位移为 δ_1 和 δ_3，以向上为正，角位移为 δ_2 和 δ_4，以顺时针方向为正。如不计单元的压缩变形，单元两端的切力为 q_1 和 q_3，以向上为正，而力矩为 q_2 和 q_4，以顺时针方向为正。

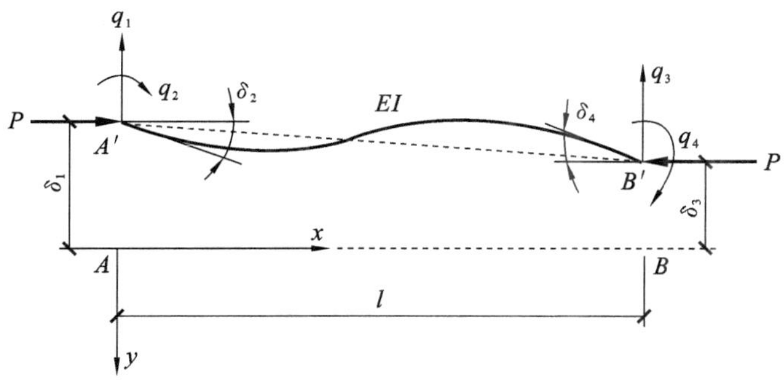

图 2-13 单元两端的力和位移

由压弯构件的转角位移方程可得：

$$q_2=K[C\delta_2+S\delta_4-(C+S)(\delta_1-\delta_3)/l] \tag{2-44a}$$

$$q_4=K[S\delta_2+C\delta_4-(C+S)(\delta_1-\delta_3)/l] \tag{2-44b}$$

$$\begin{aligned} q_3 &= -q_1=(q_2+q_4)/l+(\delta_1-\delta_3)P/l \\ &= K\{(C+S)(\delta_1-\delta_3)/l-[2(C+S)/l^2-P/(EI)](\delta_1-\delta_3)\} \end{aligned} \tag{2-44c}$$

然后将 q_1,q_2,q_3 和 q_4 形成与 $\delta_1,\delta_2,\delta_3$ 和 δ_4 对应的矩阵格式。但是 C 和 S 都是单元 kl 的三角函数。这种可得精确解的表达式并不便于应用，这时可将诸三角函数展开成级数式，并各取其中的前两项而形成 q 与 δ 之间的近似式，但运算过程仍较麻烦。可采用能量法并利用插值函数导出 q 与 δ 之间的近似式，见式(2-53)。

2.8.1 受弯构件的单元刚度矩阵

当 $P=0$ 时，抗弯刚度系数 $C=4$，$S=2$，可将式(2-44a)、式(2-44b)和式(2-44c)用矩阵的形式表示为

$$\begin{Bmatrix} q_1 \\ q_2 \\ q_3 \\ q_4 \end{Bmatrix} = \begin{bmatrix} 12EI/l^3 & -6EI/l^2 & -12EI/l^3 & -6EI/l^2 \\ -6EI/l^2 & 4EI/l & 6EI/l^2 & 2EI/l \\ 12EI/l^3 & 6EI/l^2 & 12EI/l^3 & 6EI/l^2 \\ -6EI/l^2 & 2EI/l & 6EI/l^2 & 4EI/l \end{bmatrix} \begin{Bmatrix} \delta_1 \\ \delta_2 \\ \delta_3 \\ \delta_4 \end{Bmatrix} \tag{2-45a}$$

或者将式(2-45a)简写为

$$[q]=[k_e][\delta] \tag{2-45b}$$

式中 $[k_e]$——单元的弯曲刚度矩阵。

2.8.2 压弯构件的单元刚度矩阵

当有轴心压力 P 作用时，如图 2-13 所示，单元刚度矩阵为 $[k]$，它与单元弯曲刚度矩阵 $[k_e]$ 之间的关系式是

$$\{q\}=[k]\{\delta\}=\{[k_e]-P[k_g]\}[\delta] \tag{2-46}$$

可把 $[k]$ 称为单元压弯刚度矩阵，$[k_g]$ 称为几何刚度矩阵，或初应力刚度矩阵，用它来反映轴心压力对抗弯刚度的影响。

用能量法推导式(2-46)中的几何刚度矩阵 $[k_g]$ 时，需先建立应变能 U 和外力功 W 的表达式，应注意外力功中的力 q 是单元开始弯曲后才产生的。

$$U=\frac{1}{2}\int_0^l EI\,(y'')^2\mathrm{d}x \tag{2-47}$$

$$W=\frac{1}{2}[\delta]^{\mathrm{T}}[q]+\frac{P}{2}\int_0^l (y')^2\mathrm{d}x=\frac{1}{2}[\delta]^{\mathrm{T}}[k][\delta]+\frac{P}{2}\int_0^l (y')^2\mathrm{d}x \tag{2-48}$$

由 $U=W$ 得到

$$[\delta]^{\mathrm{T}}[k][\delta]=EI\int_0^l (y'')^2\mathrm{d}x-P\int_0^l (y')^2\mathrm{d}x \tag{2-49}$$

用一个三次抛物线插值函数代替单元的挠曲线 $A'B'$，其坐标系见图 2-13，此时 δ_1 和 δ_3 均与 y 反向。

$$y=a+bx+cx^2+dx^3 \tag{2-50}$$

单元两端的几何边界条件为 $y(0)=-\delta_1$，$y'(0)=\delta_2$，$y(l)=-\delta_3$，$y'(l)=\delta_4$，将它们代入式(2-50)后得到

$$\begin{aligned} y=[&(3x^2/l^2-2x^3/l^3-1),(x-2x^2/l+x^3/l^2),\\ &(2x^3/l^3-3x^2/l^2),(x^3/l^2-x^2/l)]\begin{Bmatrix} \delta_1 \\ \delta_2 \\ \delta_3 \\ \delta_4 \end{Bmatrix}=[A]\{\delta\} \end{aligned} \tag{2-51a}$$

$$\begin{aligned} y'=[&(6x/l^2-6x^2/l^3),(1-4x/l+3x^2/l^2),\\ &(6x^2/l^3-6x/l^2),(3x^2/l^2-2x/l)]\begin{Bmatrix} \delta_1 \\ \delta_2 \\ \delta_3 \\ \delta_4 \end{Bmatrix}=[C]\{\delta\} \end{aligned} \tag{2-51b}$$

$$\begin{aligned} y''=[&(6/l^2-12x/l^3),(-4/l+6x/l^2),\\ &(12x/l^3-6/l^2),(6x/l^2-2/l)]\begin{Bmatrix} \delta_1 \\ \delta_2 \\ \delta_3 \\ \delta_4 \end{Bmatrix}=[D]\{\delta\} \end{aligned} \tag{2-51c}$$

$$(y')^2=[\delta]^{\mathrm{T}}[C]^{\mathrm{T}}[C][\delta],\quad (y'')^2=[\delta]^{\mathrm{T}}[D]^{\mathrm{T}}[D][\delta]$$

将 $(y')^2$ 和 $(y'')^2$ 代入式(2-49)后得到

$$[\delta]^{\mathrm{T}}[k][\delta]=[\delta]^{\mathrm{T}}\left\{EI\int_0^l[D]^{\mathrm{T}}[D]\mathrm{d}x-P\int_0^l[C]^{\mathrm{T}}[C]\mathrm{d}x\right\}[\delta]$$

但是

$$EI\int_0^l[D]^{\mathrm{T}}[D]\mathrm{d}x=EI\begin{bmatrix}12/l^3 & -6/l^2 & -12/l^3 & -6/l^2\\ -6/l^2 & 4/l & 6/l^2 & 2/l\\ -12/l^3 & 6/l^2 & 12/l^3 & 6/l^2\\ -6/l^2 & 2/l & 6/l^2 & 4/l\end{bmatrix}=[k_e] \tag{2-52a}$$

$$\int_0^l[C]^{\mathrm{T}}[C]\mathrm{d}x=\begin{bmatrix}6/5l & -1/10 & -6/5l & -1/10\\ -1/10 & 2l/15 & 1/10 & -l/30\\ -6/5l & 1/10 & 6/5l & 1/10\\ -1/10 & -l/30 & 1/10 & 2l/15\end{bmatrix}=[k_g] \tag{2-52b}$$

故

$$[k]=[k_e]-P[k_g] \tag{2-52c}$$

从推导的结果可知，几何刚度矩阵只与单元的长度有关，而弯曲刚度矩阵不仅与单元的长度有关，还与截面的几何性质有关，在弹塑性受力阶段，抗弯刚度取决于截面弹性区的惯性矩，这时可用单元中点的截面代表整个单元的截面。

为了便于运算，可将单元刚度矩阵的诸项用相同的单位表示，这样可写出 q 与 δ 的关系式为

$$\begin{Bmatrix}q_1\\ q_2/l\\ q_3\\ q_4/l\end{Bmatrix}=\left\{\frac{EI}{l^3}\begin{bmatrix}12 & -6 & -12 & -6\\ -6 & 4 & 6 & 2\\ -12 & 6 & 12 & 6\\ -6 & 2 & 6 & 4\end{bmatrix}-\frac{P}{l}\begin{bmatrix}6/5 & -1/10 & -6/5 & -1/10\\ -1/10 & 2/15 & 1/10 & -1/30\\ -6/5 & 1/10 & 6/5 & 1/10\\ -1/10 & -1/30 & 1/10 & 2/15\end{bmatrix}\right\}\begin{Bmatrix}\delta_1\\ \delta_2\\ \delta_3\\ \delta_4\end{Bmatrix} \tag{2-53}$$

2.8.3 结构刚度矩阵和受压构件屈曲条件

结构刚度矩阵可以通过单元刚度矩阵与转换矩阵相乘得到，但是对于简单的受压构件，如轴心受压构件，由于没有坐标轴的转换问题，因此可以通过力的平衡和变形协调条件把相同结点的内力直接相加，集合成结构刚度矩阵，这个方法也适合于简单的门式刚架。

对于图 2-14(a)所示任意边界条件的轴心受压构件，其全长为 l，可把它划分为图 2-14(b)所示长度为 $l_1=l/2$ 的两个单元，在它们的两端均标明了位移 δ 和内力 q，而图 2-14(c)则是整个构件的结点位移 Δ 和结点力 W。根据力的平衡条件，$W_1=q_1$，$W_2=q_2$，$W_3=q_3+q_5$，$W_4=q_4+q_6$，$W_5=q_7$，$W_6=q_8$。按照变形协调条件，$\Delta_1=\delta_1$，$\Delta_2=\delta_2$，$\Delta_3=\delta_3=\delta_5$，$\Delta_4=\delta_4=\delta_6$，$\Delta_5=\delta_7$，$\Delta_6=\delta_8$。

结点的力与位移的关系式为

$$\{W\}=[K]\{\Delta\} \tag{2-54a}$$

$$\begin{Bmatrix}W_1\\ W_2/l_1\\ W_3\\ W_4/l_1\\ W_5\\ W_6/l_1\end{Bmatrix}=\left\{\frac{EI}{l_1^3}\begin{bmatrix}12 & -6 & -12 & -6 & 0 & 0\\ -6 & 4 & 6 & 2 & 0 & 0\\ -12 & 6 & 24 & 0 & -12 & -6\\ -6 & 2 & 0 & 8 & -6 & 2\\ 0 & 0 & -12 & 6 & 12 & 6\\ 0 & 0 & -6 & 2 & 6 & 4\end{bmatrix}-\right.$$

$$\left.\frac{P}{l_1}\begin{bmatrix}6/5 & -1/10 & -6/5 & -1/10 & 0 & 0\\ -1/10 & 2/15 & 1/10 & -1/30 & 0 & 0\\ -6/5 & 1/10 & 12/5 & 0 & -6/5 & -1/10\\ -1/10 & -1/30 & 0 & 4/15 & 1/10 & -1/30\\ 0 & 0 & -6/5 & 1/10 & 6/5 & 1/10\\ 0 & 0 & -1/10 & -1/30 & 1/10 & 2/15\end{bmatrix}\right\}\begin{Bmatrix}\Delta_1\\ \Delta_2 l_1\\ \Delta_3\\ \Delta_4 l_1\\ \Delta_5\\ \Delta_6 l_1\end{Bmatrix} \tag{2-54b}$$

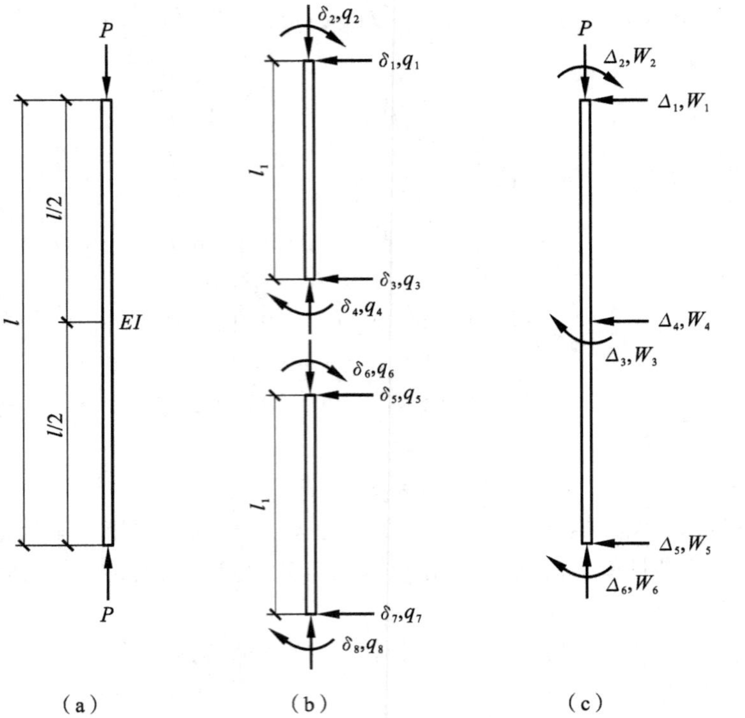

图 2-14 单元和构件的结点力与位移

式(2-54b)也可以写成

$$\{\Delta\}=[K]^{-1}\{W\} \tag{2-55}$$

当构件屈曲时，构件的抗弯刚度为零，位移趋向无限大，而式中$[K]^{-1}$是$[K]$的伴随矩阵除以行列式$|K|$，只有当$|K|=0$时，位移才可能趋向无限大，因此构件屈曲的条件是$|K|=0$。由于在K中含有荷载P，故由此可得到构件的屈曲荷载P_{cr}。

【例 2-7】 用有限单元法求解图 2-15 所示两端铰接的轴心受压构件的屈曲荷载。

【解】 将构件划分为两个单元，$l_1=l/2$。与前面的图 2-14(c)相对照，有边界条件$\Delta_1=\Delta_5=0$和构件中点的转角$\Delta_4=0$，从式(2-54b)中剔去与Δ_1，Δ_5和Δ_4有关的项后得到

$$\begin{Bmatrix} W_2/l_1 \\ W_3 \\ W_6/l_1 \end{Bmatrix}=\left\{\frac{EI}{l_1^3}\begin{bmatrix} 4 & 6 & 0 \\ 6 & 24 & -6 \\ 0 & -6 & 4 \end{bmatrix}-\frac{P}{l_1}\begin{bmatrix} 2/15 & 1/10 & 0 \\ 1/10 & 12/5 & -1/10 \\ 0 & -1/10 & 2/15 \end{bmatrix}\right\}\begin{Bmatrix} \Delta_2 l_1 \\ \Delta_3 \\ \Delta_6 l_1 \end{Bmatrix} \tag{1}$$

由于构件屈曲时的变形具有对称性，$\Delta_6=-\Delta_2$，式(1)可简化为

$$\begin{Bmatrix} W_2/l_1 \\ W_3 \end{Bmatrix}=\left\{\frac{EI}{l_1^3}\begin{bmatrix} 4 & 6 \\ 12 & 24 \end{bmatrix}-\frac{P}{l_1}\begin{bmatrix} 2/15 & 1/10 \\ 1/5 & 12/5 \end{bmatrix}\right\}\begin{Bmatrix} \Delta_2 l_1 \\ \Delta_3 \end{Bmatrix} \tag{2}$$

将$\lambda=Pl_1{}^2/(5EI)$代入式(2)后得

$$\begin{Bmatrix} W_2/l_1 \\ W_3 \end{Bmatrix}=\frac{EI}{l_1^3}\left\{\begin{bmatrix} 4 \\ 12 \end{bmatrix}-\lambda\begin{bmatrix} 2/3 \\ 1 \end{bmatrix}\right\}\begin{Bmatrix} \Delta_2 l_1 \\ \Delta_3 \end{Bmatrix} \tag{3}$$

构件的屈曲条件为

$$\begin{vmatrix} 4-2\lambda/3 & 6-\lambda/2 \\ 12-\lambda & 24-12\lambda \end{vmatrix}=0$$

或$7.5\lambda^2-52\lambda+24=0$，$\lambda$的最小值为$0.497$，$P_{cr}=2.485EI/l_1{}^3=9.94EI/l^2$，与精确值比较，只相差$0.71\%$。

【例 2-8】 用有限单元法求解图 2-16(a)所示两端铰接的压弯构件的最大挠度和最大弯矩。

【解】 将构件划分为两个单元，如图 2-16(b)所示，$l_1=l/2$，求解时可直接利用例 2-7 中式(1)的矩阵表达式

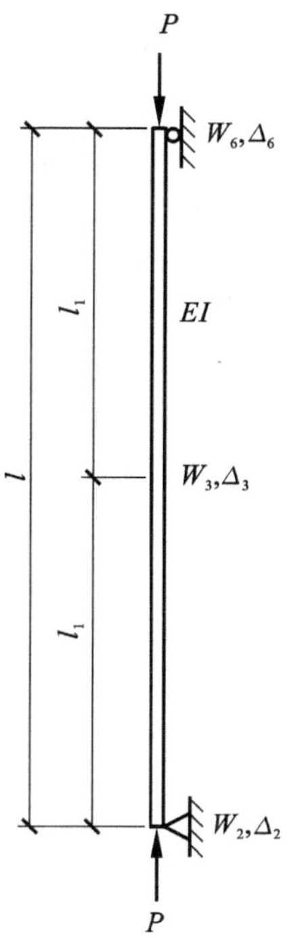

图 2-15 轴心受压构件的结点力与位移

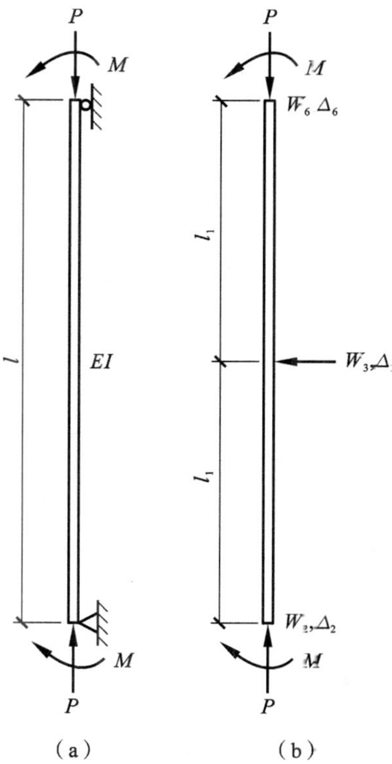

图 2-16 两端铰接的压弯构件

$$\begin{Bmatrix} W_2/l_1 \\ W_3 \end{Bmatrix}=\frac{EI}{l_1^3}\begin{bmatrix} 4-2\lambda/3 & 6-\lambda/2 \\ 12-\lambda & 24-12\lambda \end{bmatrix}\begin{Bmatrix} \Delta_2 l_1 \\ \Delta_3 \end{Bmatrix} \tag{1}$$

式中，$\lambda=Pl_1{}^2/(5EI)$，而 $W_2=M, W_3=0$，因此

$$\begin{Bmatrix} M/l_1 \\ 0 \end{Bmatrix}=\frac{EI}{l_1^3}\begin{bmatrix} (4-2\lambda/3)\Delta_2 l_1+(6-\lambda/2)\Delta_3 \\ (12-\lambda)\Delta_2 l_1+(24-12\lambda)\Delta_3 \end{bmatrix} \tag{2}$$

$$(4-2\lambda/3)\Delta_2 l_1+(6-\lambda/2)\Delta_3-Ml_1^2/EI=0 \tag{3}$$

$$(12-\lambda)\Delta_2 l_1+(24-12\lambda)\Delta_3=0 \tag{4}$$

由式(3)与式(4)得到

$$\Delta_3=\frac{(1-\lambda/12)Ml_1^2}{2EI(1-13\lambda/6+7.5\lambda^2/24)} \tag{5}$$

将 $\lambda=Pl_1{}^2/(5EI)=Pl^2/(20EI)=\pi^2P/(20P_E)$ 代入式(5)，并且根据构件受力条件知 $y_{max}=-\Delta_3$，故

$$y_{max}=\frac{M}{P}\frac{\left(1-\frac{\pi^2P}{240P_E}\right)\frac{\pi^2P}{8P_E}}{\left[1-\frac{13\pi^2P}{120P_E}+\frac{1}{20}\left(\frac{\pi^2P}{8P_E}\right)^2\right]}$$

当 $P/P_E=0.2$ 时，$y_{max}=0.310M/P$，与理论值 $0.309M/P$ 很接近。

$$M_{max}=M+Py_{max}=\frac{\left[1-\frac{\pi^2P}{60P_E}+\frac{1}{60}\left(\frac{\pi^2P}{8P_E}\right)^2\right]}{\left[1-\frac{13\pi^2P}{120P_E}+\frac{1}{20}\left(\frac{\pi^2P}{8P_E}\right)^2\right]}M$$

当 $P/P_E=0.2$ 时，$M_{max}=1.310M$，与理论值 $1.309M$ 也很接近。

前面用三种不同的数值法通过简单的实例来说明其计算原理和方法。应该弄清楚的是，在运用有限差分法和有限积分法之前，先要建立构件的平衡微分方程，而有限单元法则是先建立单元的两端内力与位移之间的关系式。从求解轴心受压构件的屈曲荷载和压弯构件的最大挠度和最大弯矩的结果看，有限差分法的误差较大，有限积分法和有限单元法的误差较小。有限差分式和有限积分式的建立都是从原函数出发，前者将各阶导数转换为函数的差分式，而后者则将函数和各阶导数转换为高阶导数的积分式，在转换过程中都未涉及构件本身的受力条件，它们只涉及几何量，未涉及物理量，因此把这两种方法推广到求解其他类型构件的屈曲荷载时，如受弯或压弯构件的弯扭屈曲，只需将变量改变一下，方法如旧。遇到两个变量的导数的乘积时，可参照单变量的推导方法进行转换。

实际上，数值法主要用于求解构件的弹塑性屈曲荷载，如用数值积分法求解压弯构件的极限荷载。当压弯构件在弹塑性状态发生弯扭屈曲时，沿构件轴线方向截面的弹性区是不同的，这样弹性区的几何性质也是变化的，这时可取每个单元中点的截面代表该单元的截面，以后还可能遇到平衡微分方程中的几何性质也存在一阶导数或二阶导数，这时也可以按处理变量的方法转换。例如，几何性质的变化一般较缓慢，用差分式代替其导数误差较小，混合使用差分法和有限积分法求解压弯构件的弯扭屈曲荷载有时可获得较精确的解。

有限积分法和有限单元法在单元段内都采用了插值函数，因此在构件分段数不太多的条件下，求解的精确度仍很高。但是在推导有限单元法中单元两端内力与位移的关系式时，矩阵中的各元素已不单纯是几何量，而是与构件受力条件有关的物理量，例如弯扭的受力条件不同于受弯，遇到这种情况，需用能量法建立与之对应的单元弯扭刚度矩阵。

数值法除了以上几种外，还有加权残值法和有限条法等，它们还可用来解决板的稳定问题，板的局部屈曲与构件屈曲的相关关系以及具有不同方向位移且耦联的结构或构件的屈曲问题。有限单元法也可用于求解刚架的屈曲荷载。

知识归纳

(1) 稳定计算将涉及构件或结构的一系列初始条件，如结构体系、构件的几何长度、连接条件、截面的组成、形状、尺寸和残余应力分布，以及钢材性能和外荷载作用等。

(2) 总势能是结构的应变能和外力势能之和，结构处在平衡状态时总势能必有驻值。用总势能驻值原理可以求解屈曲荷载，用总势能最小原理则可以判断屈曲后平衡的稳定性。

(3) 势能驻值与平衡方程等价，因此它可以被推广到解决复杂结构的弹性稳定问题。对复杂结构可先写出其总势能，然后利用势能驻值原理得到平衡方程。

(4) 瑞利-里兹法和迦辽金法都属于能量法。前者先假定满足几何边界条件的构件挠曲线函数，再将其代入总势能，通过势能驻值原理求解屈曲荷载；后者所假定的挠曲线函数既符合构件的几何边界条件，又符合自然边界条件，会增加计算难度，但结果精确度更高。

独立思考

2-1　钢结构稳定问题的计算方法有哪些？

2-2　简述 Timoshenko 能量法的含义。

2-3　简述总势能驻值原理和总势能最小原理的含义和作用。

2-4　简述瑞利-里兹法的基本假定和求解过程。

2-5　简述迦辽金法的基本假定和求解过程。

参考文献

[1] 吕烈武，沈世钊，沈祖炎，等. 钢结构构件稳定理论. 北京：中国建筑工业出版社，1983.

[2] 陈骥. 钢结构稳定理论与设计. 6 版. 北京：科学出版社，2014.

[3] 陈绍蕃. 钢结构稳定设计指南. 3 版. 北京：中国建筑工业出版社，2013.

3 轴心受压构件的稳定

课前导读

内容提要

本章主要内容包括钢结构轴心受压构件的失稳类型，弯曲失稳、扭转失稳和弯扭失稳的基本理论和计算方法。本章的教学重点为轴心受压构件稳定计算的基本理论，以及其在钢结构设计中的应用。

能力要求

通过本章的学习，学生应了解钢结构轴心受压构件的失稳类型，掌握轴心受压构件弯曲失稳、扭转失稳和弯扭失稳的基本理论和计算方法，理解影响轴心受压构件稳定性的主要因素。

3.1 轴心受压构件的失稳现象

当构件只受轴向压力作用且该压力通过截面的形心时，即为轴心受压构件。轴心受压构件的截面有多种形式，如图 3-1 所示。图 3-1(a)为轧制型钢截面，包括工字钢、H 型钢、槽钢、T 型钢和角钢等；图 3-1(b)为冷弯薄壁型钢截面的轴心受力构件；图 3-1(c)为利用型钢或钢板组成的组合截面；图 3-1(d)为格构式空腹组合截面。钢材强度较高，因此钢结构轴心受压构件都比较细长，容易因失稳而导致构件丧失承载力。本章主要介绍实腹式轴心受压构件的整体稳定性问题。

(a)

(b)

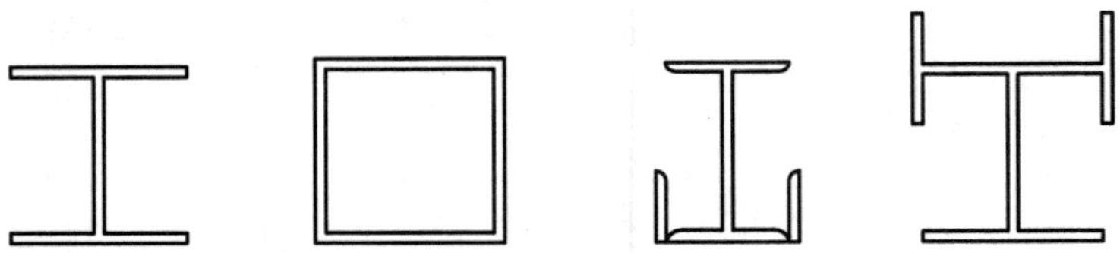

(c)

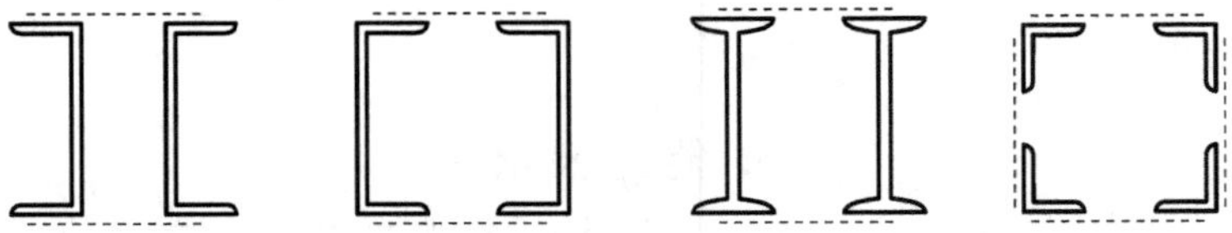

(d)

图 3-1 轴心受压构件的截面形式

钢结构轴心受压构件的失稳类型主要包括弯曲失稳、扭转失稳和弯扭失稳。弯曲失稳是双轴对称截面构件最常见的失稳形式，当轴向压力 N 超过临界值时，构件的截面只绕一个主轴旋转，构件的纵轴由直线变为曲线[图 3-2(a)]。对某些抗扭刚度较差的轴心受压构件(如十字形截面)，当轴心压力 N 达到临界值时，直线稳定平衡状态不再保持而发生微扭转；若 N 再稍微增加，则扭转变形迅速增大，使构件丧失承载能力，即构件发生扭转失稳，也称扭转屈曲[图 3-2(b)]。截面为单轴对称(如 T 形截面)的轴心受压构件绕对称轴失稳时，构件在发生弯曲变形的同时还伴随有扭转变形，故称为弯扭失稳或弯扭屈曲[图 3-2(c)]。截面没有对称轴的轴心受压构件，其屈曲形态均为弯扭屈曲。

研究轴心受压构件失稳，首先需要确定构件的失稳形式，即构件发生弯曲失稳、扭转失稳还是弯扭失稳。了解了失稳的形态，就可以根据临界状态的失稳形态建立平衡微分方程，进而求解平衡微分方程，得到构件在此种失稳状态下的临界荷载，并以此临界荷载指导轴心受压构件的设计。

本章先讲述轴心受压构件的弯曲失稳、扭转失稳和弯扭失稳的基本理论，然后结合我国钢结构设计规范讲述轴心受压构件稳定理论在钢结构设计中的应用。

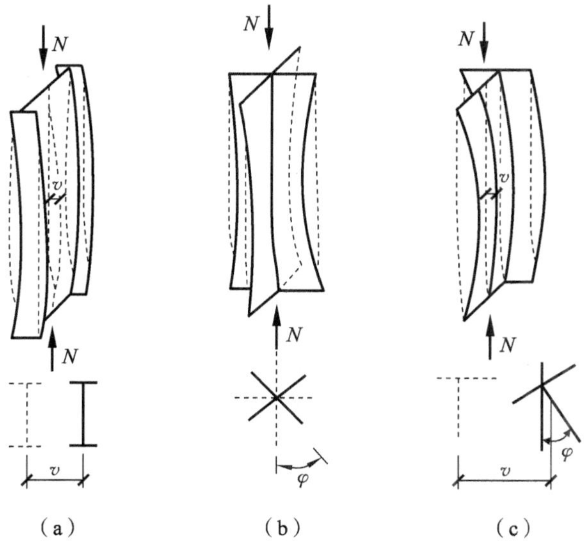

图 3-2　轴心受压构件的失稳形式

3.2　轴心受压构件的弯曲失稳

3.2.1　两端铰接理想轴心受压构件的弹性弯曲失稳

理想轴心受压构件的弯曲失稳问题属于第一类稳定问题，即平衡分岔失稳问题。求解其临界荷载值的方法很多，可分为精确计算方法和近似计算方法两大类。这里用静力平衡法和能量法分别进行求解。

3.2.1.1　静力平衡法

对于图 3-2(a)所示的两端铰接理想轴心受压构件，假设：

① 构件为等截面直杆。

② 荷载作用于构件截面的形心。

③ 材料为理想的弹性体。

④ 临界状态构件的弯曲变形很微小。

⑤ 构件微弯时满足平截面假定。

理想的等截面轴心压杆弯曲失稳时存在两个临近的平衡状态：原始直线平衡状态和产生了微小弯曲变形的平衡状态。静力平衡法是根据发生了微小弯曲变形后压杆的受力条件建立平衡微分方程，进而解出临界荷载的。当轴心压力 N 达到临界值时，针对弹性微弯状态取图 3-2(b)所示的隔离体，内力矩 M_i 与外力矩 Ny 的平衡关系为

$$M_i = Ny \tag{3-1}$$

由于压杆的弯曲变形是微小的，曲率 $\Phi = -y''$，故

$$M_i = -EIy'' \tag{3-2}$$

式中　E——材料的弹性模量；

I——截面的惯性矩。

因此，平衡方程为

$$EIy'' + Ny = 0 \tag{3-3}$$

令 $k = \sqrt{\dfrac{N}{EI}}$，有

$$y''+k^2y=0 \tag{3-4}$$

式(3-4)为二阶齐次线性微分方程，其通解为

$$y=C_1\sin(kx)+C_2\cos(kx) \tag{3-5}$$

由边界条件 $y(0)=0$ 和 $y(l)=0$ 得到 $C_2=0$ 和 $C_1\sin(kl)=0$。由于构件处于微弯状态，因此 $C_1\neq0$，则有

$$\sin(kl)=0 \tag{3-6}$$

满足式(3-6)的解为 $kl=\pi,2\pi,3\pi,\cdots$，有无穷多个解。当 $k=\pi/l$ 时，得到 N 的最小值

$$N_{cr}=\frac{\pi^2EI}{l^2} \tag{3-7}$$

式(3-7)即为压杆的分岔屈曲荷载，又称为欧拉临界荷载 N_E。相应的临界应力为

$$\sigma_{cr}=\frac{N_{cr}}{A}=\frac{\pi^2E}{\lambda^2} \tag{3-8}$$

式中 λ——压杆长细比，$\lambda=l/i$，$i=\sqrt{I/A}$，为截面的回转半径；

A——构件的毛截面面积。

将 $C_2=0$ 和 $k=\pi/l$ 代入式(3-5)，得

$$y=C_1\sin\frac{\pi x}{l} \tag{3-9}$$

即压杆屈曲后的变形曲线为一正弦半波。由于采用小挠度理论分析，式(3-9)中 C_1 未知，故只能得到压杆的变形形状，而不能得到挠度值。

3.2.1.2 能量法

静力平衡法是通过建立轴心受压构件微弯状态的平衡方程求解临界荷载的精确解。对于复杂的情况，如压力沿轴线变化的理想轴心受压构件，静力法得到的是变系数微分方程，求解将变得十分困难，甚至无法求解。这时可以采用近似方法求解。能量法就是求解稳定承载力的一种近似方法。

用能量法求解临界荷载的方法有能量守恒原理和势能驻值原理，在前面章节已有介绍，这里用能量守恒原理求解两端铰接轴心压杆的弹性屈曲荷载。

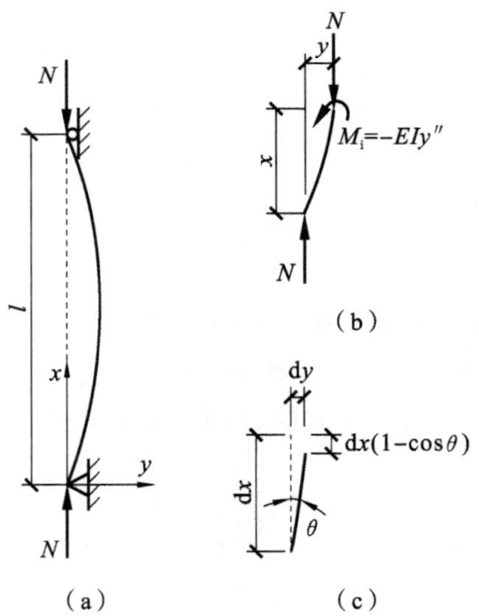

图 3-3 轴心受压构件的弯曲失稳

对于图 3-3 中的轴心压杆，产生微小弯曲变形时，压杆中弯曲应变能的增量为

$$\Delta U=\frac{1}{2}\int_0^l\frac{M_i^2}{EI}\mathrm{d}x \tag{3-10}$$

将 $M_i=-EIy''$ 代入式(3-10)，有

$$\Delta U=\frac{1}{2}\int_0^l EI\,(y'')^2\mathrm{d}x \tag{3-11}$$

由直线平衡状态到屈曲平衡状态的过程中，外荷载 N 所做的功为

$$\Delta W=N\Delta \tag{3-12}$$

式中 Δ——力 N 作用点下降的距离。

在压杆上任取一微段 $\mathrm{d}x$，弯曲后微段与 x 轴的夹角为 θ，弯曲前后微段 $\mathrm{d}x$ 与其在 x 轴上投影的长度差为 $\mathrm{d}x(1-\cos\theta)=2\mathrm{d}x\sin^2\frac{\theta}{2}$ [图 3-3(c)]。因杆件处于微弯状态，θ 角为微量，故有 $\sin\frac{\theta}{2}=\frac{\theta}{2}=\frac{y'}{2}$，则 $2\mathrm{d}x\sin^2\frac{\theta}{2}=2\mathrm{d}x\left(\frac{1}{2}y'\right)^2=\frac{1}{2}(y')^2\mathrm{d}x$，故

$$\Delta=\int_0^l(1-\cos\theta)\mathrm{d}x=\frac{1}{2}\int_0^l(y')^2\mathrm{d}x \tag{3-13}$$

则

$$\Delta W = N\Delta = \frac{N}{2}\int_0^l (y')^2 \mathrm{d}x \tag{3-14}$$

由 $\Delta U=\Delta W$ 可得

$$\int_0^l EI(y'')^2 \mathrm{d}x = N\int_0^l (y')^2 \mathrm{d}x \tag{3-15}$$

求出 N 值为

$$N = \frac{\int_0^l EI(y'')^2 \mathrm{d}x}{\int_0^l (y')^2 \mathrm{d}x} \tag{3-16}$$

式中 $y(x)$——满足位移边界条件的任一挠曲线方程。

对于图 3-3 中的两端铰接杆件，其挠度曲线可假定为：

$$y=v\sin\left(\frac{\pi x}{l}\right) \tag{3-17}$$

式中 v——压杆的最大挠度。

式(3-17)满足边界条件：$y(0)=0,y''(0)=0;y(l)=0,y''(l)=0$。由式(3-17)可得

$$y'=v\frac{\pi}{l}\cos\frac{\pi x}{l} \tag{3-18}$$

$$y''=-v\left(\frac{\pi}{l}\right)^2\sin\frac{\pi x}{l} \tag{3-19}$$

将式(3-18)、式(3-19)代入式(3-16)，得到

$$N_{\mathrm{cr}} = \frac{\pi^2 EI}{l^2}\frac{\int_0^l \sin^2\left(\frac{\pi x}{l}\right)\mathrm{d}x}{\int_0^l \cos^2\left(\frac{\pi x}{l}\right)\mathrm{d}x} = \frac{\pi^2 EI}{l^2} \tag{3-20}$$

能量法的计算结果与精确计算结果[式(3-7)]一致，其原因在于假设的杆件挠曲线方程为其真实的变形曲线。如果采用其他的挠曲线方程，会得到不同的结果。

以上对理想轴心受压构件进行了弹性小挠度理论的弯曲屈曲分析，按小挠度理论进行分析，一般可以得到临界荷载，但是不能判定构件屈曲后平衡的稳定性，不能求出确定的挠度值。用弹性大挠度理论不仅可以得到构件屈曲后的平衡状态，还能给出荷载挠度的明确关系式。轴心受压构件屈曲的弹性大挠度理论分析可参考有关文献，这里不再赘述。

3.2.2 两端铰接理想轴心受压构件的非弹性弯曲失稳

欧拉公式奠定了钢结构稳定设计的理论基础，但它只适用于求解理想直杆(一般是长柱)沿轴线受压时在弹性范围的临界力。对于临界应力 σ_{cr} 介于比例极限 σ_{p} 与屈服点 σ_{y} 之间的中短柱，其失稳属于非弹性屈曲问题，即构件将在弹塑性状态屈曲，这时临界应力 σ_{cr} 与长细比 λ 的关系曲线(也称为柱子曲线)如图 3-4实线部分所示，欧拉公式不再适用。弹塑性稳定问题的分析理论有切线模量理论、双模量理论及 Shanley 理论。

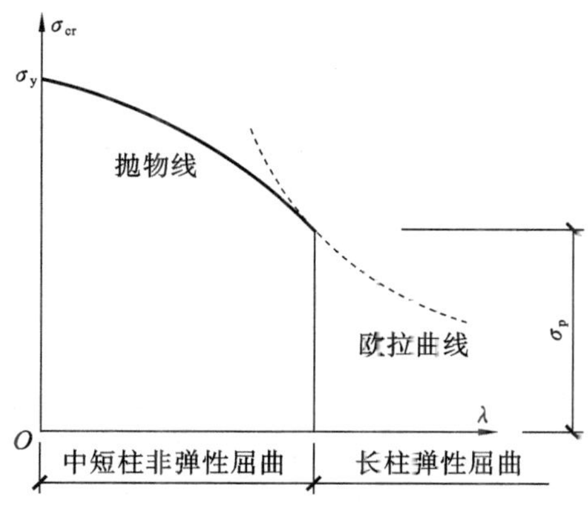

图 3-4 弹性屈曲与非弹性屈曲

3.2.2.1 切线模量理论

1889 年，Engesser 提出切线模量理论，建议用变化的变形模量 E_{t} 代替欧拉公式中的弹性模量 E，从而得到弹塑性临界力。

切线模量理论采用如下假定：

① 杆件是挺直的。

② 杆件两端铰接，荷载沿杆轴线作用。

③ 杆件产生微小的弯曲变形(小变形假定)。

④ 弯曲前的平截面弯曲变形后仍为平面。

⑤ 弯曲变形时全截面没有出现反号应变,即截面上所有点的压应力都是增加的。

最后一个假定认为,杆件产生微弯时轴向荷载还可以增加,且增加的平均压应力大于因弯曲而在图 3-5(a)所示 1—1 截面右侧产生的拉应力,因此整个截面都处于加载状态。为了计算上的方便,认为弯曲的凹面有压应力增加,其最大值为 $\Delta\sigma_{max}$[图 3-5(b)],凸面应力的增加量刚好为零。全截面的切线模量均取 $E_t=\Delta\sigma/\Delta\varepsilon$[图 3-5(c)]。对于图 3-5(b)所示单轴对称截面,高度为 h,1—1 截面的曲率为 Φ,则离形心轴 z 处的应力 $\sigma=\sigma_t+\Delta\sigma$,$\Delta\sigma=E_t\Delta\varepsilon$,$\Delta\varepsilon=\dfrac{\Delta\varepsilon_{max}}{h}(C_2+z)$,$\Delta\varepsilon_{max}=\Phi h$,故 $\sigma=\sigma_t+E_t\Phi(C_2+z)$。作用在 1—1 截面的压力为

$$N=\int_A\sigma \mathrm{d}A=\int_A(\sigma_t+\Delta\sigma)\mathrm{d}A=N_t+\Delta N \tag{3-21}$$

内力矩为

$$M_i=\int_A\Delta\sigma z\mathrm{d}A=\int_A E_t\Phi(C_2+z)z\mathrm{d}A=E_t\Phi\int_A z^2\mathrm{d}A=E_t\Phi I \tag{3-22}$$

则平衡方程为

$$E_tIy''+Ny=0 \tag{3-23}$$

因 ΔN_t 远小于 N_t,可以忽略不计,可得切线模量理论临界荷载为

$$N_t=\frac{\pi^2E_tI}{l^2}=\frac{E_t}{E}N_E \tag{3-24}$$

相应的临界应力为

$$\sigma_t=\frac{\pi^2E_t}{\lambda^2} \tag{3-25}$$

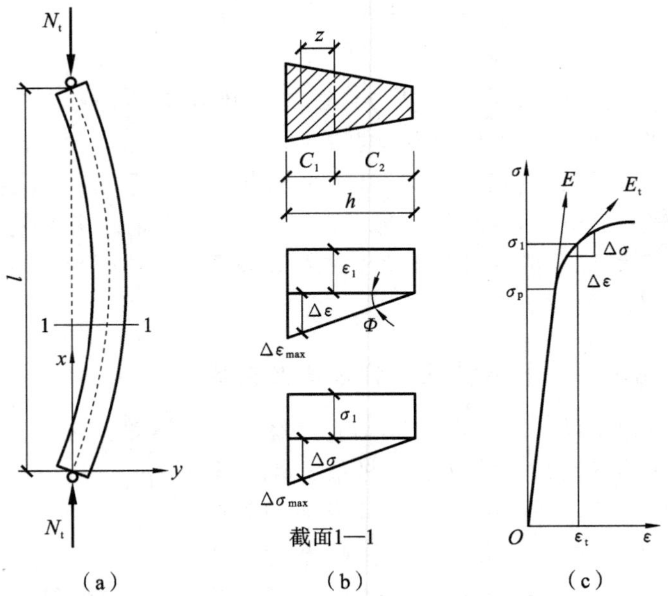

图 3-5 切线模量理论

3.2.2.2 双模量理论

双模量的概念是 Considere 于 1891 年提出的。该理论采用的基本假定的前 4 条与切线模量理论相同。最后一条认为构件从挺直状态变到微弯状态的过程中,作用于两端的轴向荷载保持常量 N_r[图 3-6(a)],且构件微弯时应变增量凹面为压应变,凸面为拉应变[图 3-6(b)],即存在凹面的加载区和凸面的卸载区。由于弯曲应力较轴向应力小得多,可以认为加载区(凹面)的变形模量均为 E_t,卸载区(凸面)的变形模量为弹性模量 E[图 3-6(c)、(d)],因为 $E_t<E$,弯曲时截面 1—1 的弯曲中性轴与截面形心轴不再重合而向卸载区

偏移[图 3-6(b)]。

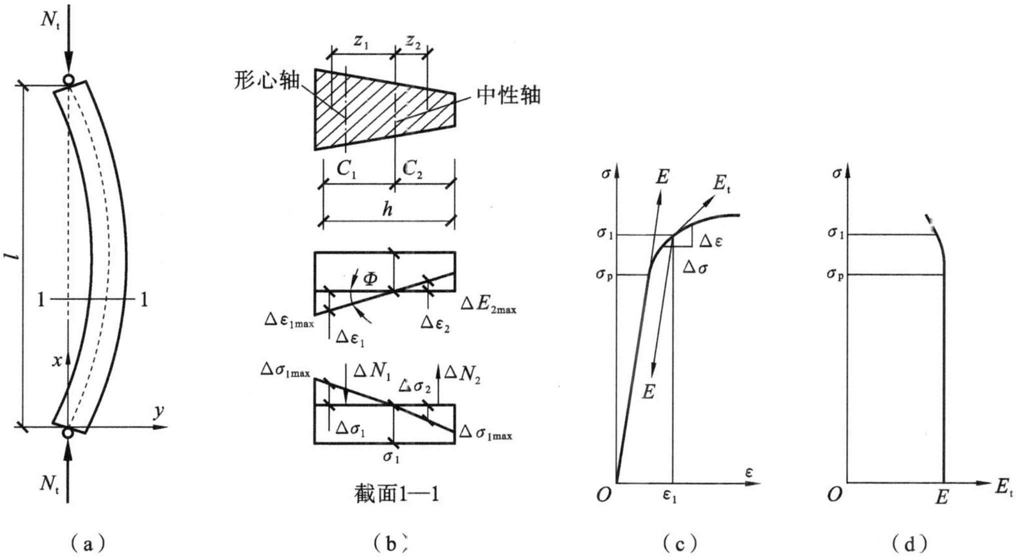

图 3-6 双模量理论

在加载区,距中性轴 z_1 处的应力 $\sigma_1=\sigma_t+\Delta\sigma_1$,而 $\Delta\sigma_1=\Delta\sigma_{1max}z_1/C_1$,$\Delta\sigma_{1max}=E_t\Delta\varepsilon_{1max}$,$\Delta\varepsilon_{1max}=\Phi C_1$,则有 $\Delta\sigma_1=E_t\Phi z_1$,压力增量 $\Delta N_1=\int_{A_1}\Delta\sigma_1\mathrm{d}A$。在卸载区,类似地可以推导出 $\Delta\sigma_2=E\Phi z_2$,拉力增量 $\Delta N_2=\int_{A_2}\Delta\sigma_2\mathrm{d}A$。由于构件从挺直状态到微弯状态时作用于两端的轴向荷载保持常量 N_r,所以 $\Delta N_1+\Delta N_2=0$,即

$$\int_{A_1}E_t\Phi z_1\mathrm{d}A+\int_{A_2}E\Phi z_2\mathrm{d}A=0 \tag{3-26}$$

由于 $\Phi\neq0$,令

$$S_1=\int_{A_1}z_1\mathrm{d}A,\quad S_2=\int_{A_2}z_2\mathrm{d}A \tag{3-27}$$

则式(3-26)化为

$$E_tS_1+ES_2=0 \tag{3-28}$$

由于 $C_1+C_2=h$,结合式(3-27),可以确定截面中性轴的位置。

对 1—1 截面[图 3-6(a)],由应力形成的内弯矩为

$$M_i=\int_{A_1}\Delta\sigma_1z_1\mathrm{d}A_1+\int_{A_2}\Delta\sigma_2z_2\mathrm{d}A_2 \tag{3-29}$$

将 $\Delta\sigma_1=E_t\Phi z_1$,$\Delta\sigma_2=E\Phi z_2$ 代入式(3-29),得

$$M_i=\Phi\left(E_t\int_{A_1}z_1^2\mathrm{d}A_1+E\int_{A_2}z_2^2\mathrm{d}A_2\right)=-\left(E_t\int_{A_1}z_1^2\mathrm{d}A_1+E\int_{A_2}z_2^2\mathrm{d}A_2\right)y'' \tag{3-30}$$

令 $I_1=\int_{A_1}z_1^2\mathrm{d}A_1$,$I_2=\int_{A_2}z_2^2\mathrm{d}A_2$,则平衡方程为

$$(E_tI_1+EI_2)y''+N_ry=0 \tag{3-31}$$

解式(3-31)得临界荷载和临界应力分别为

$$N_r=\frac{\pi^2(E_tI_1+EI_2)}{l^2}=\frac{\pi^2E_rI}{l^2}=\frac{E_r}{E}N_E \tag{3-32a}$$

$$\sigma_r=\frac{\pi^2E_r}{\lambda^2} \tag{3-32b}$$

式中 E_r——折算模量,$E_r=(E_tI_1+EI_2)/I$。

由于 N_r 与两个变形模量 E_t 和 E 有关,故称为双模量屈曲荷载或折算模量屈曲荷载。

利用式(3-24)求 N_t 与 E_t 有关,而 E_t 和 σ_t 在应力-应变关系上是一一对应的,需要通过试算求解。利

用式(3-32)求 N_r 时不仅与 E_r 有关，还与截面特性有关。当给定构件的几何尺寸后，先假定 σ_r 值，根据给定的应力-应变关系确定出折算模量 E_r，这样就可计算出临界应力 σ_r。如果与假定的 σ_r 值一致，则此 σ_r 即为构件的临界应力；反之，则需进行迭代运算，重复上述步骤，直至得到满意的结果。

钢材的切线模量 E_t，可以采用 Ylinen 建议的 $E_t=\dfrac{\sigma_y-\sigma}{\sigma_y-0.96\sigma}E$，也可以采用 Bleich 建议的 $E_t=\dfrac{(\sigma_y-\sigma)\sigma}{(\sigma_y-\sigma_p)\sigma_p}E$。

3.2.2.3 Shanley 理论

Shanley 于 1946 年提出一个由三个部分构成的力学模型，如图 3-7(a)所示。将两根长度各为 $l/2$ 的刚性杆用弹塑性铰连接起来，铰由两个长度为 h，截面面积均为 $A/2$ 的很短的肢件组成，两肢件间的距离也为 h[图 3-7(b)]，铰的弹性模量为 E，切线模量为 E_t，在很短的肢件上集中了压杆的全部弹塑性性质。材料的应力-应变关系采用双直线，如图 3-7(c)所示。

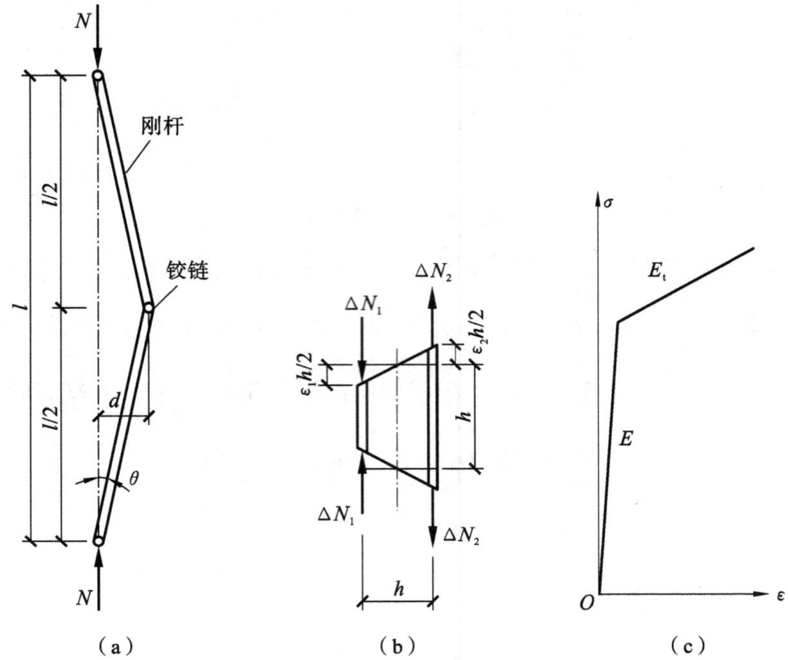

图 3-7 Shanley 力学模型

当荷载 N 达到临界力时，原来挺直的构件开始弯曲，此时铰的左、右两肢因弯曲引起的应变分别是 ε_1 和 ε_2，构件的挠度为 d，端部的倾角为 θ。由几何关系可知：$d=l\theta/2$，$\theta=(\varepsilon_1+\varepsilon_2)/2$，则有 $d=l(\varepsilon_1+\varepsilon_2)/4$。

铰中央截面处的外力矩 $M_e=Nd=Nl(\varepsilon_1+\varepsilon_2)/4$，内力矩 $M_i=(\Delta N_1+\Delta N_2)h/2$。如在弯曲凹面和凸面的变形模量分别为 E_1 和 E_2，则 $\Delta N_1=E_1\varepsilon_1 A/2$，$\Delta N_2=E_2\varepsilon_2 A/2$，故 $M_i=(E_1\varepsilon_1+E_2\varepsilon_2)Ah/4$。由力矩平衡 $M_e=M_i$ 得到

$$N=\frac{\varepsilon_1 E_1+\varepsilon_2 E_2}{\varepsilon_1+\varepsilon_2}\frac{Ah}{l} \tag{3-33}$$

下面对式(3-33)进行讨论。

① 当构件在弹性状态失稳时，$E_1=E_2=E$，由式(3-33)得到弹性屈曲荷载

$$N_e=\frac{EAh}{l} \tag{3-34}$$

② 当构件在弹塑性状态失稳时，采用切线模量理论，$E_1=E_2=E_t$，则可得到切线模量屈曲荷载

$$N_t=\frac{E_t Ah}{l}=\frac{E_t}{E}N_e \tag{3-35}$$

若采用双模量理论，$E_1=E_t$，$E_2=E$，且有 $\Delta N_1=\Delta N_2$，即 $E_t\varepsilon_1=E\varepsilon_2$，或 $\varepsilon_1=E\varepsilon_2/E_t$，代入式(3-33)，得到构件的双模量屈曲荷载

$$N_r=\frac{Ah\times 2EE_t}{l(E+E_t)}=\frac{2E_t}{E+E_t}N_e=\frac{E_r}{E}N_e \tag{3-36}$$

式中　$E_r=\frac{2EE_t}{E+E_t}$——Shanley 模型的折算模量。

由于 $E_t<E_r<E$，则有 $N_t<N_r<N_e$。

令 $\tau=E_2/E_1$，连同关系式 $\varepsilon_1+\varepsilon_2=4d/l$ 一并代入式(3-33)，得到

$$N=\frac{AhE_t}{l}\left[1+\frac{l(\tau-1)\varepsilon_2}{4d}\right] \tag{3-37}$$

由于 $N_t<N_r$，即说明荷载达到 N_t 后其值仍可以继续增加

$$N=N_t+\Delta N_1-\Delta N_2=N_t+\frac{A(\varepsilon_1 E_1-\varepsilon_2 E_2)}{2}$$

$$=N_t\left[1+\frac{2d}{h}-\frac{l(1+\tau)\varepsilon_2}{2h}\right] \tag{3-38}$$

联立求解方程式(3-37)和式(3-38)，可解出 ε_2，再代入方程式(3-38)，得到

$$N=N_t\left[1+\left(\frac{1}{\frac{h}{2d}+\frac{\tau+1}{\tau-1}}\right)\right] \tag{3-39}$$

由式(3-39)可以画出荷载-挠度曲线，如图 3-8 所示。从图 3-8 中可以得到如下结论：

① 当 $d=0$ 时，由式(3-39)得到 $N=N_t$，即分岔屈曲荷载，说明切线模量屈曲荷载是弹塑性屈曲荷载的下限。

② 当 $d>0$ 时，$N>N_t$，说明屈曲后随变形的增加荷载也略有增加，处于稳定平衡状态，如图 3-8 中 AB 曲线所示。

③ 当 $d\to\infty$时，由式(3-39)有

$$N=N_t\left(1+\frac{\tau+1}{\tau-1}\right)=N_t\frac{2E}{E+E_t}=N_r \tag{3-40}$$

即得到双模量屈曲荷载。这说明双模量屈曲荷载是弹塑性屈曲荷载的上限。

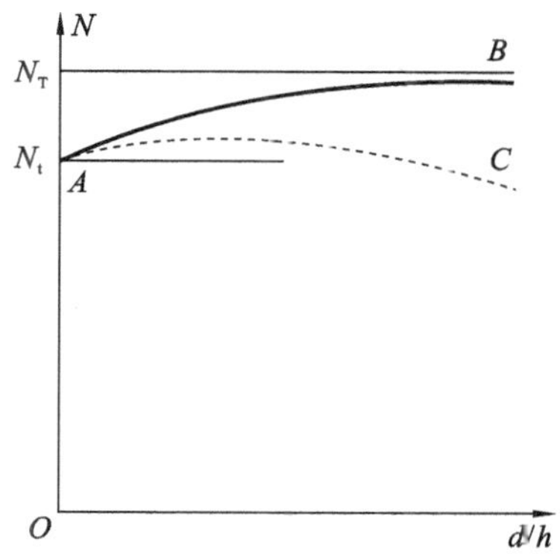

图 3-8　Shanley 理论荷载-挠度曲线

④ Shanley 理论采用的切线模量为常数[图 3-7(c)]，而实际材料的 E_t 将随应力的增大而减小，因此实际的荷载-挠度曲线如图 3-8 中虚线 AC 所示，其最大荷载介于 N_t 和 N_r 之间。

⑤ 试验研究表明，试件的试验结果更接近 N_t 值，从实用角度似可以将 N_t 作为弹塑性屈曲荷载，但应用 N_t 公式要求构件内部任何一点纤维都遵循相同的应力-应变关系，只有铝合金构件才满足要求。对于实际的钢构件，由于有各种初始缺陷(如初偏心、初弯曲和残余应力等)，纵向各根纤维的应力-应变关系并不相同，这样就不能直接根据钢材在弹塑性阶段的应力-应变关系确定轴心受压构件的切线模量屈曲荷载，而必须考虑初始缺陷的影响。

3.2.3　构件初始缺陷的影响

理想轴心受压构件在实际结构中并不存在，实际构件都存在不同程度的缺陷，即几何缺陷和力学缺陷。构件的初始弯曲、截面的几何形状和尺寸偏差、荷载的作用点与截面形心的偏离等构成了构件的几何缺陷，其中以初弯曲和初偏心对构件的影响最具代表性。除几何缺陷外，构件在加工、安装过程中还可能导致截面内残余应力的存在，即力学缺陷。试验和理论分析均表明，缺陷的存在降低了构件的稳定承载力，因此不能直接用理想条件所得到的临界力作为设计标准，而应考虑缺陷的影响。

3.2.3.1　构件初弯曲的影响

有初弯曲的轴心受压构件，其侧向挠度从加载开始就会不断增加，因此构件除轴心力作用外，还存在因构件弯曲产生的弯矩，从而降低了构件的稳定承载力。

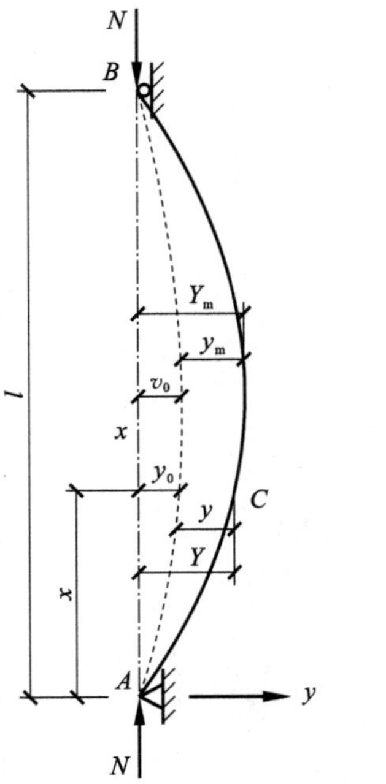

图 3-9 有初弯曲的轴心受压构件

在图 3-9 中两端铰接、有初弯曲的构件在受力前就呈弯曲状态，其中，y_0 为任一点 C 处的初挠度。当构件承受轴心压力 N 时，挠度将增长为 y_0+y，附加弯矩为 $N(y_0+y)$。假设初弯曲形状为单个正弦曲线的半波 $y_0=v_0\sin\frac{\pi x}{l}$（$v_0$ 为构件中央初挠度值），在弹性弯曲状态下，由内外力矩平衡条件，可简化平衡微分方程为

$$EIy''+Ny=-Nv_0\sin\frac{\pi x}{l} \tag{3-41}$$

求解后可得到挠度 y 和总挠度 Y 的曲线分别为

$$y=\frac{\frac{N}{N_E}}{1-\frac{N}{N_E}}v_0\sin\frac{\pi x}{l} \tag{3-42a}$$

$$Y=y_0+y=\frac{v_0}{1-\frac{N}{N_E}}\sin\frac{\pi x}{l} \tag{3-42b}$$

中点挠度为

$$y_m=y\,\frac{l}{2}=\frac{\frac{N}{N_E}}{1-\frac{N}{N_E}}v_0 \tag{3-43a}$$

$$Y_m=Y\,\frac{l}{2}=\frac{v_0}{1-\frac{N}{N_E}} \tag{3-43b}$$

中点的弯矩为

$$M_m=NY_m=\frac{Nv_0}{1-\frac{N}{N_E}} \tag{3-44}$$

式(3-44)中的 $\frac{1}{1-N/N_E}$ 被称为弯矩放大系数，反映了初弯曲对弹性轴心受压构件的影响。任一截面的一阶弯矩为 $Nv_0\sin(\pi x/l)$，二阶弯矩为 $\frac{Nv_0\sin(\pi x/l)}{1-N/N_E}$，二者之间的差别称为构件的二阶效应，简称 N-δ 效应。

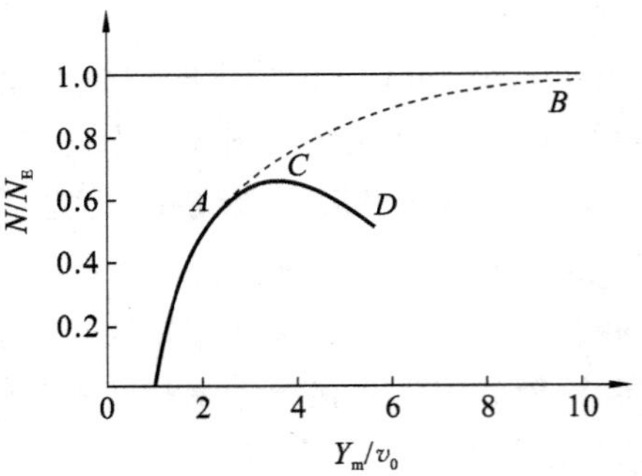

图 3-10 有初弯曲轴心受压构件的 N/N_E-Y_m/v_0 曲线

有初弯曲的轴心受压构件的 N/N_E-Y_m/v_0 曲线如图 3-10 所示。由图 3-10 可知，从开始加载起，构件即产生挠曲变形，总挠度 Y 不是随压力 N 按比例增加的，而是随 N 的增加而加速增大。有初弯曲的轴心受压构件，其承载力总是低于欧拉临界力，只有当挠度趋于无穷大时，压力 N 才可能接近或到达 N_E。

实际上，钢材不是无限弹性的，在轴力 N 和弯矩 M_m 共同作用下，构件中点截面边缘纤维的最大压应力会首先达到屈服点 f_y。假设钢材为理想弹塑性材料，则此时构件中点截面最大受压边缘纤维的应力满足

$$\sigma_{max}=\frac{N}{A}+\frac{M_m}{W}=\frac{N}{A}\left(1+\frac{v_0}{\frac{W}{A}}\cdot\frac{1}{1-\frac{N}{N_E}}\right)=f_y \tag{3-45}$$

令 $W/A=\rho$ 表示截面核心距，$\varepsilon_0=v_0/\rho$ 表示相对初弯曲，$N/A=\sigma$，$\sigma_E=N_E/A=\pi^2E/\lambda^2$，则由式(3-45)可得

$$\sigma=\frac{f_y+(1+\varepsilon_0)\sigma_E}{2}-\sqrt{\left[\frac{f_y+(1+\varepsilon_0)\sigma_E}{2}\right]^2-f_y\sigma_E} \tag{3-46}$$

根据式(3-46)求出的 $N=A\sigma$ 相当于图 3-10 中的 A 点，它表示截面边缘纤维开始屈服时的荷载。随着 N 的增加，截面的一部分进入塑性状态，挠度不再像完全弹性那样沿 AB 发展，而是增加更快；随着塑性的发展，到达曲线 C 点时，N 已不能增加，要维持平衡必须随挠度的增大而卸载，故曲线表现出下降段 CD。与 C 点对应的极限荷载 N_u 称为有初弯曲构件整体稳定极限承载力，又称为压溃荷载。这种失稳不像理想直杆那样是平衡分岔失稳，而是极值点失稳，属于第二类稳定问题。

实际轴心受压构件的临界荷载与构件截面的形式、长细比 λ、弯曲方向和钢材的屈服强度有关。令 $\sigma_u=N_u/A$，则工字形截面轴心受压构件的极限应力曲线 σ_u-λ 与欧拉曲线 σ_E-λ 的比较如图 3-11 所示。

3.2.3.2 构件初偏心的影响

构件由于构造、施工和加载等方面的原因，在施加荷载时可能产生一定程度的偶然初始偏心。同初弯曲一样，有初偏心轴心受压构件的侧向挠度从加载开始就会不断增加，同样存在因构件弯曲产生的弯矩，从而降低了构件的稳定承载力。对于图 3-12 所示两端铰接、有初偏心 e_0 的轴心受压构件，在弹性弯曲状态下，由内外力矩平衡条件可建立平衡微分方程为：

$$EIy''+Ny=-Ne_0 \tag{3-47}$$

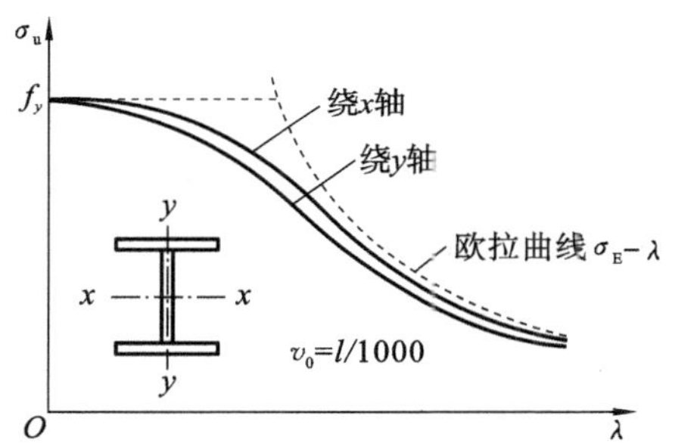

图 3-11 考虑初弯曲影响时的柱子曲线

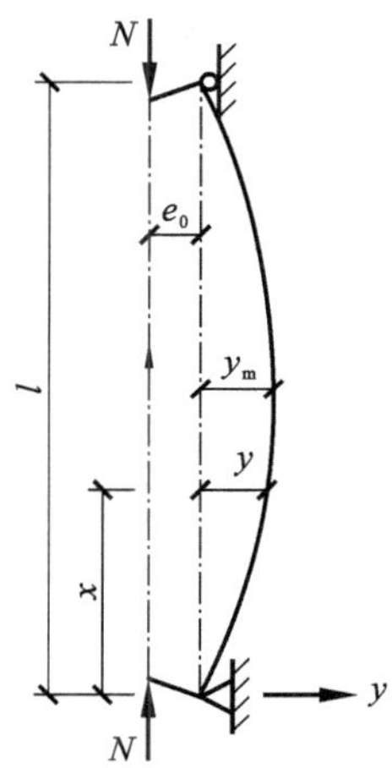

图 3-12 有初偏心的轴心受压构件

求解后可得到挠度曲线为

$$y=e_0\left[\tan\frac{kl}{2}\sin(kx)+\cos(kx)-1\right] \tag{3-48a}$$

式中 k——参数，$k=\sqrt{N/EI}$。

中点挠度为

$$y_m=y\frac{l}{2}=e_0\left(\sec\frac{\pi}{2}\sqrt{\frac{N}{N_E}}-1\right) \tag{3-48b}$$

有初偏心的轴心受压构件的 N/N_E-Y_m/e_0 曲线如图 3-13 所示。从图 3-13 中可以看出，初偏心对轴心受压构件的影响与初弯曲影响类似，因此为了简单起见，可合并采用一种缺陷代表缺陷的影响。同样，有初偏心轴心受压构件的 N/N_E-Y_m/e_0 曲线不可能沿无限弹性的 $0AB$ 曲线发展，而是先沿弹性曲线 $0A$，然后沿弹塑性曲线 ACD 发展。其中，A 点对应的荷载也可由截面边缘纤维屈服准则确定。初偏心对压杆的影响本质上和初弯曲是相同的，但影响程度有差别。因为初偏心的数值较小，除了对短杆稍有影响外，对长杆的影响远不如初弯曲大。

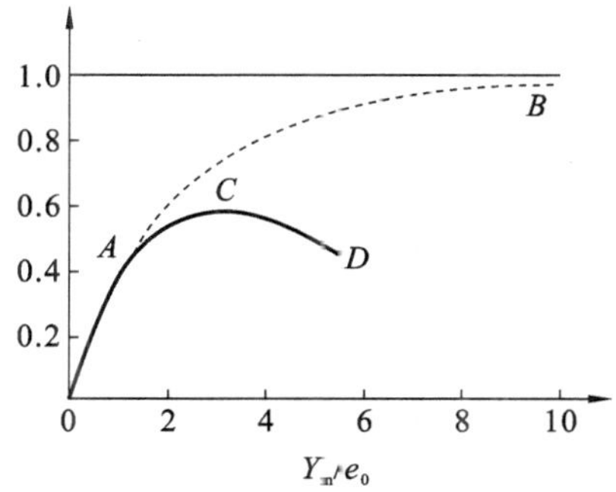

图 3-13 有初偏心轴心受压构件的 N/N_E-Y_m/e_0 曲线

3.2.3.3 残余应力的影响

钢构件支座的轧制、焊接及火焰切割等加工过程，都会在构件中产生自相平衡的应力，即残余应力。残余应力虽然不影响结构的静力强度，但对疲劳强度、钢材的低温冷脆性能、结构的刚度和稳定性能均有不利影响。下面以轧制宽翼缘工字钢为例，讨论残余应力对刚度即轴心受压构件稳定性等方面的影响。

(1) 残余应力降低构件的刚度

截面翼缘残余应力分布如图 3-14(a)所示，边缘处残余应力 $\sigma_{rc}=0.3\sigma_y$(为简便起见，分析时忽略腹板及相应的残余应力)。加载时截面各纤维应力为平均应力 $\sigma=N/A$ 与残余应力 σ_r 之和，当 $\sigma=0.7\sigma_y$ 时，翼缘端部达到屈服强度 σ_y[图 3-14(c)]，对应于应力-应变曲线上 $\sigma'_p=\sigma_y-\sigma_{rc}$ 的点称为有效比例极限(图 3-15)。假定材料为理想弹塑性体，则当 $\sigma<\sigma'_p=0.7\sigma_y$ 时，构件处于弹性状态，应力-应变曲线呈直线，变形模量仍为弹性模量 E；而当 $\sigma>\sigma'_p$ 时，构件处于弹塑性状态，截面的应力分布如图 3-14(d)所示，应力-应变为非线性关系，变形模量为切线模量 E_t(图 3-15)。从图 3-14(d)中可以看到，当平均应力高于有效比例极限($\sigma>\sigma'_p$)时，构件截面只有弹性部分能继续承载，导致构件刚度降低。

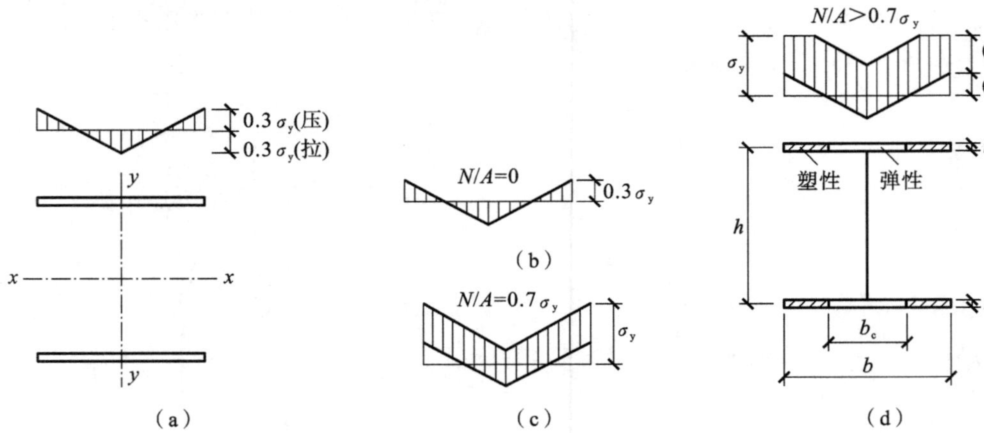

图 3-14 有残余应力的工字形轴心受压短柱

由以上分析可知，构件刚度的降低是短柱截面有残余应力(本例中其压应力峰值为 $0.3\sigma_y$)的存在导致截面弹性区缩小造成的。理想弹塑性体本应该在平均应力达到 σ_y 时屈服，现在提前到应力为 $0.7\sigma_y$ 时开始屈服。当翼缘端部的残余压应力值更大时，纤维开始屈服时的平均应力将更小。

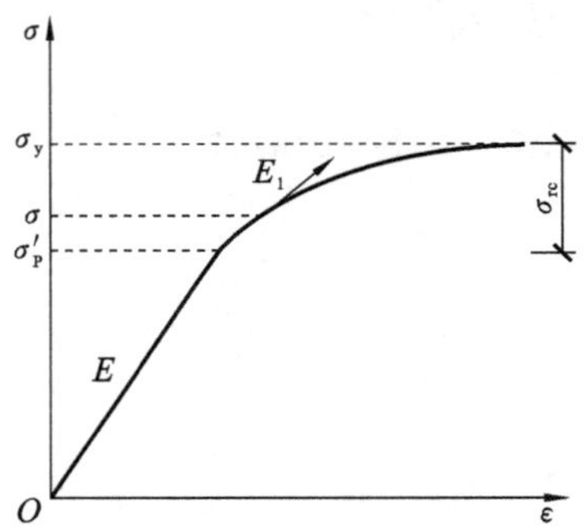

图 3-15 有残余应力的工字形轴心受压短柱的应力-应变曲线

(2) 残余应力降低构件的临界荷载

以两端铰接的挺直轴心受压轧制宽翼缘工字钢构件为例，由于存在残余应力，对发生弹塑性屈曲问题的中短柱，发生屈曲时构件截面只有弹性部分起抗弯作用，则构件的临界力为

$$N_{cr}=\frac{\pi^2 EI_e}{l^2}=\frac{\pi^2 EI}{l^2}\times\frac{I_e}{I} \tag{3-49}$$

式中 I_e——构件截面弹性区的惯性矩。

从式(3-49)中可以看出，残余应力使构件的抗弯刚度由 EI 降至 EI_e，降低了构件的临界应力。比值 I_e/I 称为临界力折减系数。

相应的临界应力为

$$\sigma_{cr}=\frac{\pi^2 E}{\lambda^2}\times\frac{I_e}{I} \tag{3-50}$$

当绕强轴[图 3-14(a)中 x 轴]弯曲时，若忽略腹板的影响，有

$$\frac{I_{ex}}{I}=\frac{\dfrac{2b_e th^2}{4}}{\dfrac{2bth^2}{4}}=\frac{b_e}{b} \tag{3-51}$$

则

$$\sigma_{cr,x}=\frac{\pi^2E}{\lambda_x^2}\left(\frac{b_e}{b}\right) \tag{3-52}$$

当绕弱轴(y 轴)弯曲时,有

$$\frac{I_{ey}}{I}=\frac{\frac{2b_e^3t}{12}}{\frac{2b^3t}{12}}=\left(\frac{b_e}{b}\right)^3 \tag{3-53}$$

则

$$\sigma_{cr,y}=\frac{\pi^2E}{\lambda_y^2}\left(\frac{b_e}{b}\right)^3 \tag{3-54}$$

由式(3-52)和式(3-54)可知,残余应力对强轴和弱轴屈曲的影响程度不同,对强轴的影响与弹性区的宽度成正比,而对弱轴,则与弹性区宽度的立方成正比,对弱轴的影响更大。

对截面残余应力分布比较简单的轴心受压构件可以用解析法求解临界荷载,一般情况下都要用数值法求解。

3.2.4　边界条件的影响

当轴心压杆梁端约束条件不同时,相应的临界荷载也会不同。以图 3-16 的悬臂轴心压杆为例,求解其临界荷载。

3.2.4.1　静力平衡法

悬臂压杆弯曲失稳时,杆中任一点的弯矩为

$$M(x)=-N(\delta-y) \tag{3-55}$$

压杆的挠曲线微分方程为

$$M(x)=-EIy''=-N(\delta-y) \tag{3-56}$$

令 $k=\sqrt{\frac{N}{EI}}$,有

$$y''+k^2y=k^2\delta \tag{3-57}$$

式(3-57)为二阶非齐次微分方程,其通解为

$$y=C_1\sin(kx)+C_2\cos(kx)+\delta \tag{3-58}$$

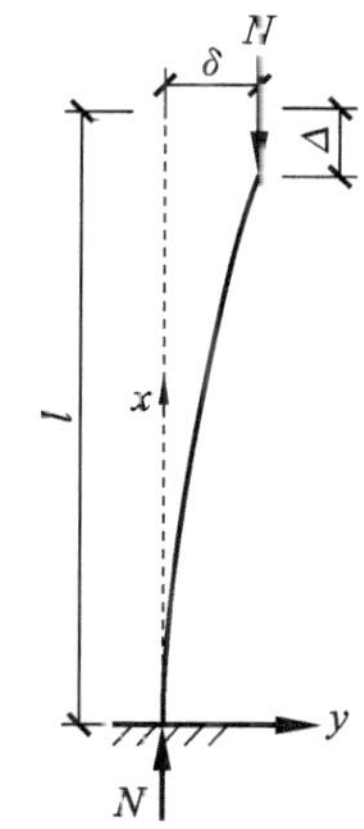

图 3-16　悬臂压杆

将边界条件 $y(0)=0$,$y'(0)=0$ 及 $y(l)=\delta$ 代入式(3-58),得到 $C_1=0$,$C_2=-\delta$ 及 $C_2\cos(kl)=0$。由于 $C_2\neq0$,故 $\cos(kl)=0$,即 $kl=\pi/2,3\pi/2,5\pi/2,\cdots$,最小值为 $kl=\pi/2$,可得悬臂压杆的屈曲荷载为

$$N_{cr}=\frac{\pi^2EI}{4l^2} \tag{3-59}$$

临界荷载值是两端铰接轴心压杆的 1/4,将 C_1 和 C_2 代入式(3-58),得到压杆的挠曲线方程为

$$y=-\delta\cos(kx)+\delta=\delta\left(1-\cos\frac{\pi x}{2l}\right) \tag{3-60}$$

3.2.4.2　能量法

采用能量法求解上述问题时,假设杆轴的挠曲线方程为已解得的式(3-60),可得 $y'=\delta\frac{\pi}{2l}\sin\frac{\pi x}{2l}$,$y''=\delta\frac{\pi^2}{4l^2}\cos\frac{\pi x}{2l}$,代入式(3-16),积分后可得 $N_{cr}=\frac{\pi^2EI}{4l^2}$,与精确解一致。

以上的求解是按照精确解求得的挠曲线方程进行的。如果事先并不知道挠曲线方程,可按照边界条件来假定如下挠曲线方程为

$$y=\frac{\delta}{2l^3}(-x^3+3lx^2) \tag{3-61}$$

满足边界条件 $y(0)=0, y'(0)=0$ 及 $y(l)=\delta$。由式(3-61)求导得到

$$y'=\frac{3\delta}{2l^3}(-x^2+2lx),\quad y''=\frac{3\delta}{l^3}(l-x) \tag{3-62}$$

代入式(3-16)，积分后可得

$$N_{cr}=\frac{2.5EI}{l^2} \tag{3-63}$$

由静力平衡法求得的精确解 $N_{cr}=\frac{\pi^2EI}{4l^2}\approx\frac{2.467EI}{l^2}$，比较两个结果可以看出，按照假设的式(3-63)的挠曲线方程，用能量法计算的结果比精确解大 1.34%。事实上，无论挠曲线假设成什么样的曲线，其计算出的结果总会高于精确解，这是因为所假定的挠曲线与实际曲线之间存在差别，就好像在实际构件沿杆轴施加了很多横向约束，用外力将实际的挠曲线变成了假定的挠曲线，这样一来增加了整个系统的能量。由于横向约束的存在提高了抗弯能力，从而提高了临界荷载。

【例 3-1】 用平衡法求解图 3-17 中上端铰接、下端固定的轴心压杆的屈曲荷载。

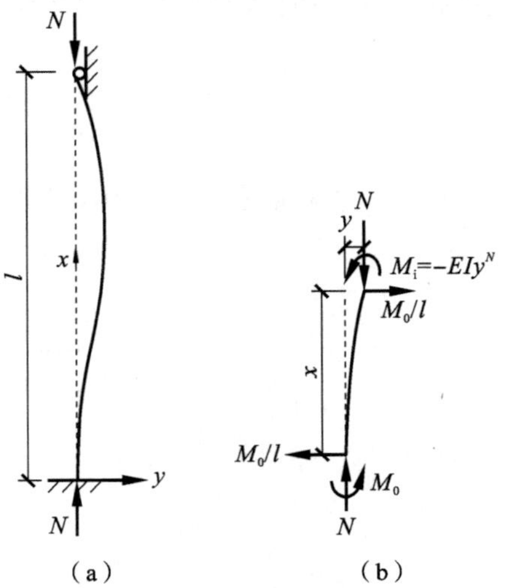

图 3-17 上端铰接，下端固定压杆

【解】 由图 3-17(b)知任一截面的平衡方程为

$$EIy''+Ny+\frac{M_0}{l}x-M_0=0 \tag{1}$$

令 $k=\sqrt{\frac{N}{EI}}$，有

$$y''+k^2y+\frac{M_0}{EIl}x-\frac{M_0}{EI}=0 \tag{2}$$

式(2)的通解为

$$y=A\sin(kx)+B\cos(kx)-\frac{M_0}{Nl}x+\frac{M_0}{N}$$

由边界条件 $y(0)=0$ 知，$B=-\frac{M_0}{N}$；由 $y'(0)=0$ 知，$A=\frac{M_0}{Nkl}x$；由 $y(l)=0$ 得

$$\frac{M_0}{Nkl}\sin(kl)-\frac{M_0}{N}\cos(kl)=0$$

因 $M_0\neq0$，故 $\frac{\sin(kl)}{kl}-\cos(kl)=0$，即 $\tan(kl)=kl$，得到 $kl=4.4934$，$N_{cr}=\frac{20.19EI}{l^2}$。

由例 3-1 可以看出，当轴心压杆两端约束条件不同时，相应的临界荷载会不同，即约束条件是影响压杆稳定承载力的重要因素。对于两端铰接的理想轴心受压构件，临界荷载 $N_{cr}=\frac{\pi^2EI}{l^2}$，而对于其他边界约束的轴心受压构件，可将其临界荷载换算成相当于两端铰接的理想轴心受压构件临界荷载的形式，即

$$N_{cr}=\frac{\pi^2EI}{(\mu l)^2}$$

式中 μ——压杆计算长度系数，取值见表 3-1；

μl——压杆的计算长度。

压杆屈曲时截面的平均应力称为屈曲应力，即

$$\sigma_{cr}=\frac{N_{cr}}{A}=\frac{\pi^2EI}{(\mu l)^2A}=\frac{\pi^2E}{\lambda^2}$$

式中 λ——杆件长细比，$\lambda=\mu l/i$。

由于实际构件的端部构造约束与理想条件有所不同，如实际铰支座存在不同程度的转动约束，固定端难以保证丝毫不转动等。因此，设计中应修正系数 μ，具体修正值如表 3-1 所示。从表 3-1 中可以看出，有固定端时，设计 μ 值有所放大，以符合难以绝对固定的实际情况。而对有铰支端时没有减小设计 μ 值，原因是铰支端的实际约束变化范围较大，目前研究并不很充分，不减小设计 μ 值，偏于安全。

表 3-1 轴心受压构件计算长度系数

端部约束条件(虚线为柱的屈曲变形曲线)	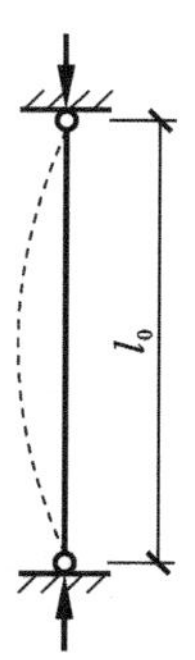 两端铰接	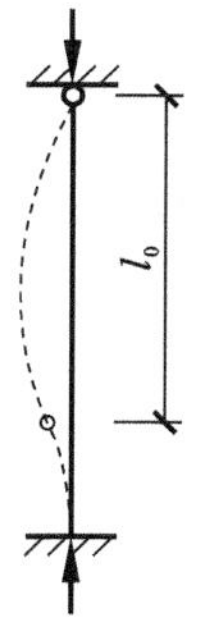 一端铰接，一端固定	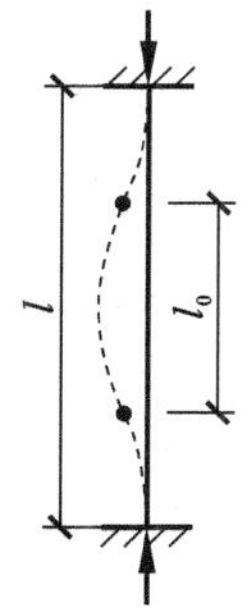 两端固定	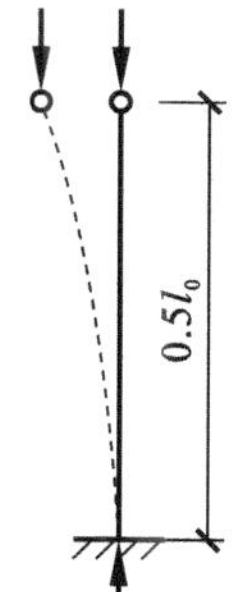 一端固定，一端自由	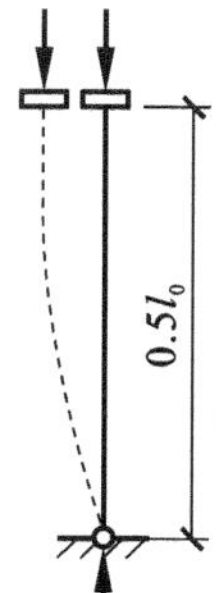 一端铰接，一端平移但不能转动	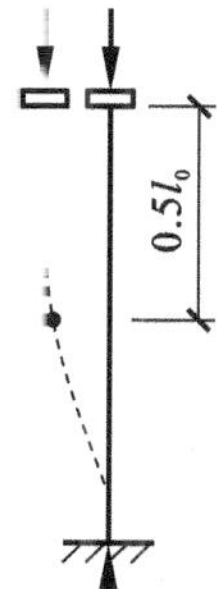 一端固定，一端平移但不能转动
理论 μ 值	1.0	0.7	0.5	2.0	2.0	1.0
设计 μ 值	1.0	0.8	0.65	2.1	2.0	1.2

3.2.5 轴心受压构件弯曲失稳理论在钢结构设计中的应用

如图 3-18 所示，对于两端铰接的理想轴心受压构件，其弹性弯曲屈曲荷载为欧拉临界力 N_E，失稳性质属于分岔失稳，荷载-挠度曲线从分岔点出发为一水平线 a。对于有初始几何缺陷但不计残余应力影响的构件，弹性荷载-挠度曲线 b 以水平线 a 为渐近线，曲线的 A' 点对应杆件中央处截面边缘纤维压应力达到屈服，此时对应的荷载为 N'_e；离开 A' 点后，考虑材料的弹塑性，荷载-挠度曲线为 c。对于不考虑几何缺陷但有残余应力的挺直杆件，分岔失稳时对应的切线模量荷载为 N_t，荷载-挠度曲线为 d，具有稳定分岔点失稳的特征。实际轴心受压构件既存在残余应力，又有初始几何缺陷，从荷载-挠度由线 e 的 A 点开始，压应力最大截面的边缘纤维首先屈服，进入弹塑性阶段，曲线 e 有上升段和下降段，属于极值点失稳，其中，B 点对应的极限荷载 N_u 为构件的实际稳定承载力，也称“压溃荷载”。

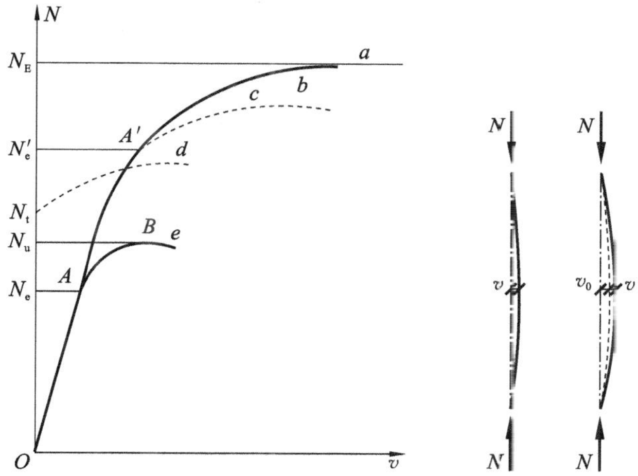

图 3-18 轴心受压钢构件荷载-挠度曲线

实际的轴心受压构件，除了受截面形式的影响外，初弯曲、初偏心和残余应力等初始缺陷对构件稳定承载力也有一定的影响。因此有必要对不同截面形式、不同初始缺陷的轴心受压构件进行分类研究以确定其稳定承载力。

根据概率理论，影响轴心受压构件承载力的几个不利因素的最大值同时出现于一根柱子的可能性较小。理论分析表明，考虑初弯曲和残余应力两个最主要的不利因素比较合理，初偏心不必单独考虑。其中初弯由的矢高 v_0(图 3-18)对于普通钢结构可取构件长度的 1/1000。残余应力则是根据加工条件的不同而进行分类。在此基础上，《钢结构设计标准》(GB 50017—2017)规定轴心受压构件应按下式计算整体稳定，即

$$\frac{N}{\varphi A}\leqslant f \tag{3-64}$$

式中 N——轴心受压构件的压力设计值；

A——构件的毛截面面积；

φ——轴心受压构件的稳定系数；

f——钢材的抗压强度设计值。

对于冷弯薄壁型钢轴心受压构件，可以忽略残余应力，而仅考虑初始几何缺陷的影响来分析构件的整体稳定。《冷弯薄壁型钢结构技术规范》(GB 50018—2002)中轴心受压构件稳定计算的公式为

$$\frac{N}{\varphi A_e}\leqslant f \tag{3-65}$$

式中 A_e——有效截面面积，具体计算见《冷弯薄壁型钢结构技术规范》(GB 50018—2002)中的有关条文。

针对不同条件下轴心受压构件性能上的差异，有关设计规范对稳定系数的计算有以下两种处理方法。

3.2.5.1 以截面边缘纤维屈服为准则确定轴心受压构件的稳定系数

对于考虑初始几何缺陷而不计残余应力影响的轴心受压构件，在轴线压力 N 和初弯曲产生的二阶弯矩 $Nv_0/(1-N/N_E)$ 的共同作用下，当杆件长度中点截面边缘纤维压应力等于钢材屈服强度时的状态称为边缘纤维屈服状态，按照弹性稳定理论求出轴线荷载 N'_e 称为边缘纤维屈服状态的临界荷载。这种以截面边缘纤维屈服作为确定临界荷载的准则称为边缘纤维屈服准则，其临界荷载对应于图 3-18 所示荷载-挠度曲线 c 中的 A' 点。对冷弯薄壁型钢轴心受压构件，失稳时塑性发展不多，用边缘纤维屈服准则确定的临界荷载接近极限荷载，且计算简便。

边缘纤维屈服时，轴心受压构件中央高度处截面边缘纤维最大压应力满足

$$\frac{N'_e}{A}+\frac{N'_e v_0}{W\left(1-\frac{N'_e}{N_E}\right)}=f_y \tag{3-66a}$$

或

$$\frac{N'_e}{A}\left[1+\frac{\varepsilon_0}{1-\frac{N'_e\lambda^2}{\pi^2 EA}}\right]=f_y \tag{3-66b}$$

式中 ε_0——相对初弯曲，$\varepsilon_0=v_0/(W/A)=v_0/\rho$，$\rho=W/A$ 为截面的核心距。

当用构件的平均应力 $\sigma_{cr}=\frac{N'_e}{A}$ 作为边缘纤维屈服准则的临界应力，稳定系数 φ 定义为

$$\varphi=\frac{\sigma_{cr}}{f_y} \tag{3-67}$$

由式(3-67)可以得到

$$\varphi=\frac{1+\frac{1+\varepsilon_0}{\bar{\lambda}^2}}{2}-\sqrt{\frac{\left(1+\frac{1+\varepsilon_0}{\bar{\lambda}^2}\right)^2}{4}-\frac{1}{\bar{\lambda}^2}} \tag{3-68}$$

式中 $\bar{\lambda}$——构件的相对长细比，或称为正则化长细比，$\bar{\lambda}=\sqrt{\frac{f_y}{\sigma_E}}=\frac{\lambda}{\pi}\sqrt{\frac{f_y}{E}}$。

式(3-68)称为 Perry-Robertson 公式，也是《冷弯薄壁型钢结构技术规范》(GB 20018—2002)采用的稳定系数 φ 的计算公式。有些长细比较小的构件在失稳前因板件局部屈曲而影响临界荷载，且截面的类型也影响 φ 值，因此必须选择与相对长细比 $\bar{\lambda}$ 匹配的合适 ε_0 计算 φ 值，此时 ε_0 已不仅与构件的初弯曲有关，还反映多种截面的等效缺陷，称为等效偏心率。《冷弯薄壁型钢结构技术规范》(GB 50018—2002)中等效偏心率的取值见表 3-2。

表 3-2 轴心受压构件的等效偏心率

适用条件	ε_0
$\bar{\lambda}\leqslant 0.5$	$0.25\bar{\lambda}$
$0.5<\bar{\lambda}\leqslant 1.0$	$0.05+0.15\bar{\lambda}$
$\bar{\lambda}>1.0$	$0.05+0.15\bar{\lambda}^2$

3.2.5.2 以极限荷载为准则确定轴心受压构件的稳定系数

由于同时存在初弯曲、初偏心和残余应力的影响，一般轴心受压构件属于极值点失稳，且可能处于弹塑

性状态。荷载-挠度曲线见图 3-18 中曲线 e，极值点对应的荷载 N_u 为压溃荷载。这种以荷载-挠度曲线极值点作为确定临界荷载的方法称为极限荷载理论，或称为压溃理论。

压溃理论中稳定系数 φ 的原始表达式为

$$\varphi=\frac{\sigma_u}{f_y} \tag{3-69}$$

式中 σ_u——压溃荷载 N_u 对应的截面平均应力，即 $\sigma_u=N_u/A$。

考虑杆长千分之一的初弯曲和残余应力的不同分布，对不同长细比、不同截面形状的轴心受压柱进行数值分析，可以得到用压溃理论确定的整体稳定系数 φ 与长细比 λ 之间的对应关系。图 3-19 的两条虚线给出稳定系数 φ 随长细比 λ 而变化的范围，这个范围包括了 14 种残余应力分布，96 根不同截面轴心受压构件的计算结果。

不同截面形式、不同几何尺寸和初始缺陷导致轴心受压构件可能发生不同的失稳破坏。例如，有的可能发生弯曲失稳，有的可能发生弯扭失稳。由于压溃荷载 N_u 有差异，同一长细比 λ 对应不同的稳定系数 φ，因此用一根柱子曲线 φ-λ 既不经济也不合理。《钢结构设计标准》(GB 50017—2017)把诸多柱曲线分为四类，图 3-19 中 a、b、c 和 d 四条柱曲线各自代表一组截面柱的 φ 值的平均值，四条柱曲线分别对应表 3-3 所示的四类截面。对于这四类截面，a 类截面的残余应力和初弯曲影响均较小。b 类截面的残余应力影响较大而初弯曲影响较小，或残余应力影响较小而初弯曲影响较大，轴心压杆截面形式的 75% 为 b 类截面。c 类截面的残余应力和初弯曲的影响均较大。d 类截面的稳定系数最低，这是由于厚板或特厚板处于最不利屈曲方向的缘故。

为便于应用，《钢结构设计标准》(GB 50017—2017)的稳定系数 φ 的表达式参考式(3-71)的形式，给出了 φ 系数的计算公式

当 $\bar{\lambda}\leqslant 0.215$ 时，

$$\varphi=1-a_1\bar{\lambda}^2 \tag{3-70a}$$

当 $\bar{\lambda}>0.215$ 时，

$$\varphi=\frac{1}{2\bar{\lambda}^2}\left[(a_2+a_3\bar{\lambda}+\bar{\lambda}^2)-\sqrt{(a_2+a_3\bar{\lambda}+\bar{\lambda}^2)^2-4\bar{\lambda}^2}\right] \tag{3-70b}$$

式中 a_1，a_2，a_3——系数，根据表 3-3 的截面分类，按表 3-4 采用。

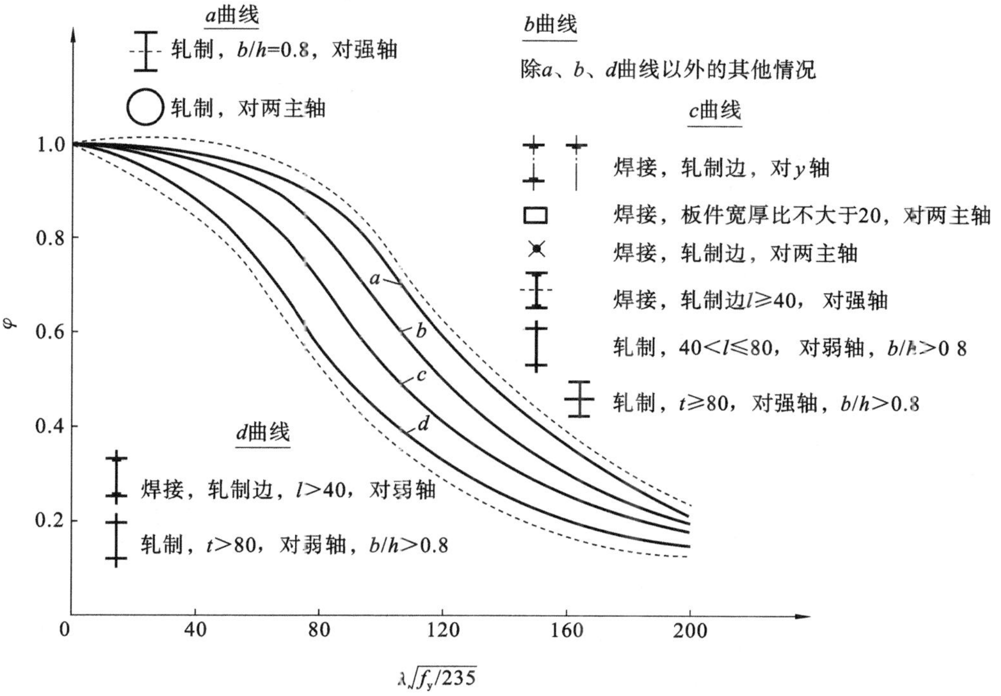

图 3-19 柱子曲线

表 3-3 **轴心受压构件的截面分类**

板厚	截面形式	对 x 轴	对 y 轴
板厚 $t\geqslant40$ mm	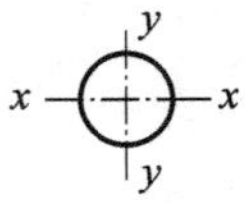 轧制	a 类	a 类
	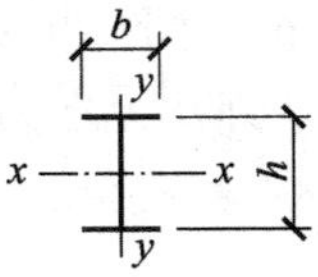 轧制，$b/h\leqslant0.8$	a 类	b 类
	轧制，$b/h>0.8$ 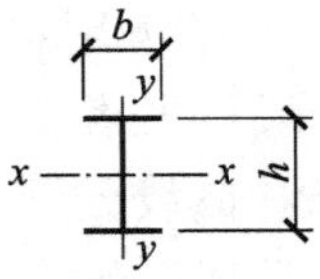	b 类	b 类
	焊接，翼缘为焰切边 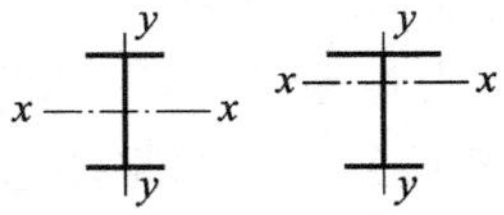		
	焊接 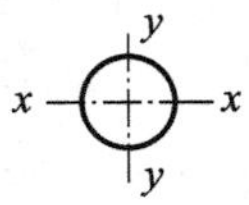		
	轧制 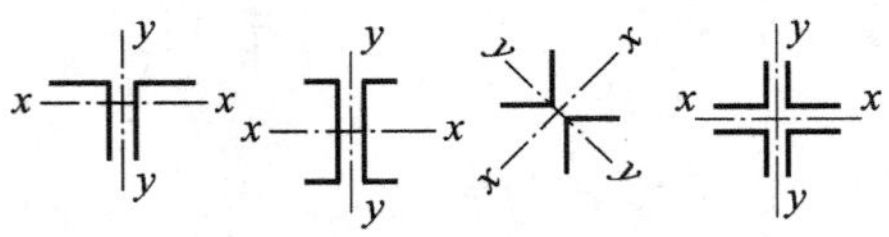		
	轧制，等边角钢 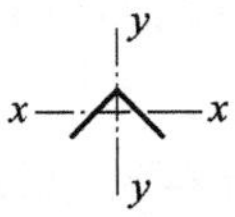		
	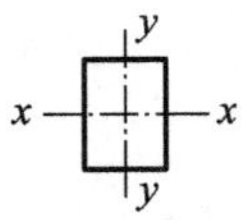 轧制，焊接（板件宽厚比大于 20）		
	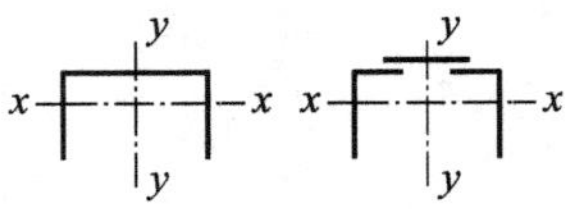 轧制或焊接		
	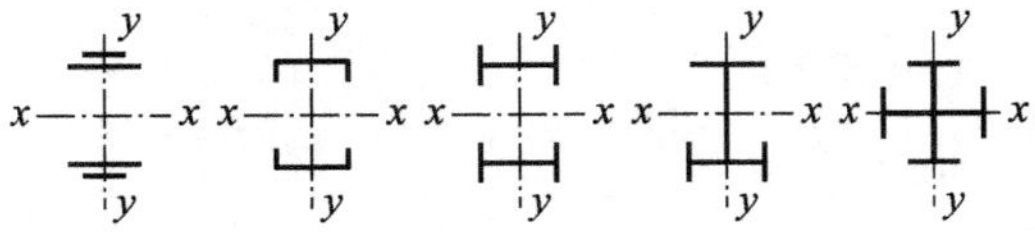 焊接		
	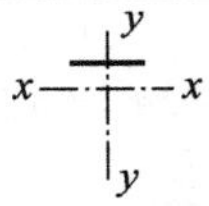 轧制截面和翼缘为焰切边的焊接截面		
	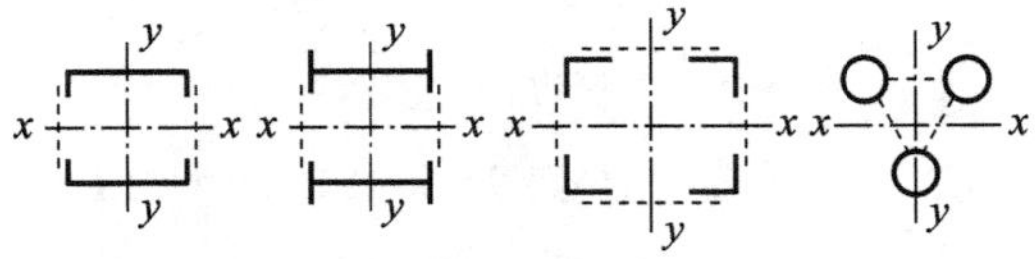 格构式		
	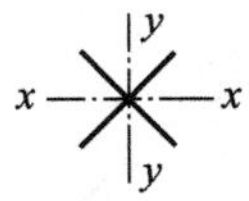 焊接，板件边缘焰切		
	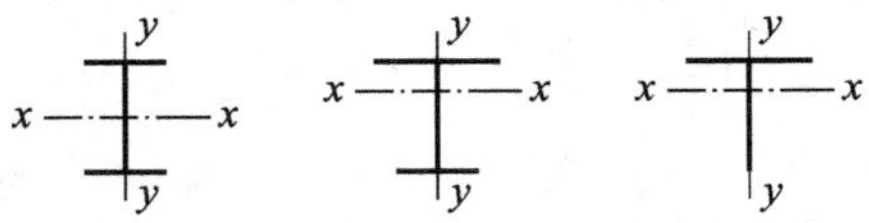 焊接，翼缘为轧制或剪切边	b 类	c 类
板厚 $t\geqslant40$ mm	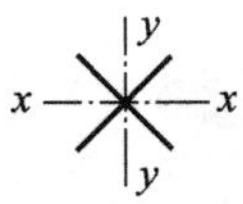 焊接，板件边缘轧制或剪切	c 类	c 类
	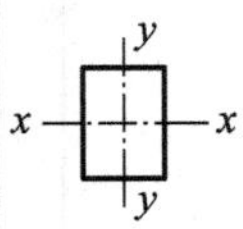 焊接，板件宽厚比不大于 20	c 类	c 类
	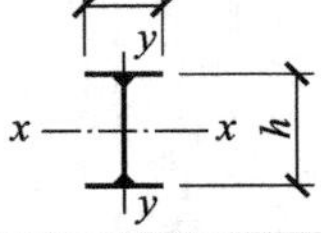 轧制工字形或 H 形截面：$t<80$ mm	b 类	c 类
	轧制工字形或 H 形截面：$t\geqslant80$ mm	c 类	d 类

续表

截面形式			对 x 轴	对 y 轴
板厚 $t \geqslant 40$ mm	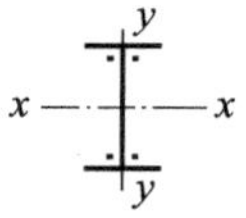 焊接工字形截面	翼缘为焰切边	b 类	b 类
		翼缘为轧制或剪切边	c 类	d 类
	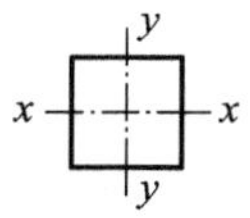 焊接箱形截面	板件宽厚比大于 20	b 类	b 类
		板件宽厚比不大于 20	c 类	c 类

表 3-4 **系数 a_1, a_2, a_3**

截面类别		a_1	a_2	a_3
a 类		0.41	0.986	0.152
b 类		0.65	0.965	0.300
c 类	$\bar{\lambda} \leqslant 1.05$	0.73	0.906	0.595
	$\bar{\lambda} > 1.05$		1.216	0.302
d 类	$\bar{\lambda} \leqslant 1.05$	1.35	0.868	0.915
	$\bar{\lambda} > 1.05$		1.375	0.432

【例 3-2】 如图 3-20 所示支柱，承受的轴心压力（包括自重）设计值 $N = 1450$ kN，柱两端铰接，钢材为 Q345，$f = 310$ N/mm^2。支柱截面为焊接工字形，尺寸如图 3-20 所示。翼缘板为焰切边，试验算此支柱的稳定性。

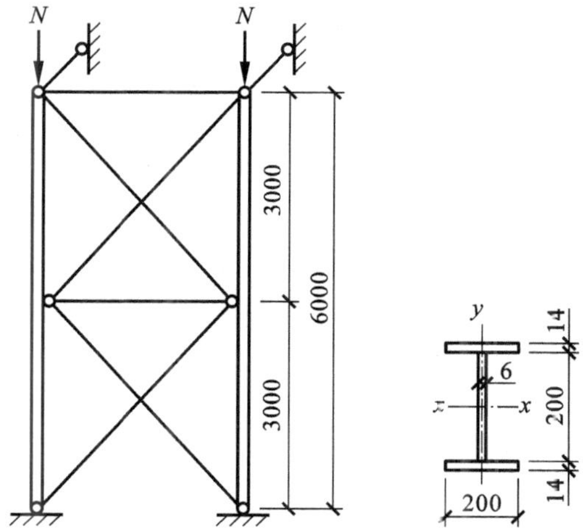

图 3-20 轴心受压支柱

【解】 (1) 截面几何参数计算。

$$A = 2 \times 200 \times 14 + 200 \times 6 = 6800(\text{mm}^2)$$

$$I_x = \frac{1}{12} \times (200 \times 228^3 - 194 \times 200^3) = 68210000(\text{mm}^4)$$

$$I_y = 2 \times \frac{1}{12} \times 14 \times 200^3 = 18670000(\text{mm}^4)$$

$$i_x = \sqrt{\frac{68210000}{6800}} = 100.2(\text{mm})$$

$$i_y = \sqrt{\frac{18670000}{6800}} = 52.4(\text{mm})$$

(2) 刚度和整体稳定验算。

柱在两个方向的计算长度分别为

$$l_{0x} = 6000 \text{ mm}, \quad l_{0y} = 3000 \text{ mm}$$

$$\lambda_x = \frac{l_{0x}}{i_x} = \frac{6000}{100.2} = 59.88 < [\lambda] = 150$$

满足刚度要求。

$$\lambda_y = \frac{l_{0y}}{i_y} = \frac{3000}{52.4} = 57.25 < [\lambda] = 150$$

满足刚度要求。

因绕 x 轴和 y 轴屈曲均属 b 类截面，故由长细比的较大值 $\lambda_x = 59.88$，查《钢结构设计标准》(GB 50017—2017)的稳定系数表 C.0.2 可得 $\varphi = 0.735$，故

$$\frac{N}{\varphi A} = \frac{1450 \times 10^3}{0.735 \times 6800} = 290(\text{N/mm}^2) < f = 310 \text{ N/mm}^2$$

满足整体稳定要求。

3.3 开口薄壁构件的弯曲和扭转

3.3.1 薄壁构件与扇性坐标

3.3.1.1 薄壁构件

所谓薄壁构件，是指满足下列条件的构件

$$\frac{t}{d}\leqslant 0.1,\quad \frac{d}{l}\leqslant 0.1 \tag{3-71}$$

式中 t——组成构件的板件厚度或壁厚；

d——横截面的代表性尺度(如截面的宽度、高度或板件的宽度等)；

l——构件长度。

本章下文所讨论的构件均符合上述尺寸限值。

由于壁厚与横截面的其他尺寸相比很小，弯曲应力和约束扭转时的翘曲应力沿宽度方向的变化也很小，可认为应力沿厚度均匀分布，因此在薄壁构件理论中常用构件的中面(即壁厚的中央面)作为构件的代表，而用横截面的中线[即中面与横截面的相交曲线，如图 3-21(a)中的点画线所示]作为截面的代表。

本章所讨论的开口截面薄壁构件的弯曲和扭转理论，还应符合下面两条假设：

① 在构件受力变形的过程中，横截面的形状始终保持不变。也就是说，尽管各横截面可能产生垂直于截面(z 方向)的弯曲，但其在自身平面内(xy 平面)的投影则始终保持固定的形状，只是产生平移或转动。这一假设常称为“横截面形状不变假设”或“刚性周边假设”。

② 假定构件中面的剪应变为零。

3.3.1.2 扇性坐标

为了引入扇性坐标的概念，先从薄壁杆件的变形和受力说起。对某薄壁截面[图 3-21(a)]选取点 $S(x_0,y_0)$作为参考点[图 3-21(b)]，按照上述基本假设①，任一横截面在其自身平面内的位移可以用点 S 沿 x 和 y 方向的两个唯一分量 u、v 以及整个截面绕 S 点的转角 θ 来表示，且它们均为坐标 z 的函数，即 $u(z)$、$v(z)$ 和 $\theta(z)$。图 3-21(c)表示中面上一微元体及其上的各种应力。图 3-21 中坐标按右手螺旋法则，四指环绕为沿中面的切线 s 方向，拇指指向为 z 方向，图示应力和方向均为正向。截面上任一点 P 沿切线 s 方向的位移 v_s 可通过 S 点的位移 u、v 和 θ 表示为

$$v_s=u\cos\alpha+v\sin\alpha+\rho\theta \tag{3-72}$$

式中 α——切线方向 s 与 x 轴的夹角；

ρ——点 S 与 s 轴的距离，当由点 S 到 s 轴的方向与 P 点的法线 n 方向一致时为正，α 和 ρ 仅为曲线坐标 s 的函数。

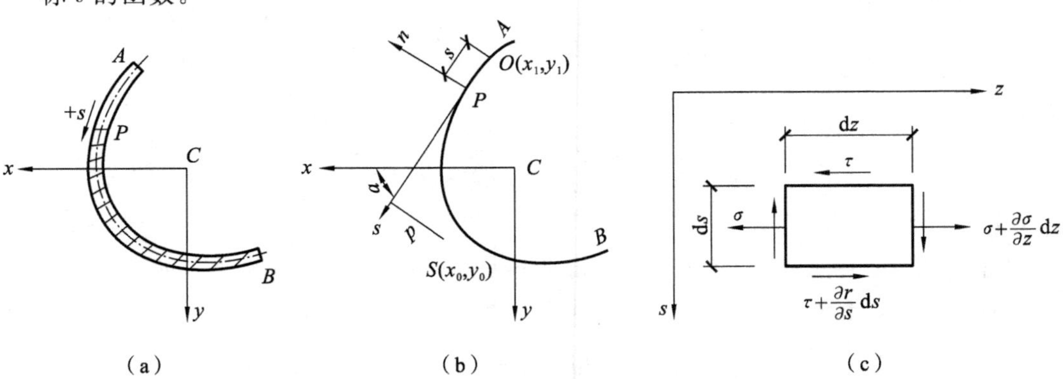

(a)　　(b)　　(c)

图 3-21 开口薄壁构件

图 3-22(a)的中面上任意元素 dzds 的剪应变可表示为

$$\gamma=\frac{\partial w}{\partial s}+\frac{\partial v_s}{\partial z} \tag{3-73}$$

根据上面基本假设②，剪应变为零，如图 3-22(b)所示，有

$$\frac{\partial w}{\partial s}+\frac{\partial v_s}{\partial z}=0 \tag{3-74a}$$

或写为

$$\frac{\partial w}{\partial s}=-\frac{\partial v_s}{\partial z} \tag{3-74b}$$

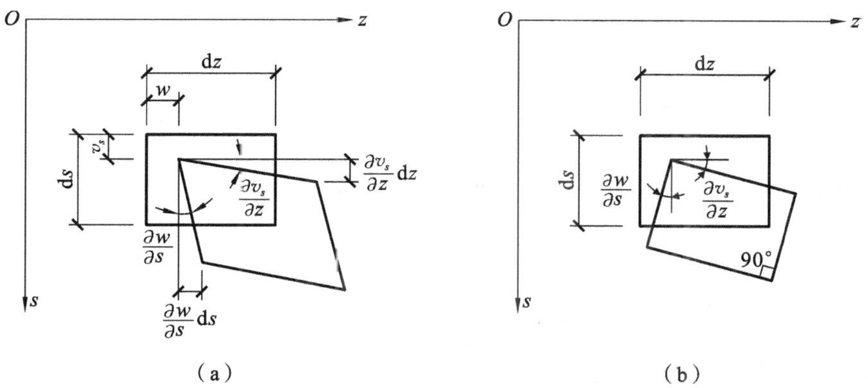

图 3-22 构件上任意点位移状态

将式(3-72)代入式(3-74)，并沿曲线坐标 s 轴自起始原点 O 到任一点 P 积分，得到 P 点纵向位移为

$$w=w_0-u'\int_O^P\cos\alpha \mathrm{d}s-v'\int_O^P\sin\alpha \mathrm{d}s-\theta'\int_O^P\rho \mathrm{d}s \tag{3-75}$$

式中 w_0——积分函数，代表起始原点 O 处的纵向位移。

由 $\cos\alpha \mathrm{d}s=\mathrm{d}x$ 和 $\sin\alpha \mathrm{d}s=\mathrm{d}y$，并令 $\omega=\int_O^P\rho \mathrm{d}s$ 得到

$$w=w_0-u'(x-x_1)-v'(y-y_1)-\theta'\omega \tag{3-76}$$

式中 u',v',θ'——截面的整体位移，即构件在该截面处两个方向的倾角和一个单位扭转角；

x_1,y_1——O 点的坐标。

式(3-76)为横截面中线上任意点的纵向位移的一般表达式，u'、v' 和 θ' 仅为构件纵向坐标 z 的函数；而 x、y 和 ω 则仅与所讨论的点 P 在截面上的位置有关，为曲线坐标 s 的函数，与坐标 z 无关。这里第二、第三项代表截面绕形心轴(y 轴和 x 轴)转动而引起的纵向位移，它们的平均值为零。第四项代表构件扭转所引起的纵向位移。

当构件不发生扭转时，$\theta'=0$，式(3-76)变为

$$w=w_1-u'x-v'y \tag{3-77}$$

其中，$w_1=w_0+u'x_1+v'y_1$，表示坐标原点 O 点的纵向位移。

对于任一确定的截面，式(3-77)代表纵向位移沿截面按平面规律分布。这也说明，在没有扭转的情况下，上述两个基本假设可以导出通长的平截面假设。

由图 3-23(a)可以看出，式(3-76)中所定义的变量 ω 具有明确的集合意义。$\mathrm{d}\omega=\rho \mathrm{d}s$，等于图中阴影部分面积的 2 倍，因此，$\omega=\int_O^P\rho \mathrm{d}s$ 就等于以点 S 为极点的扇形面积 SOP 的 2 倍。当极点 S 和起始原点 O 的位置确定以后，ω 的值即由 P 点的位置唯一确定。也就是说，ω 值与点 P 的位置存在一一对应的关系，故 ω 也可看成点 P 的某一种坐标，称为扇性坐标。因为起始点 O 的扇性坐标为零，O 点也称扇性零点。由于 ρ 和 s 的正向已经规定，$\mathrm{d}\omega=\rho \mathrm{d}s$ 的符号也就相应确定：当 ρ 与 $\mathrm{d}s$ 同号时，$\mathrm{d}\omega$ 为正，反之为负。因此如果从 z 轴的正向观察截面，当矢量$\overrightarrow{OP}$沿逆时针方向转动时，所得到的 $\mathrm{d}\omega$ 为正。图 3-23(b)表示形心 C 为极点的情况。

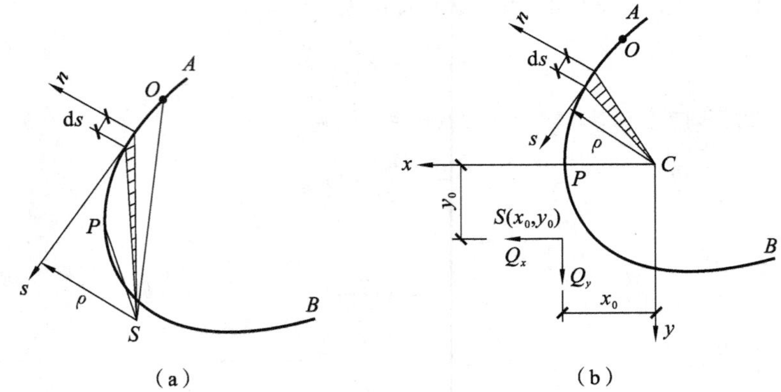

图 3-23 扇性坐标

3.3.1.3 构件弯曲时的正应力

设构件在横向荷载作用下不发生扭转，式(3-77)就是截面上任意点处纵向位移的一般表达式。设受拉为正，由式(3-77)可得出纵向应变和应力的表达式为

$$\varepsilon=\frac{\partial w}{\partial z}=w'_1-u''x-v''y \tag{3-78}$$

$$\sigma=E\varepsilon=Ew'_1-Eu''x-Ev''y \tag{3-79}$$

如果构件仅发生弯曲而不承受任何轴向荷载，则任一截面上的轴向力应为零，于是函数 w'_1 可根据这一条件来确定

$$N=\int\sigma t\,\mathrm{d}s=Ew'_1\int t\,\mathrm{d}s-Eu''\int xt\,\mathrm{d}s-Ev''\int yt\,\mathrm{d}s=0 \tag{3-80}$$

由坐标原点在截面形心可得 $Eu''\int xt\,\mathrm{d}s=0$，$Ev''\int yt\,\mathrm{d}s=0$，积分 $\int t\mathrm{d}s$ 代表截面面积，不可能为零，于是得到 $w'_1=0$。这样式(3-79)改写为

$$\sigma=-Eu''x-Ev''y \tag{3-81}$$

式中 u''，v''——构件在 zx 平面和 zy 平面内的曲率，它们可由各截面绕 x 轴和绕 y 轴的力矩平衡条件确定。

由截面绕 x、y 轴的力矩平衡方程得

$$M_x=\int\sigma y\,\mathrm{d}A=-Eu''\int xy\,\mathrm{d}A-Ev''\int y^2\,\mathrm{d}A=-Eu''I_{xy}-Ev''I_x \tag{3-82}$$

$$M_y=\int\sigma x\,\mathrm{d}A=-Eu''\int x^2\,\mathrm{d}A-Ev''\int xy\,\mathrm{d}A=-Eu''I_y-Ev''I_{xy} \tag{3-83}$$

式中 I_x，I_y——截面关于两个形心轴的惯性矩；

I_{xy}——截面的惯性积。

对式(3-81)解方程组可以求得 u''、v''，并将其代入式(3-81)，可解得

$$\sigma=\frac{I_y y-I_{xy}x}{I_xI_y-I_{xy}^2}M_x+\frac{I_x x-I_{xy}y}{I_xI_y-I_{xy}^2}M_y \tag{3-84}$$

如果 x、y 为截面的主轴，则有 $I_{xy}=0$，于是式(3-84)可以简化为

$$\sigma=\frac{M_x y}{I_x}+\frac{M_y x}{I_y} \tag{3-85}$$

3.3.1.4 构件弯曲时的剪应力

假设壁厚 t 沿 z 方向不变，但可能沿 s 变化，各力沿 z 方向的平衡条件可表示为

$$\frac{\partial(\tau t)}{\partial s}+t\,\frac{\partial\sigma}{\partial z}=0 \tag{3-86}$$

以 τt 代表沿截面中线单位长度上的剪力，即称为剪力流，则截面上任意点 P 处的剪力流可以表示为

$$\tau t=-\int_O^P \frac{\partial\sigma}{\partial z}t\,\mathrm{d}s+(\tau t)_0 \tag{3-87}$$

式中 $(\tau t)_0$——O 点处的剪力流值。

曲线坐标的零点可以利用 A 点或 B 点的边界条件 $(\tau t)_0=0$ 来确定。若取边界点 A 或 B 为曲线坐标的起点[图 3-23(a)]，则任一点 P 处

$$\tau t=-\int_A^P \frac{\partial\sigma}{\partial z}t\,\mathrm{d}s \tag{3-88}$$

或

$$\tau t=\int_P^B \frac{\partial\sigma}{\partial z}t\,\mathrm{d}s \tag{3-89}$$

以上两式的结果相同，即无论积分起点是 A 点还是 B 点，在 P 点的剪力流大小均相同。

将式(3-85)代入式(3-89)，可得

$$\tau t=\frac{I_yS_x-I_{xy}S_y}{I_xI_y-I_{xy}^2}Q_y+\frac{I_xS_y-I_{xy}S_x}{I_xI_y-I_{xy}^2}Q_x \tag{3-90}$$

式中 S_x, S_y——由 P 到 B 点截面面积分别对 x、y 轴的静矩，$S_x=\int_P^B yt\,\mathrm{d}s$，$S_y=\int_P^B xt\,\mathrm{d}s$。

同样，如果 x 和 y 轴为截面的主轴，则式(3-90)简化为

$$\tau t=\frac{S_x}{I_x}Q_y+\frac{S_y}{I_y}Q_x \tag{3-91}$$

如果要使构件仅发生弯曲而无扭转，横向荷载的作用线必须通过截面上的某一特定的位置。一般情形下，截面上剪力流的合力并不通过截面形心，而是通过截面上另一确定的点，因此仅当外荷载也通过这个点时，才能维持截面上内、外力矩的平衡，使构件只发生弯曲而不引起扭转。截面上这一特定的点称为截面的弯曲中心。又因为该点是横向荷载作用下截面剪力的合力点，所以也称剪切中心或剪力中心。

当图 3-23(b)中 S 点为截面的剪切中心时，为了使构件不产生扭转，外荷载引起的截面剪力 Q_x 和 Q_y 应通过该点。外荷载及其所引起的整个截面上的剪力流在静力上应该是相当的，于是点 S 的位置 (x_0, y_0) 可按如下条件确定，即整个截面上剪力流对任意点(如形心 C)的力矩应等于作用于 S 点的截面剪力 Q_x 和 Q_y 对同一点的力矩，即

$$Q_yx_0-Q_xy_0=\int_A^B \rho_c\tau t\,\mathrm{d}s \tag{3-92}$$

式中 ρ_c——形心 C 到 s 轴的距离，当自形心 C 到 s 轴的方向与法线方向 n 一致时为正。

在列力矩平衡方程[式(3-93)]时，力矩方向以逆时针为正。

定义以截面形心为极点的扇性坐标 $\omega_c=\int_O^P \rho_c\mathrm{d}s$ 和扇性惯性积 $I_{\omega y}=\int_A^B \omega_c yt\,\mathrm{d}s$，$I_{\omega x}=\int_A^E \omega_c xt\,\mathrm{d}s$（在计算 $I_{\omega x}$、$I_{\omega y}$ 时，ω_c 可以取中线上的任一点作为起始原点 O，并不影响计算结果），将式(3-90)代入式(3-92)得到

$$Q_yx_0-Q_xy_0=\frac{I_yI_{\omega y}-I_{xy}I_{\omega x}}{I_xI_y-I_{xy}^2}Q_y+\frac{I_xI_{\omega x}-I_{xy}I_{\omega y}}{I_xI_y-I_{xy}^2}Q_x \tag{3-93}$$

因为截面剪力 Q_x 和 Q_y 是相互独立的两个量，式(3-94)对剪力 Q_x 和 Q_y 的任意组合都是成立的，因此有

$$\begin{cases} x_0=\dfrac{I_yI_{\omega y}-I_{xy}I_{\omega x}}{I_xI_y-I_{xy}^2} \\ y_0=-\dfrac{I_xI_{\omega x}-I_{xy}I_{\omega y}}{I_xI_y-I_{xy}^2} \end{cases} \tag{3-94}$$

由式(3-94)可以看出，剪切中心的位置完全由截面特性所确定，与外荷载无关。因此在等截面构件中，各截面的剪切中心连成一条与构件纵轴平行的直线，称为剪切中心轴。当构件收多种横向荷载作用时，只要作用在每一截面上的横向荷载的合力均通过此剪切中心轴，构件就只产生 x 和 y 方向的弯曲，而不发生扭转。

如果 x 轴和 y 轴为截面的主轴，则式(3-94)简化为

$$\begin{cases} x_0 = \dfrac{I_{\omega y}}{I_x} \\ y_0 = -\dfrac{I_{\omega x}}{I_y} \end{cases} \tag{3-95}$$

如果截面有一对称轴，则剪切中心必在此对称轴上。若截面有两个对称轴，则剪切中心与截面的形心重合。

3.3.2 扭转的类型

当构件仅受施加于两端的扭矩作用，且两端的支承条件不限制构件端部纤维的自由翘曲时，构件产生均匀扭转或自由扭转，单位扭转角沿构件的纵轴不变，各截面产生相同的应力和翘曲变形。由于各截面能自由翘曲，截面上只产生横向剪应力，没有纵向应力的产生。这类古典的扭转问题首先由圣维南(Saint-Venant)提出，所以称为圣维南扭转。钢结构中一般采用非圆形截面构件，此类构件的扭转与圆形截面构件的不同。前者扭转后的截面不再保持平面，而要发生翘曲(截面凹凸)，即截面上各点产生轴向位移。如果截面能够自由翘曲，外扭矩将全部由剪应力抵抗，这类扭转称为自由扭转、纯扭转或均匀扭转；如果截面不能自由翘曲，则外扭矩由剪应力和翘曲扭矩共同抵抗，这类扭转称为约束扭转或非均匀扭转。

3.3.2.1 自由扭转

图 3-24 中的开口薄壁杆(工字形截面)，两端受到大小相等、方向相反的扭矩 M_s 作用时，构件将发生自由扭转。自由扭转有以下两个特点：

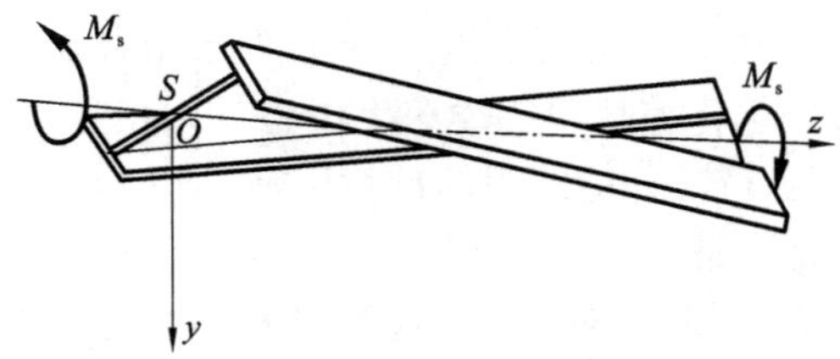

图 3-24 自由扭转

① 构件各截面的翘曲相同。因此，构件的纵向纤维不产生轴向应变，截面上没有正应力而只有扭转引起的剪应力。剪应力的分布与截面的形状有关，但各截面上的分布均相同。

② 纵向纤维不发生弯曲，即翼缘和腹板的纵向纤维保持直线，上、下翼缘相互仅扭转了一个角度 φ(扭转角)。

由弹性力学知，非圆截面杆自由扭转时的扭矩 M_s 与扭率 φ'之间的关系为

$$M_s = GI_t\varphi' \tag{3-96}$$

式中 G——材料的弹性剪切变形模量；

I_t——截面的自由扭转惯性矩或截面的扭转常数；

GI_t——截面的自由扭转刚度。

对于由几个狭长矩形板件组成的开口薄壁构件截面，如工字形、T 形、槽形和角形等截面，总的截面扭转常数可近似取为各板件的扭转常数 I_{ti}之和，即

$$I_t = \sum_{i=1}^{n} I_{ti} = \frac{k}{3}\sum_{i=1}^{n} b_i t_i^3 \tag{3-97}$$

式中 b_i，t_i——第 i 个狭长板件的宽度和厚度；

n——组成截面的狭长矩形板的数目；

k——截面形状系数。

对于轧制截面，考虑轧制圆角的影响，对角钢截面 $k=1.0$，工字钢截面 $k=1.31$，槽钢截面 $k=1.12$，T 型钢截面 $k=1.15$，组合截面 $k=1.0$。

开口薄壁构件自由扭转时，截面上的剪应力方向与中心线平行，且沿薄壁厚度 t_i 线性分布，在中心线上剪应力为零(图 3-25)，相当于在截面内形成闭合循环的剪力流。截面周边上任意点的剪应力为

$$\tau_s = \frac{M_s t_i}{I_t} \tag{3-98}$$

3.3.2.2 约束扭转

图 3-26(a)中,一扭矩作用于构件中央截面,构件两端产生相反方向平衡扭矩,此构件的端部截面可以自由翘曲,而中部截面因对称性则完全不能翘曲;图 3-26(b)中,由于受到支座约束作用,受扭的构件截面不能自由翘曲。这种由于约束等原因,构件截面不能自由翘曲的扭转就称为约束扭转,或非均匀扭转。

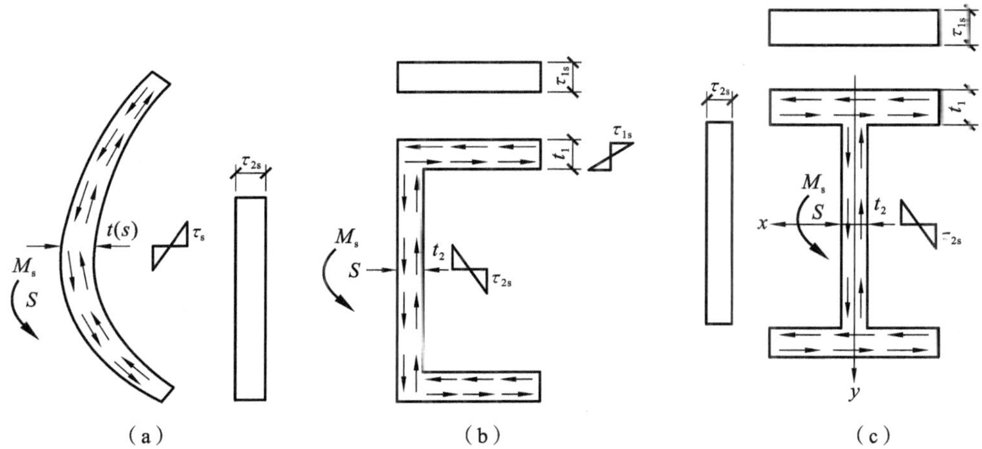

图 3-25 自由扭转杆件截面剪应力分布

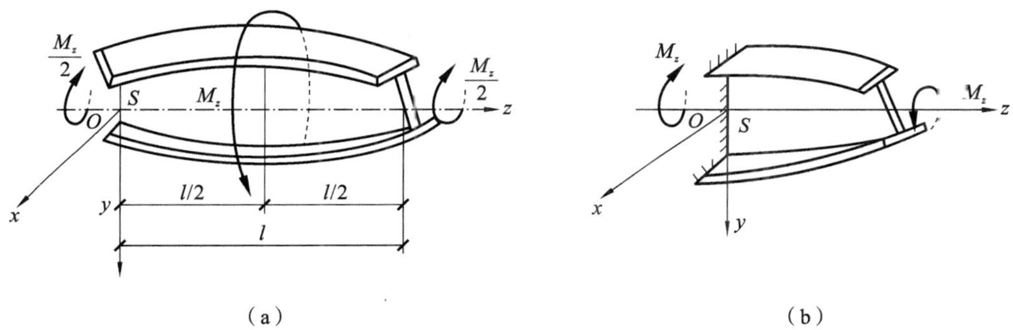

图 3-26 约束扭转构件

(a) 扭矩作用于构件中央截面;(b) 悬挂受扭构件

约束扭转有如下特点:

① 约束使纵向纤维不能自由伸缩,产生纵向正应力 σ_ω,称为翘曲正应力。由于 σ_ω 的分布是扇性坐标的函数,又称其为扇性正应力。因各纤维正应力不同,构件弯曲,所以约束扭转又称为弯曲扭转。构件弯曲,除了产生弯曲扭转正应力 σ_ω,还将产生弯曲扭转剪应力 τ_ω,也称扇性剪应力。

② 纵向纤维发生弯曲,扭率 φ' 沿杆长变化。

对自由扭转,外扭矩 M_z 与截面内自由扭矩 M_s 构成平衡力系;对约束扭转,由于截面不能自由翘曲而产生了翘曲扭矩 M_ω,这样承受外扭矩 M_z 的各种非均匀扭转构件,M_z 由自由扭矩 M_s 和翘曲扭矩 M_ω 共同承担,即 $M_z=M_s+M_\omega$。此平衡方程是确定约束扭转构件临界力的基本公式,关键要求出翘曲扭矩 M_ω 的表达式。

以图 3-27(a)所示双轴对称工形截面非均匀扭转构件为例,根据图 3-27(c)所示扭转变形与受力条件,可以推导出构件翘曲扭矩 M_ω 的计算公式。

图 3-27(b)中,截面在翘曲扭矩 M_ω 作用下绕剪心 S 的扭转角为 φ,下翼缘在 x 方向的位移 $u_f=-(h/2)\varphi$,单个翼缘的弯矩 $M_f=-EI_1u_f''=(EI_1h/2)\varphi''$,上、下翼缘的弯矩大小相等但方向相反,形成一种称为双力矩的内力 B_ω,即

$$B_\omega=-M_fh=-\left(\frac{EI_1h^2}{2}\right)\varphi'' \tag{3-99}$$

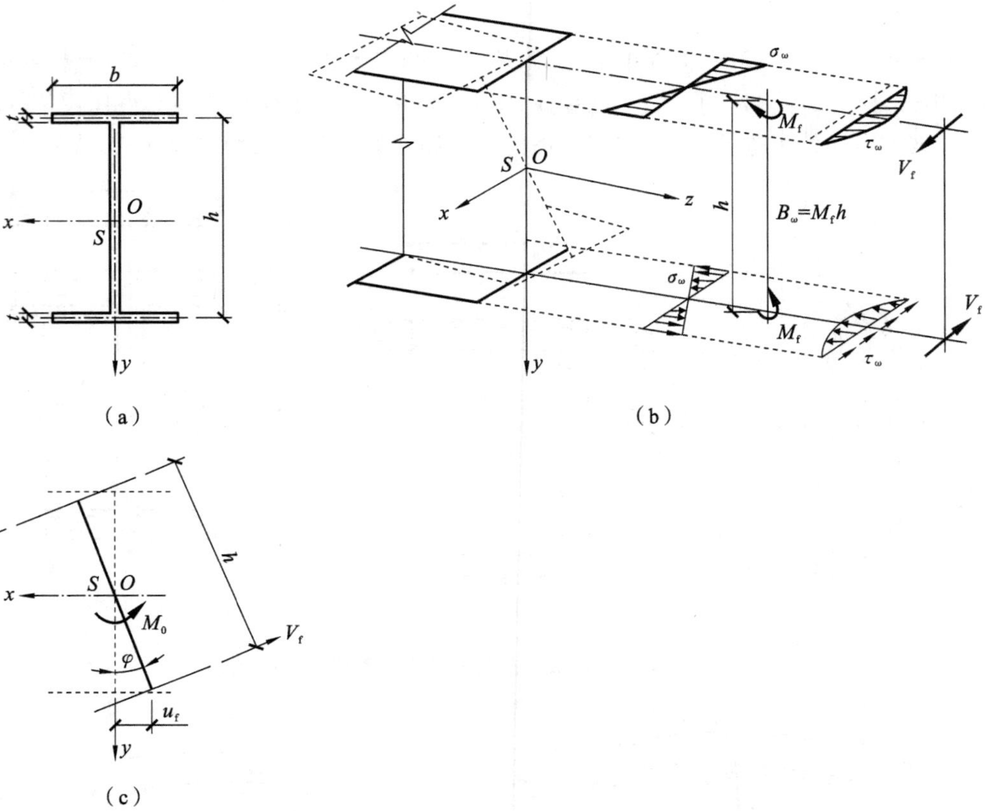

图 3-27 工形截面约束扭转构件的变形及内力

式中 I_1——一个翼缘截面对 y 轴的惯性矩。

令 $I_\omega=I_1h^2/2=I_yh^2/4$，称其为翘曲惯性矩，或称为翘曲扭转常数，$I_\omega$ 也是截面的一种几何性质，单位是长度的 6 次方，$I_\omega=\int_A\omega_n^2\mathrm{d}A$，其中 ω_n 为主扇性坐标。双力矩 B_ω 可表达为

$$B_\omega=-EI_\omega\varphi'' \tag{3-100}$$

式中 EI_ω——截面的翘曲刚度。

上、下翼缘在弯矩 M_f 的作用下必然产生剪力，图 3-27(c)中翼缘剪力

$$V_f=-\frac{\mathrm{d}M_f}{\mathrm{d}z}=-\frac{EI_1}{2}h\varphi'' \tag{3-101}$$

则可得到翘曲扭矩 M_ω 的计算公式

$$M_\omega=V_fh=-\frac{EI_1}{2}h^2\varphi''=-EI_\omega\varphi'' \tag{3-102}$$

翘曲扭矩 M_ω 与双力矩 B_ω 之间的关系为

$$M_\omega=\frac{\mathrm{d}B_\omega}{\mathrm{d}z} \tag{3-103}$$

翼缘因翘曲而产生的翘曲正应力 σ_ω 和翘曲剪应力 τ_ω 的分布如图 3-27(b)所示，其计算公式分别为

$$\sigma_\omega=\frac{M_f}{I_1}x \tag{3-104}$$

$$\tau_\omega=\frac{V_fS}{I_1t} \tag{3-105}$$

由 $M_z=M_s+M_\omega$，得到约束扭转的扭矩平衡方程

$$EI_\omega\varphi'''-GI_t\varphi'+M_z=0 \tag{3-106}$$

3.4 轴心受压构件的扭转失稳

一般双轴对称截面的轴心受压构件，可能绕截面的两个对称轴发生弯曲失稳，但是对于扭转刚度较弱的轴心受压构件，还可能发生绕轴的扭转失稳。

3.4.1 轴心受压构件的弹性扭转失稳

对于抗扭刚度低的双轴对称截面轴心受压构件（如十字形截面构件），可能在轴向压力达到欧拉临界力之前，构件就发生绕纵轴的扭转失稳。

3.4.1.1 轴心受压构件弹性扭转屈曲荷载

图 3-28(a)所示双轴对称工字形截面轴心受压构件，两端边界条件为夹支或简支。所谓夹支，是指构件的端部截面只能绕两个主轴 x、y 自由转动，而不能绕纵轴 z 扭转，并且端部截面的纤维可以自由翘曲。

用平衡法求扭转去取荷载，需研究图 3-28(b)所示构件绕纵轴有微小扭转角时的受力条件。在距原点为 z 处截面的扭转角为 φ，$z+\mathrm{d}z$ 处截面的扭转角为 $\varphi+\mathrm{d}\varphi$。图 3-28(e)所示在微段 $\mathrm{d}z$ 内的任一纤维 DE 因构件扭转而位移至 $D'E''$，$D'E''$与竖直线 $D'E'$的夹角为 α，水平面内 E''与截面剪心 S 相距 ρ。由于夹角 α 很小，则有

$$\alpha\approx\frac{D'E''}{\mathrm{d}z}=\frac{\rho\mathrm{d}\varphi}{\mathrm{d}z}=\rho\varphi' \tag{3-107}$$

由于纤维倾斜，作用于纤维上端 E''处的力 $\sigma\mathrm{d}A$ 在水平面内产生的分力为 $\sigma'\mathrm{d}A$，绕剪心 S 形成扭矩 $\rho\sigma'\mathrm{d}A$。

由图 3-27(f)可得，纤维上端的水平分力为

$$\sigma'\mathrm{d}A=\sigma\mathrm{d}A\sin\alpha\approx\alpha\sigma\mathrm{d}A=\rho\varphi'\sigma\mathrm{d}A \tag{3-108}$$

当构件扭转时，全截面形成的约束扭矩为

$$M_z=\int_A\rho\sigma'\mathrm{d}A=\int_A\rho^2\varphi'\sigma\mathrm{d}A=\left(\frac{N}{A}\int_A\rho^2A\right)\varphi'=\overline{K}\varphi' \tag{3-109}$$

式(3-109)为截面扭转时纤维倾斜产生的扭矩，称为 Wagner 效应。式中，$\overline{K}$ 称为 Wagner 效应系数。

对于双轴对称截面，$\int_A\rho^2A=I_x+I_y=i_0^2A$，$i_0$ 是截面对剪心的极回转半径，$i_0^2=(I_x+I_y)/A$。式(3-109)可以写成

$$M_z=Ni_0^2\varphi' \tag{3-110}$$

离原点距离为 z 处截面的扭矩平衡方程为 $M_z=M_s+M_\omega$，即

$$EI_\omega\varphi'''+(Ni_0^2-GI_t)\varphi'=0 \tag{3-111}$$

令 $k^2=(Ni_0^2-GI_t)/(EI_\omega)$，则式(3-111)为

$$\varphi'''+k^2\varphi'=0 \tag{3-112}$$

通解为

$$\varphi=C_1\sin(kz)+C_2\cos(kz)+C_3 \tag{3-113}$$

由边界条件 $\varphi(0)=0$，得到 $C_2+C_3=0$；$B_\omega=-EI_\omega\varphi''(0)=0$，即 $\varphi''(0)=0$，故得到 $C_2=0$，则有 $C_3=0$；由 $\varphi(l)=0$，得到 $C_1\sin(kl)=0$，因 $C_1\neq0$，所以只有 $\sin(kl)=0$，kl 的最小值为 π，可得弹性扭转屈曲临界荷载

$$N_\omega=\frac{1}{i_0^2}\left(GI_t+\frac{\pi^2EI_\omega}{l^2}\right) \tag{3-114}$$

相应的临界应力

$$\sigma_\omega=\frac{1}{Ai_0^2}\left(GI_t+\frac{\pi^2EI_\omega}{l^2}\right) \tag{3-115}$$

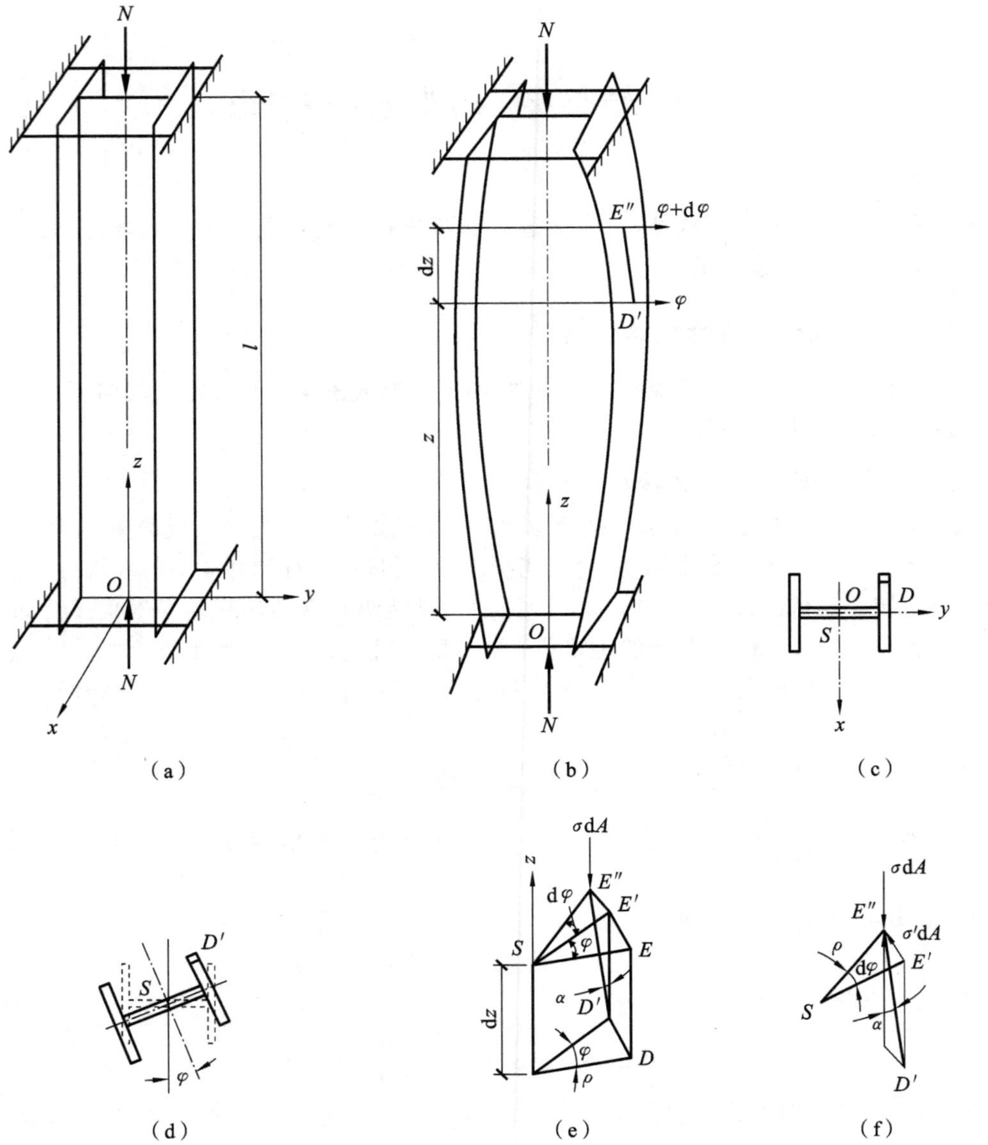

图 3-28 轴心受压构件的扭转变形

也可以将式(3-115)表达成同弯曲屈曲相同的形式

$$\sigma_{\omega}=\frac{\pi^2 E}{\lambda_{\omega}^2} \tag{3-116}$$

式中 λ_{ω}——扭转屈曲换算长细比。

$$\lambda_{\omega}=\frac{l}{\sqrt{\dfrac{I_{\omega}}{Ai_0^2}+\dfrac{l^2 GI_{\mathrm{t}}}{\pi^2 EAi_0^2}}} \tag{3-117}$$

3.4.1.2 残余应力对扭转屈曲荷载的影响

对于有纵向残余应力 σ_{r} 的轴心受压构件，发生约束扭转时，由于纤维倾斜，$\sigma_{\mathrm{r}}\mathrm{d}A$ 在水平面内同样产生水平分力 $\sigma_{\mathrm{r}}\mathrm{d}A\rho\varphi'$，计算约束扭矩 M_z 时应考虑在内，即

$$M_z=\int_A(\sigma+\sigma_{\mathrm{r}})\rho^2\varphi'\mathrm{d}A=\int_A\sigma\rho^2\varphi'\mathrm{d}A+\int_A\sigma_{\mathrm{r}}\rho^2\varphi'\mathrm{d}A=Ni_0^2\varphi'+\bar{R}\varphi' \tag{3-118}$$

式中 $\bar{R}$——残余应力的 Wagner 效应系数，$\bar{R}=\int_A\sigma_{\mathrm{r}}\rho^2\mathrm{d}A=\int_A\sigma_{\mathrm{r}}(x^2+y^2)\mathrm{d}A$，残余压应力 σ_{rc} 取正号，拉应力 σ_{rt} 取负号。

考虑残余应力影响的约束扭转的扭矩平衡方程为

$$EI_\omega\varphi''''+(Ni_0^2-GI_t+\bar{R})\varphi'=0 \tag{3-119}$$

令 $k^2=(Ni_0^2-GI_t+\bar{R})/(EI_\omega)$，可解出扭转屈曲荷载

$$N_\omega=\frac{1}{i_0^2}\left(GI_t-\bar{R}+\frac{\pi^2EI_\omega}{l^2}\right) \tag{3-120}$$

从式(3-120)中可以看出，残余应力对周心受压构件扭转屈曲的影响取决于 $\bar{R}$ 的大小和正负号。$\bar{R}$ 值与截面残余应力的分布情况有关，对翼缘为轧制边的焊接工字形截面，残余应力分布如图 3-29(a)所示，$\bar{R}$ 是正值，将降低 N_ω 值；当翼缘为火焰切割边时，残余应力分布如图 3-29(b)所示，$\bar{R}$ 是负值，将提高 N_ω 值。

3.4.1.3 构件端部边界条件的影响

对图 3-30 所示两端有弹簧约束的轴心受压构件，上、下端的扭转约束刚度（单位转角抵抗的扭矩）分别为 r_A 和 r_B。

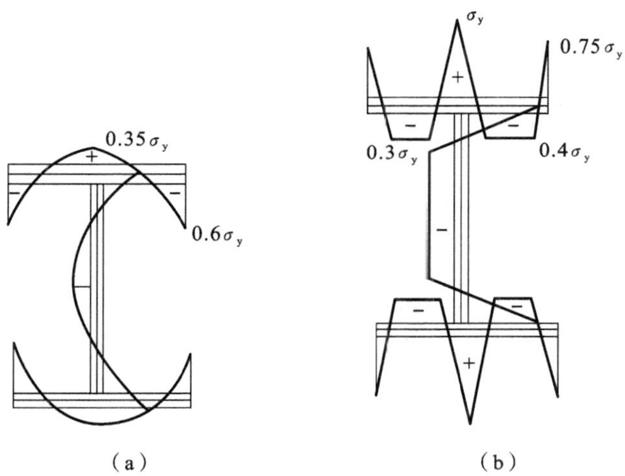

图 3-29 焊接工字形截面残余应力分布（正为拉应力，负为压应力）

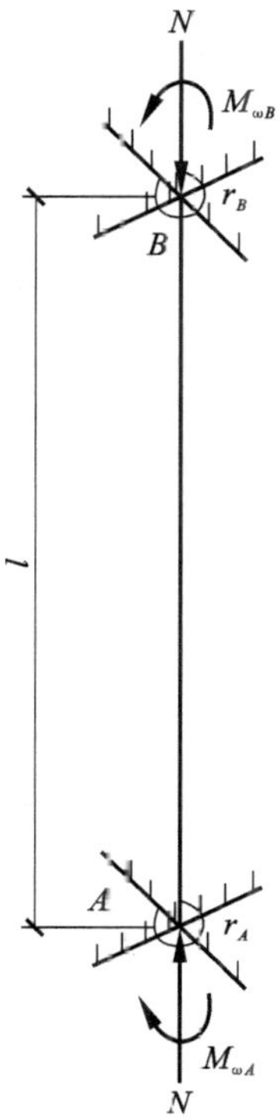

图 3-30 弹簧约束轴心受压构件

构件的约束扭转平衡方程为

$$EI_\omega\varphi''''+(Ni_0^2-GI_t+\bar{R})\varphi'-M_{\omega A}=0 \tag{3-121}$$

令 $k^2=(Ni_0^2-GI_t+\bar{R})/(EI_\omega)$，则扭转屈曲荷载为

$$N_\omega=\frac{1}{i_0^2}\left(GI_t-\bar{R}-\frac{\pi^2EI_\omega}{l^2}\right)=\frac{1}{i_0^2}\left[\frac{\pi^2EI_\omega}{\left(\frac{\pi}{kl}\right)^2l^2}+GI_t-\bar{R}\right] \tag{3-122}$$

令 $\mu_\omega=\frac{\pi}{kl}$，$l_\omega=\mu_\omega l$，则得到扭转屈曲荷载的通式

$$N_\omega=\frac{1}{i_0^2}\left[\frac{\pi^2EI_\omega}{(\mu_\omega l)^2}-GI_t-\bar{R}\right]=\frac{1}{i_0^2}\left[\frac{\pi^2EI_\omega}{(l_\omega^2)^2}+GI_t-\bar{R}\right] \tag{3-123}$$

式中 μ_ω——扭转屈曲计算长度系数；

l_ω——扭转屈曲计算长度，$l_\omega=\mu_\omega l$。

相应的临界应力

$$\sigma_\omega=\frac{\pi^2E}{\lambda_\omega^2} \tag{3-124}$$

其中

$$\lambda_\omega = \frac{l_\omega}{\sqrt{\frac{I_\omega}{Ai_0^2} + \frac{l_\omega^2 (GI_t - \overline{R})}{\pi^2 EAi_0^2}}}$$

典型约束条件的扭转屈曲计算长度系数见表 3-5。

表 3-5 **扭转屈曲计算长度系数**

边界条件	两端简支	两端固定	一端简支，一端固定	一端固定，一端自由	两端不能翘曲，但能自由转动
μ_ω	1.0	0.5	0.7	2.0	1.0

【例 3-3】 已知截面为图 3-31(a)所示的焊接十字形截面，残余应力以拉应力为正，压应力为负，分布如图 3-31(b)、(c)所示，若钢材的屈服强度 $\sigma_y = 235$ N/mm²，$E = 206000$ N/mm²，$G = 79000$ N/mm²。构件的长度为 5.2 m，计算两端简支的轴心受压构件的屈曲应力。

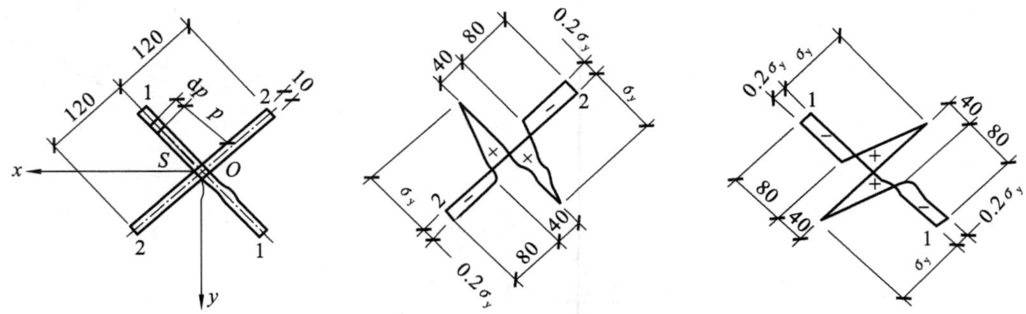

(a) (b) (c)

图 3-31 焊接十字形截面尺寸及残余应力分布

【解】 先计算截面的几何性质相关参数：

$$A = 4 \times 10 \times 120 = 4800(\text{mm}^2)$$

$$I_x = I_y = 10 \times \frac{240^3}{12} = 11520000(\text{mm}^4)$$

$$i_0^2 = 2\frac{I_x}{A} = 2 \times \frac{11520000}{4800} = 4800(\text{mm}^2)$$

$$I_t = 2 \times \frac{1}{3} \times 240 \times 10^3 = 160000(\text{mm}^4)$$

$$I_\omega = 0$$

以压应力为正，拉应力为负，以剪心 S 为起点，残余应力分布为

$$\begin{cases} \sigma_r = 0.3\rho\sigma_y - \sigma_y & (0 \leqslant \rho \leqslant 40 \text{ mm}) \\ \sigma_r = 0.2\sigma_y & (\rho > 40 \text{ mm}) \end{cases}$$

残余应力的 Wagner 效应系数为

$$\begin{aligned} \overline{R} &= \int_A \sigma_r \rho^2 \, dA \\ &= 4 \times 10 \times \int_0^{40} (0.3\rho\sigma_y - \sigma_y)\rho^2 \, d\rho + 4 \times 10 \times \int_{40}^{120} 0.2\sigma_y \rho^2 \, d\rho \\ &= 1022767000(\text{N} \cdot \text{mm}^2) \end{aligned}$$

构件的扭转屈曲荷载

$$\begin{aligned} N_\omega &= \frac{1}{i_0^2}(GI_t - \overline{R}) = \frac{1}{4800} \times (79000 \times 160000 - 1022767000) \\ &= 2420260(\text{N}) = 2420.3 \text{ kN} \end{aligned}$$

构件的弯曲屈曲荷载

$$N_{rcx}=N_{rcy}=\frac{\pi^2 EI_x}{l^2}=\frac{\pi^2\times206000\times11520000}{5200^2}$$
$$=866190(\text{N})=866.19\ \text{kN}<N_\omega$$

屈曲应力

$$\sigma_{rcx}=\sigma_{rcy}=\frac{866190}{4800}=180.5(\text{N/mm}^2)<(\sigma_y-0.2\sigma_y)=0.8\sigma_y=188.0\ \text{N/mm}^2$$

说明此构件发生弹性弯曲屈曲。

3.4.2 轴心受压构件的弹塑性扭转失稳

当扭转屈曲应力超过钢材的比例极限时，轴心受压构件可能发生弹塑性扭转失稳。根据是否考虑残余应力的影响，可将计算弹塑性扭转屈曲荷载的方法分为以下两种。

3.4.2.1 不考虑残余应力的轴心受压构件的弹塑性扭转屈曲荷载

冷弯薄壁型钢轴心受压构件中的残余应力对扭转屈曲荷载影响较小，当截面的扭转屈曲应力超过比例极限后，用切线模量 E_t 代替弹性模量 E，剪切变形模量仍可用弹性的 G。剪切变形模量也可采用 $\frac{E_t}{E}G$，对计算结果影响不大。这样，弹塑性扭转屈曲荷载和屈曲应力仍可用式(3-123)和式(3-124)的形式表示，即

$$N_\omega=\frac{1}{i_0^2}\left(G_t I_t+\frac{\pi^2 E_t I_\omega}{l_\omega^2}\right)=\frac{E_t}{E}\left[\frac{1}{i_0^2}\left(GI_t+\frac{\pi^2 EI_\omega}{l_\omega^2}\right)\right] \tag{3-125}$$

$$\sigma_\omega=\frac{\pi^2 E_t}{\lambda_\omega^2} \tag{3-126}$$

切线模量 E_t，可以采用 Ylinen 建议的 $E_t=\frac{\sigma_y-\sigma}{\sigma_y-0.96\sigma}E$，也可以采用 Bleich 建议的 $E_t=\frac{(\sigma_y-\sigma)\sigma}{(\sigma_y-\sigma_p)\sigma_p}E$。

3.4.2.2 考虑残余应力的轴心受压构件的弹塑性扭转屈曲荷载

考虑残余应力影响的轴心受压构件，如果按弹性公式[式(3-124)]得到的扭转屈曲应力 σ_ω 大于有效比例极限 $\sigma_y-\sigma_{rc}$，则构件处于弹塑性状态屈曲。计算时，假设材料为理想弹塑性体，在塑性区，变形模量 $E_t=0$，而剪切模量 $G_t=G/4$。

以双轴对称工字形截面轴心受压构件为例，残余应力分布如图 3-32所示（忽略腹板及腹板残余应力），$\sigma_{rc}=\sigma_{rt}=\alpha\sigma_y$。随荷载增加，残余应力最大处首先屈服，导致弹性部分逐渐减小。当弹性区高度减小到 βb 时，受压构件扭转失稳。此时翘曲扭矩 M_ω 和自由扭矩 M_s 分别为

$$M_\omega=-EI_{e\omega}\varphi''' \tag{3-127}$$

$$M_s=(GI_{et}+G_t I_{pt})\varphi' \tag{3-128}$$

式中 $I_{e\omega}$——截面弹性区的翘曲惯性矩；

I_{et}——截面弹性区的抗扭惯性矩；

I_{pt}——截面塑性区的抗扭惯性矩。

约束扭矩 M_z 由式(3-118)得到

$$M_z=\left(\int_A \rho^2\sigma \text{d}A\right)\varphi'=\overline{K}\varphi' \tag{3-129}$$

$$\overline{K}=\int_A \rho^2\sigma \text{d}A=\int_{A_e}\rho^2\sigma \text{d}A+\int_{A_p}\rho^2\sigma_y \text{d}A \tag{3-130}$$

式中 A_e——截面弹性区的面积；

A_p——截面塑性区的面积。

扭转屈曲平衡微分方程为

$$EI_{e\omega}\varphi'''+(\overline{K}-GI_{et}-GI_{pt})\varphi'=0 \tag{3-131}$$

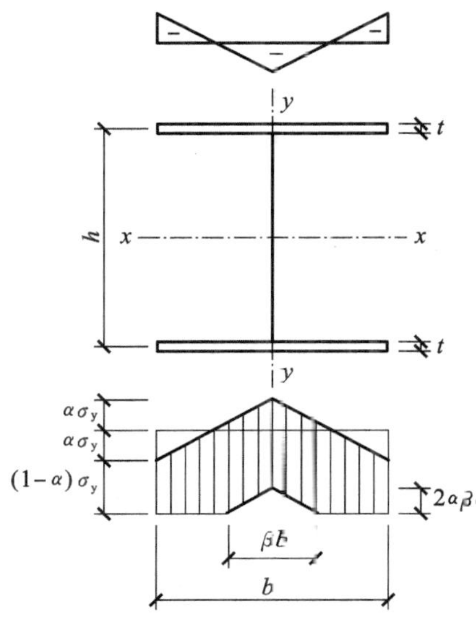

图 3-32 残余应力分布
（负为压应力，正为拉应力）

令 $k^2=(\overline{K}-GI_{et}-GI_{pt})/(EI_{e\omega})$，则有

$$\varphi'''+k^2\varphi'=0 \tag{3-132}$$

对两端夹支的轴心受压构件，有 $k^2=\pi^2/l^2$，故

$$\overline{K}=\frac{\pi^2 EI_{e\omega}}{l^2}+GI_{et}+G_t I_{pt} \tag{3-133}$$

式(3-133)中，$\overline{K}$、I_{et}和 I_{pt}均为弹性区范围系数 β 的函数(图 3-32)，所以可由式(3-130)和式(3-133)求出 β，然后根据构件扭转屈曲的截面应力的实际分布情况，计算构件弹塑性扭转失稳的临界荷载 N_{cr}，即

$$N_{cr}=A\sigma_y-\frac{2\alpha\beta\sigma_y}{2}A_e=(1-\alpha\beta^2)A\sigma_y \tag{3-134}$$

$$\sigma_{cr}=(1-\alpha\beta^2)\sigma_y \tag{3-135}$$

3.4.3 轴心受压构件扭转失稳理论在钢结构设计中的运用

当构件的长细比较小而截面的抗扭刚度和翘曲刚度较差时，双轴对称截面轴心受压可能会发生扭转屈曲，而不是发生弯曲屈曲。可以按式(3-136)计算出换算长细比 λ_ω，然后按长细比为 λ_ω 的轴心受压构件弯曲屈曲验算。

$$\lambda_\omega=\frac{l_\omega}{\sqrt{\dfrac{I_\omega}{Ai_0^2}+\dfrac{l_\omega^2 GI_t}{\pi^2 EAi_0^2}}} \tag{3-136}$$

《钢结构设计标准》(GB 50017—2017)只对双轴对称十字形截面轴压构件规定 λ_x 或 λ_y 取值不得小于 5.07b_1/t 来保证不发生扭转屈曲，而对其他双轴对称截面轴心压杆没有规定。这里的 b_1/t 为悬伸板件宽厚比。

3.5 轴心受压构件的弯扭失稳

截面的形心 O 与剪心 S 不重合的单轴对称截面(图 3-33)轴心受压构件，除可能发生绕非对称轴(图 3-33中 x 轴)的弯曲失稳外，还可能发生绕对称轴(y 轴)弯曲的同时绕纵轴(z 轴)扭转的弯曲失稳。对无对称轴截面(图 3-34)的轴心受压构件，只可能发生弯扭失稳。

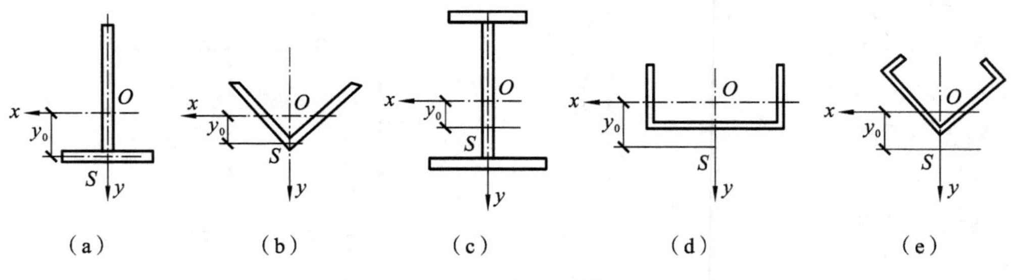

图 3-33 单轴对称截面

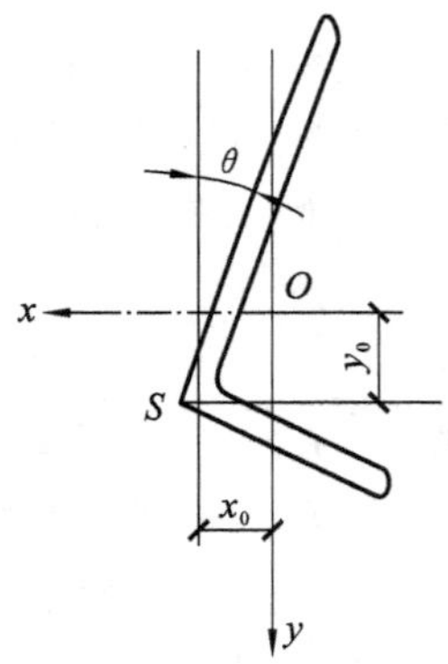

图 3-34 无对称轴截面

3.5.1 轴心受压构件的弹性弯扭失稳

3.5.1.1 单轴对称截面轴心受压构件的弹性弯扭屈曲荷载

图 3-35(a)所示单轴对称工字形截面轴心受压构件，截面绕对称轴 y 的弯曲变形见图 3-35(b)，绕纵轴 z 的扭转变形见图 3-35(c)。采用两套坐标系：一套为与构件变形前对应的固定坐标系 $Oxyz$；另一套为与构件变形后相对应的移动坐标系 $O'\xi\eta\zeta$。离左端距离 z 处截面剪心 S 的水平位移为 u，绕纵轴的转角为 φ。

在 xOz 平面内，由于侧向位移 u 很小，因此该平面内的曲率可用 u'' 表示；截面的扭转角 φ 也很小，因此在 $\xi O'\zeta$ 平面内的曲率 ξ'' 与 xOz 平面内的曲率相等，即 $\xi''=u''$。可由图 3-35(c)得到截面形心的位移为 $u+y_0\sin\varphi\approx u+y_0\varphi$，其中 y_0 为剪心到形心的距离。则在 $\xi O'\zeta$ 平面内的弯矩平衡方程为

$$-EI_\eta\xi''=-EI_yu''=N(u+y_0\varphi) \tag{3-137}$$

$$EI_yu^{(4)}+Nu''+Ny_0\varphi''=0 \tag{3-138}$$

在 z 处截面纵轴为 θ[图 3-35(b)]，因而在形心 O' 处产生水平切向力为 $N\sin\theta\approx N\tan\theta=Nu'$[图 3-35(c)、(d)]，其绕剪心 S' 形成逆时针方向的扭矩为 $Nu'y_0\cos\varphi\approx Nu'y_0$。由于截面扭转纤维倾斜而产生的扭矩为

$$\begin{aligned}\int_A(\sigma+\sigma_r)\rho^2\mathrm{d}A\varphi' &= \int_A(\sigma+\sigma_r)[x^2+(y-y_0)^2]\mathrm{d}A\varphi'\\ &=\sigma(I_x+I_y+Ay_0^2)\varphi'+\int_A\sigma_r(x^2+y^2)\mathrm{d}A\varphi'\\ &=Ni_0^2\varphi'+\bar{R}\varphi'\end{aligned} \tag{3-139}$$

其中

$$i_0^2=\frac{I_x+I_y}{A}+y_0^2,\quad \bar{R}=\int_A\sigma_r(x^2+y^2)\mathrm{d}A$$

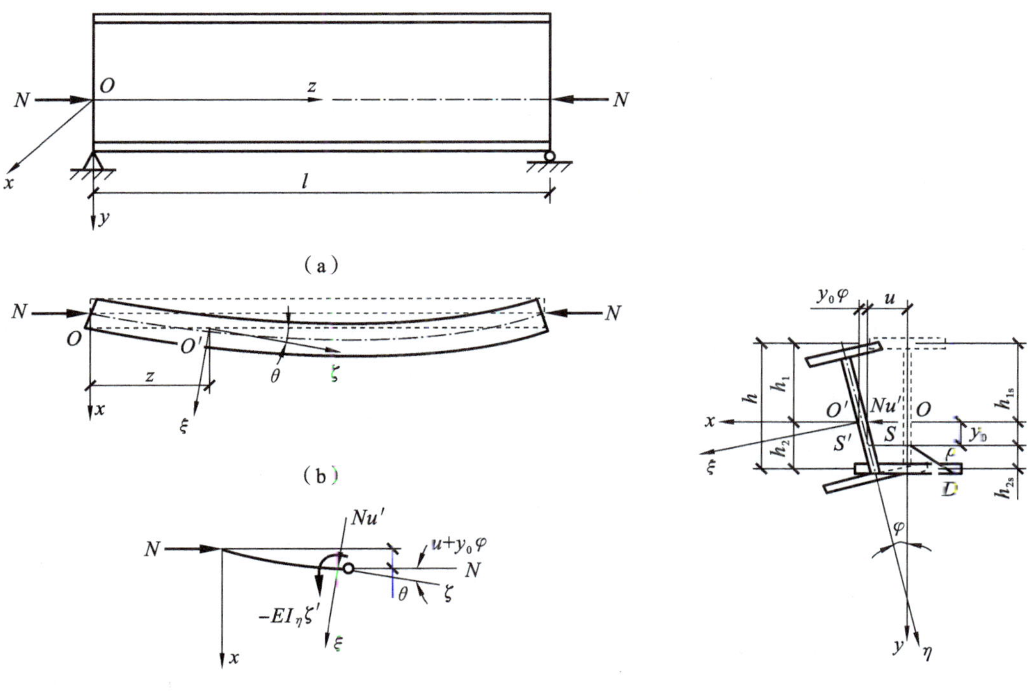

图 3-35 单轴对称截面轴心受压构件弯扭屈曲

约束扭矩 $M_z=Ni_0^2\varphi'+\bar{R}\varphi'+Ny_0u'$，得到扭矩平衡方程

$$EI_\omega\varphi'''+(Ni_0^2-GI_t+\bar{R})\varphi'+Ny_0u'=0 \tag{3-140}$$

建立的单轴对称截面轴心受压构件耦联高阶微分方程组为

$$EI_yu^{(4)}+Nu''+Ny_0\varphi''=0 \tag{3-141a}$$

$$EI_\omega\varphi^{(4)}+(Ni_0^2-GI_t+\bar{R})\varphi''+Ny_0u''=0 \tag{3-141b}$$

对两端夹支的轴心受压构件，设位移函数为

$$u=C_1\sin\frac{\pi z}{l},\quad \varphi=C_2\sin\frac{\pi z}{l} \tag{3-142}$$

满足边界条件

$$u(0)=u(l)=u''(0)=u''(l)=0 \quad 和 \quad \varphi(0)=\varphi(l)=\varphi''(0)=\varphi''(l)=0$$

代入方程式(3-141a)、式(3-141b)，令 $N_y=\dfrac{\pi^2 EI_y}{l^2}$，$N_\omega=\dfrac{1}{i_0^2}\left(\dfrac{\pi^2 EI_\omega}{l^2}+GI_t-\bar{R}\right)$，得

$$-Ny_0C_1+(N_\omega-N)i_0^2C_2=0 \tag{3-143a}$$

$$(N_y-N)C_1-Ny_0C_2=0 \tag{3-143b}$$

由 C_1 和 C_2 有非零解，得到屈曲方程

$$\begin{vmatrix} -Ny_0 & (N_\omega-N)i_0^2 \\ N_y-N & -Ny_0 \end{vmatrix}=0 \tag{3-144}$$

展开整理后，得

$$\frac{N}{N_y}+\frac{N}{N_\omega}-\frac{\left[1-\left(\dfrac{y_0}{i_0}\right)^2\right]N^2}{N_yN_\omega}=1 \tag{3-145}$$

解得弯扭屈曲荷载为

$$N_{y\omega}=\frac{(N_y+N_\omega)-\sqrt{(N_y+N_\omega)^2-4N_yN_\omega\left[1-\left(\dfrac{y_0}{i_0}\right)^2\right]}}{2\left[1-\left(\dfrac{y_0}{i_0}\right)^2\right]} \tag{3-146}$$

相应的弯扭屈曲应力

$$\sigma_{y\omega}=\frac{N_{y\omega}}{A}=\frac{\pi^2 E}{\lambda_{y\omega}^2} \tag{3-147}$$

式中 $\lambda_{y\omega}$——构件弯扭屈曲时的换算长细比。

由式(3-145)可知，$N_{y\omega}$小于 N_y，也小于 N_ω。当 $\lambda_{y\omega}>\lambda_x$，且截面的应力小于比例极限时，构件发生弹性弯扭屈曲，否则将发生弯扭屈曲。

3.5.1.2 无对称轴截面轴心受压构件的弹性弯扭屈曲荷载

以图 3-36 所示不等边单角钢轴心受压构件为例，说明无对称轴截面轴心受压构件弯扭屈曲荷载的求解过程。

在图 3-36(d)中，截面剪心 S 在 x 和 y 方向的位移分别为 u 和 v，绕变形后剪心 S' 的扭转角为 φ，此时可以 S' 为瞬时中心，形心 O' 将向上移动 $x_0\varphi$，向左移动 $y_0\varphi$ 到 O''[图 3-36(e)]，x_0 和 y_0 分别为剪心到形心的距离在 x 轴和 y 轴上的投影。因此，形心 O 在 x 方向的位移为 $u+y_0\varphi$，在 y 方向的位移为 $v-x_0\varphi$。

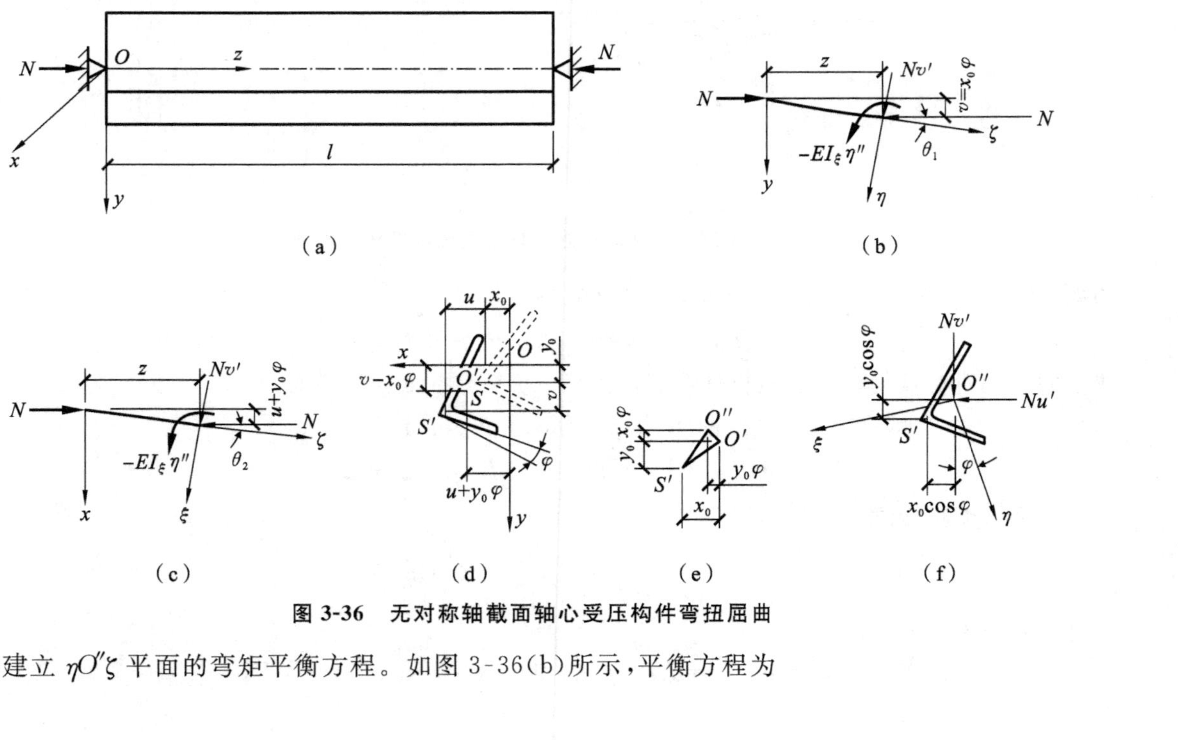

图 3-36 无对称轴截面轴心受压构件弯扭屈曲

首先建立 $\eta O''\zeta$ 平面的弯矩平衡方程。如图 3-36(b)所示，平衡方程为

$$-EI_{\xi}\eta''=-EI_x v''=N(v-x_0\varphi) \tag{3-148}$$

或

$$EI_x v''+Nv-Nx_0\varphi=0 \tag{3-149}$$

然后在 $\xi O'\zeta$ 平面建立弯矩平衡方程。如图 3-36(c)所示，平衡方程为

$$-EI_{\eta}\xi''=-EI_y u''=N(u+y_0\varphi) \tag{3-150}$$

或

$$EI_y u''+Nu+Ny_0\varphi=0 \tag{3-151}$$

最后建立扭矩平衡方程。由图 3-36(b)可知，纵轴在 zOy 平面倾角为 θ_1 时，在截面形心处产生切向力 $N\sin\theta_1\approx Nv'$，绕剪心 S'形成顺时针方向的扭矩 $-Nv'x_0\cos\varphi\approx -Nv'x_0$。由图 3-35(c)知，纵轴在 xOz 平面的倾角为 θ_2 时，在截面形心处产生的切向力为 $N\sin\theta_2\approx Nu'$，绕剪心 S'形成如图 3-35(f)所示的逆时针方向的扭矩 $Nu'y_0\cos\varphi\approx Nu'y_0$。Wagner 效应为

$$\begin{aligned}\int_A(\sigma+\sigma_r)\rho^2\mathrm{d}A\varphi' &= \int_A(\sigma+\sigma_r)[(x-x_0)^2+(y-y_0)^2]\mathrm{d}A\varphi' \\ &= \sigma(I_x+I_y+Ax_0^2+Ay_0^2)\varphi'+\int_A\sigma_r(x^2+y^2)\mathrm{d}A\varphi' \\ &= Ni_0^2\varphi'+\bar{R}\varphi'\end{aligned} \tag{3-152}$$

其中

$$i_0^2=\frac{I_x+I_y}{A}+x_0^2+y_0^2,\quad \bar{R}=\int_A\sigma_r(x^2+y^2)\mathrm{d}A$$

截面的约束扭矩为

$$M_z=(Ni_0^2+\bar{R})\varphi'-Nv'x_0+Nu'y_0 \tag{3-153}$$

则扭矩平衡方程

$$EI_{\omega}\varphi'''+(Ni_0^2-GI_t+\bar{R})\varphi'Nv'x_0+Nu'y_0=0 \tag{3-154}$$

最终得到适合任何边界条件的一组耦联微分方程

$$EI_x v^{(4)}+Nv''-Nx_0\varphi''=0 \tag{3-155a}$$

$$EI_y u^{(4)}+Nu''+Ny_0\varphi''=0 \tag{3-155b}$$

$$EI_{\omega}\varphi^{(4)}+(Ni_0^2-GI_t+\bar{R})\varphi''-Nx_0v''+Ny_0u''=0 \tag{3-155c}$$

对两端夹支的轴心受压构件，满足边界条件且能得到最小屈曲荷载的变形函数为

$$v=C_1\sin\frac{\pi z}{l},\quad u=C_2\sin\frac{\pi z}{l},\quad \varphi=C_3\sin\frac{\pi z}{l}$$

代入微分方程组[式(3-155)]，令 $N_x=\frac{\pi^2EI_x}{l^2}$，$N_y=\frac{\pi^2EI_y}{l^2}$，$N_{\omega}=\frac{1}{i_0^2}\left(\frac{\pi^2EI_{\omega}}{l^2}+GI_t-\bar{R}\right)$，得

$$(N_x-N)C_1+Nx_0C_3=0 \tag{3-156a}$$

$$(N_y-N)C_2-Ny_0C_3=0 \tag{3-156b}$$

$$Nx_0C_1-Ny_0C_2+(N_{\omega}-N)i_0^2C_3=0 \tag{3-156c}$$

屈曲方程为

$$(N_x-N)(N_y-N)(N_{\omega}-N)-N^2(N_x-N)\left(\frac{y_0}{i_0}\right)^2-N^2(N_y-N)\left(\frac{x_0}{i_0}\right)^2=0 \tag{3-157}$$

由式(3-157)可求出无对称轴截面轴心受压构件的弯扭屈曲荷载 $N_{xy\omega}$。由于 $N_{xy\omega}$总是 N_x、N_y 和 N_{ω}，说明无对称轴截面轴心受压的失稳形式总是弯扭失稳。

【例 3-4】 已知两端简支的 T 形截面轴心受压构件长度为 4 m，钢材为 Q235 钢，$\sigma_y=235\ \mathrm{N/mm^2}$，$E=206000\ \mathrm{N/mm^2}$，$G=79000\ \mathrm{N/mm^2}$。不计残余应力，计算图 3-37 所示截面轴心受压构件的弯扭屈曲荷载。

【解】 (1) 计算截面的几何性质。

截面面积：

$$A=2\times10\times200=4000(\mathrm{mm^2})$$

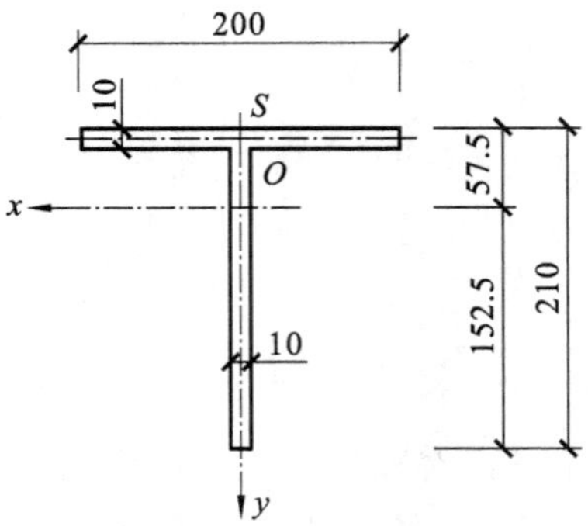

图 3-37 T 形截面尺寸

截面剪心距：

$$y_0=57.5-5.0=52.5(\mathrm{mm})$$

惯性矩：

$$I_x=10\times200\times52.5^2+10\times200^3/12+10\times200\times52.5^2=17692000(\mathrm{mm}^4)$$

$$I_y=10\times\frac{200^3}{12}=6667000(\mathrm{mm}^4)$$

$$I_t=2\times\frac{1}{3}\times200\times10^3=133300(\mathrm{mm}^4)$$

$$I_\omega=0$$

$$i_0^2=\frac{I_x+I_y}{A}+y_0^2=8846(\mathrm{mm}^2)$$

(2) 计算屈曲荷载。

$$N_y=\frac{\pi^2EI_y}{l^2}=\frac{\pi^2\times206000\times6667000}{4000^2}=847.2(\mathrm{kN})$$

$$N_x=\frac{\pi^2EI_x}{l^2}=\frac{\pi^2\times206000\times17692000}{4000^2}=2248143(\mathrm{N})=2248.1\ \mathrm{kN}$$

$$N_\omega=\frac{1}{i_0^2}\left(\frac{\pi^2EI_\omega}{l^2}+GI_t\right)=\frac{1}{i_0^2}GI_t=\frac{1}{8846}\times79000\times133300=1190400(\mathrm{N})=1190.4\ \mathrm{kN}$$

由式(3-146)得

$$N_{y\omega}=\frac{(N_y+N_\omega)-\sqrt{(N_y+N_\omega)^2-4N_yN_\omega\left[1-\left(\frac{y_0}{i_0}\right)^2\right]}}{2\left[1-\left(\frac{y_0}{i_0}\right)^2\right]}$$

$$=\frac{(847.2+1190.4)-\sqrt{(847.2+1190.4)^2-4\times847.2\times1190.4\times\left[1-\left(\frac{52.5}{8846}\right)^2\right]}}{2\left[1-\left(\frac{52.5}{8846}\right)^2\right]}$$

$$=628.3(\mathrm{kN})$$

由上述计算可知，$N_{y\omega}$值最小，可见构件发生弯扭失稳。

3.5.2 轴心受压构件的弹塑性弯扭失稳

当轴心受压构件截面的弯扭屈曲应力超过材料的比例极限时，构件在弹塑性状态下发生弯扭失稳。与轴心受压构件弹塑性扭转失稳临界力的计算方法类似，也可以采用考虑残余应力和不考虑残余应力两种方法计算弹塑性弯扭失稳的临界荷载。这里仅就不考虑残余应力的情况说明临界荷载的求解方法。

冷弯薄壁型钢轴心受压构件截面残余应力对弯扭屈曲荷载的影响可以忽略。当弯扭屈曲应力大于比例极限时，钢材的变形模量采用切线模量 E_t，而剪切模量 G 保持不变。为了直接利用弹性屈曲荷载的计算式(3-146)或式(3-157)进行计算，同样也可以取 $G_t=\frac{E_t}{E}G$，此时

$$N_x=\frac{\pi^2E_tI_x}{l_x^2}=\frac{E_t}{E}\cdot\frac{\pi^2EI_x}{l_x^2}\tag{3-158}$$

$$N_y=\frac{\pi^2E_tI_y}{l_y^2}=\frac{E_t}{E}\cdot\frac{\pi^2EI_y}{l_y^2}\tag{3-159}$$

$$N_y=\frac{1}{i_0^2}\left(\frac{\pi^2E_tI_\omega}{l_\omega^2}+G_tI_t\right)=\frac{E_t}{E}\cdot\frac{1}{i_0^2}\left(\frac{\pi^2EI_\omega}{l_\omega^2}+GI_t\right)\tag{3-160}$$

3.5.3　轴心受压构件弯扭失稳理论在钢结构设计中的应用

3.5.3.1　单轴对称截面轴心受压构件

对于单轴对称截面轴心受压构件，除非绕非对称轴 x 轴发生弯扭屈曲外，还有可能发生绕对称轴 y 轴的弯扭屈曲。对于弯扭屈曲，可以按式(3-161)计算换算长细比 $\lambda_{y\omega}$，然后按长细比为 $\lambda_{y\omega}$ 的轴心受压按弯扭屈曲计算。

$$\lambda_{y\omega}=\frac{1}{\sqrt{2}}\left[(\lambda_y^2+\lambda_\omega^2)^2+\sqrt{(\lambda_y^2+\lambda_\omega^2)^2-4\times\left(1-\frac{y_0^2}{i_0^2}\right)\lambda_y^2\lambda_\omega^2}\right]^{\frac{1}{2}} \tag{3-161}$$

$$\lambda_\omega^2=\frac{i_0^2A}{\dfrac{I_t}{25.7}+\dfrac{I_\omega}{l_\omega^2}} \tag{3-162}$$

$$i_0^2=y_0^2+i_x^2+i_y^2 \tag{3-163}$$

对等边角钢和双角钢组合 T 形截面，《钢结构设计标准》(GB 50017—2017)给出了绕对称轴 y 轴发生弯扭失稳长细比的简化计算公式。

(1) 等边单角钢截面[图 3-38(a)]

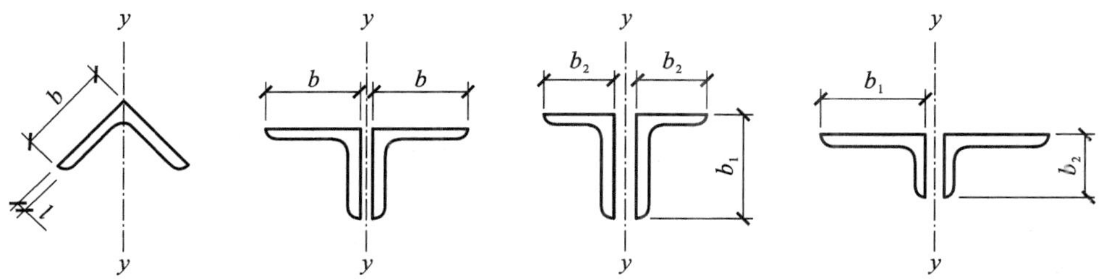

图 3-38　等边单角钢截面和双角钢组合 T 形截面

当 $b/t\leqslant 0.54l_{0y}/b$ 时，

$$\lambda_{y\omega}=\lambda_y\left(1+\frac{0.85b^4}{l_{0y}^2t^2}\right) \tag{3-164a}$$

当 $b/t>0.54l_{0y}/b$ 时，

$$\lambda_{y\omega}=4.78\frac{b}{t}\left(1+\frac{l_{0y}^2t^2}{13.5b^4}\right) \tag{3-164b}$$

式中　b,t——角钢肢的宽度和厚度。

(2) 等边双角钢截面[图 3-38(b)]

当 $b/t\leqslant 0.58l_{0y}/b$ 时，

$$\lambda_{y\omega}=\lambda_y\left(1+\frac{0.475b^4}{l_{0y}^2t^2}\right) \tag{3-165a}$$

当 $b/t>0.58l_{0y}/b$ 时，

$$\lambda_{y\omega}=3.9\frac{b}{t}\left(1+\frac{l_{0y}^2t^2}{18.6b^4}\right) \tag{3-165b}$$

(3) 长肢相并的不等边双角钢截面[图 3-38(c)]

当 $b_2/t\leqslant 0.48l_{0y}/b_2$ 时，

$$\lambda_{y\omega}=\lambda_y\left(1+\frac{1.09b_2^4}{l_{0y}^2t^2}\right) \tag{3-166a}$$

当 $b_2/t>0.48l_{0y}/b_2$ 时，

$$\lambda_{y\omega}=5.1\frac{b_2}{t}\left(1+\frac{l_{0y}^2t^2}{17.4b_2^4}\right) \tag{3-166b}$$

式中 b_2——不等边角钢短肢宽度。

(4) 短肢相并的不等边双角钢截面[图 3-38(d)]

当 $b_1/t \leqslant 0.56 l_{0y}/b_1$ 时，

$$\lambda_{y\omega} = \lambda_y \tag{3-167a}$$

当 $b_1/t > 0.56 l_{0y}/b_1$ 时，

$$\lambda_{y\omega} = 3.7 \frac{b_1}{t}\left(1 + \frac{l_{0y}^2 t^2}{52.7 b_1^4}\right) \tag{3-167b}$$

式中 b_1——不等边角钢长肢宽度。

从式(3-164)～式(3-167)可以看出，每组两个公式中的前一个表示失稳时绕 y 轴的弯曲变形占主导地位，而后一个则以扭转变形为主。

3.5.3.2 无对称轴截面轴心受压构件

对于无对称轴截面轴心受压构件，只能发生弯扭屈曲。可以按式(3-157)计算弹性弯扭屈曲荷载 $N_{xy\omega}$（计算时不考虑残余应力的影响，即不计 N_ω 中的 $\bar{R}$），然后算出 $\sigma_{xy\omega} = N_{xy\omega}/A$，根据 $\lambda_{xy\omega} = \sqrt{\frac{E}{\sigma_{xy\omega}}}$ 求出换算长细比 $\lambda_{xy\omega}$，然后按长细比为 $\lambda_{xy\omega}$ 的轴心受压构件按弯扭屈曲计算。

知识归纳

(1) 钢结构轴心受压构件的失稳类型主要包括弯曲失稳、扭转失稳和弯扭失稳。一般双轴对称截面可能绕截面的两个对称轴发生弯曲失稳；对于扭转刚度较弱的轴心受压构件，还可能发生绕轴的扭转失稳；单轴对称截面在发生弯曲变形的同时还伴随有扭转变形，故称为弯扭失稳。

(2) 实际轴心受压构件都存在不同程度的几何缺陷和力学缺陷，会降低构件的稳定承载力，因此在轴心受压构件稳定计算时应考虑缺陷的影响。构件几何缺陷包括初始弯曲、截面的几何形状和尺寸偏差、荷载的作用点与截面形心的偏离等，其中以初弯曲和初偏心的影响最具代表性；力学缺陷则是指构件的加工、安装引起的截面内残余应力。

(3) 钢结构中一般采用非圆形截面构件，扭转后的截面不再保持平面，而要发生翘曲（截面凹凸），即截面上各点产生轴向位移。如果截面可以自由翘曲，外扭矩将全部由剪应力抵抗，这类扭转称为自由扭转、纯扭转或均匀扭转；如果截面不能自由翘曲，则外扭矩由剪应力和翘曲扭矩共同抵抗，这类扭转称为约束扭转或非均匀扭转。

独立思考

3-1 钢结构理想轴心受压构件的失稳类型有哪些？有何特点？

3-2 轴心受压构件临界承载力计算时，如何考虑初始缺陷的影响？

3-3 什么是轴心受压构件的计算长度？

3-4 什么是轴心受压构件的几何缺陷和力学缺陷？

3-5 什么是自由扭转？什么是约束扭转？

3-6 轴心受压构件稳定系数的含义？什么是柱子曲线？

参考文献

[1] 吕烈武，沈世钊，沈祖炎，等．钢结构构件稳定理论．北京：中国建筑工业出版社，1983.
[2] 陈绍蕃．钢结构稳定设计指南．3 版．北京：中国建筑工业出版社，2013.
[3] 钟善桐．钢结构稳定设计．北京：中国建筑工业出版社，1991.
[4] 陈骥．钢结构稳定理论与设计．6 版．北京：科学出版社，2014.
[5] 沈祖炎，陈扬骥，陈以一．钢结构基本原理．2 版．北京：中国建筑工业出版社，2005.
[6] 周绪红，郑宏．钢结构稳定．北京：中国建筑工业出版社，2004.
[7] 周绪红，王世纪．薄壁构件稳定理论及其应用，北京：科学出版社，2009.
[8] 丁阳．钢结构设计原理．天津：天津大学出版社，2004.
[9] 苏明周，申跃奎．钢结构稳定原理．北京：科学出版社，2012.

4

受弯构件的稳定

课前导读

◁ 内容提要

本章主要内容包括钢结构受弯构件的失稳现象，弹性弯扭失稳和非弹性弯扭失稳的基本理论和计算方法。本章的教学重点为钢结构受弯构件弹性弯扭失稳的计算理论，以及其在钢结构设计中的应用。

◁ 能力要求

通过本章的学习，学生应了解钢结构受弯构件的失稳特征，掌握弹性弯扭失稳的基本理论和计算方法，熟悉非弹性弯扭失稳的计算方法，理解影响钢结构受弯构件整体稳定性的主要因素。

4.1 受弯构件的截面形式和失稳现象

4.1.1 受弯构件的截面形式

受弯构件是指截面上只有弯矩和剪力共同作用而轴力可以忽略不计的构件。为了更有效地发挥材料的作用，受弯构件的截面常设计得窄而高。图 4-1 给出几种常用的截面形式，其中有双轴对称工字形截面[图 4-1(a)]、箱形截面[图 4-1(b)]、单轴对称的工字形截面[图 4-1(c)]、槽形截面[图 4-1(d)]和 T 形截面[图 4-1(e)]和点对称的冷弯薄壁 Z 形截面[图 4-1(f)、(g)]。

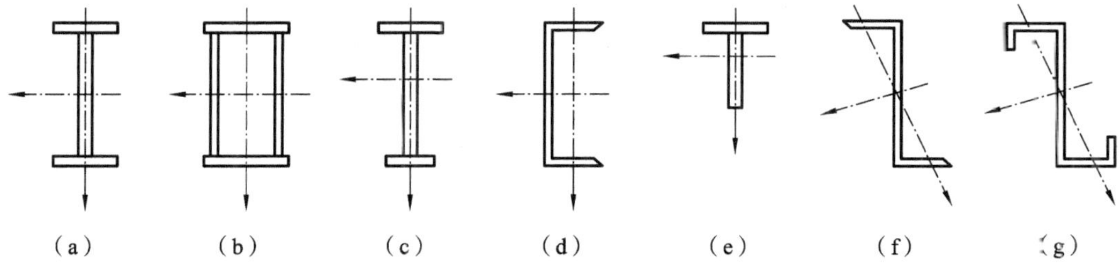

图 4-1 受弯构件的截面形式

4.1.2 受弯构件的失稳现象

在最大刚度平面内承受弯矩作用的理想弹性构件，当侧向没有足够支承以组织其产生侧向位移和绕截面剪心纵轴扭转，且侧向刚度很弱时，构件可能失稳。图 4-2 所示两端铰接的受弯构件，承受等端弯矩 M_x 作用。当 M_x 较小时，构件仅在弯矩作用平面内弯曲，但当 M_x 逐渐增加，达到某一数值时，构件将突然发生侧向弯曲和扭转，并丧失继续承载的能力。这种现象称为弯扭屈曲或丧失整体稳定性，此时的弯矩为临界

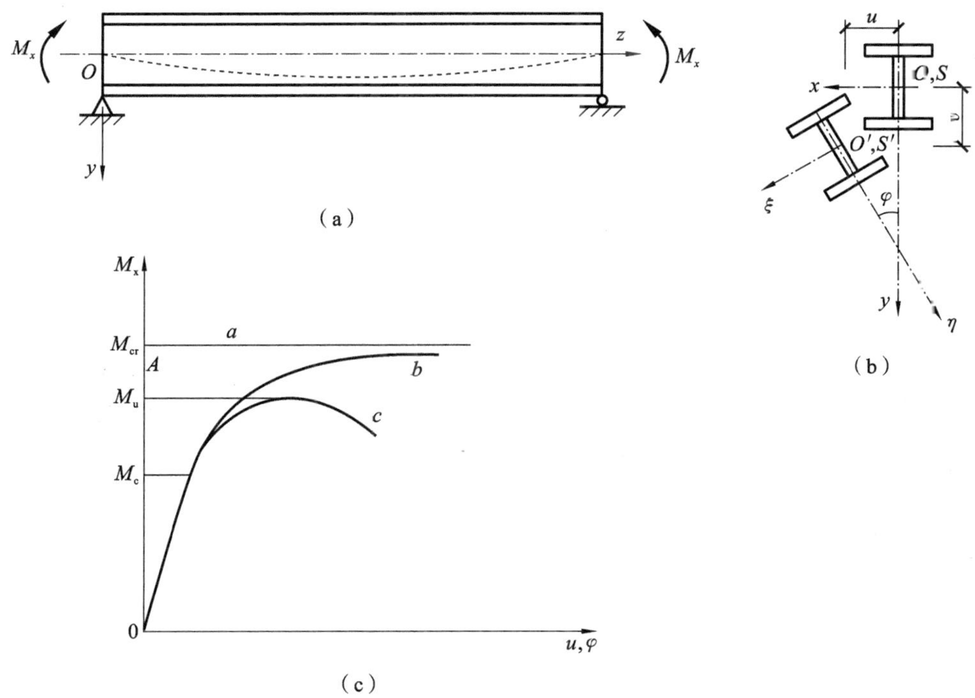

图 4-2 受弯构件的弯矩与弯扭变形

弯矩 M_{cr}。和理想轴心受压构件的弯扭屈曲相同，理想受弯构件的弯扭屈曲也属于稳定分岔失稳。在分岔点 A[图 4-2(c)]之前构件处于平面内稳定的弯曲平衡状态；在分岔点 A 开始出现不稳定的平面弯曲状态[图 4-2(a)中虚线]，同时存在侧扭变形的中性平衡状态[图 4-2(c)中水平线 a]。

实际的受弯构件不可避免地会存在缺陷，如杆件初弯曲、初始扭转角和荷载初偏心等，构件一经受弯就会同时产生荷载作用平面内的弯曲、侧向弯曲和扭转变形。图 4-2(c)中曲线 b 是弹性失稳时的弯矩-变形曲线。曲线 b 无限接近于曲线 a。但实际的构件并非是完全弹性的，其荷载-变形曲线为 c。曲线 c 分为上升段和下降段。在上升段，随着外弯矩的增加，构件的变形也相应增加。当弯矩达到 M_e 时，构件截面边缘纤维开始屈服，进入弹塑性阶段。当截面上的塑性区达到一定范围后，构件就不能继续承担更大的荷载而丧失承载力。此时，要维持平衡状态，作用在构件上的外弯矩要不断减小，于是出现了下降段。曲线 c 有一个极值点失稳。极值点对应的弯矩 M_u 称为极限弯矩。

4.2 受弯构件的弹性扭转失稳

4.2.1 纯弯构件的弹性弯扭失稳

4.2.1.1 平衡方程

图 4-3 所示双轴对称工字形截面受弯构件，在其最大刚度平面(yOz)内承受均匀弯矩 M_x。当构件达到临界状态发生微小侧向弯曲和扭转变形时，任意截面的受力和变形如图 4-3(b)、(c)所示。以变形后的构件为研究对象，列剪力平衡方程。在分析时做如下基本假定：

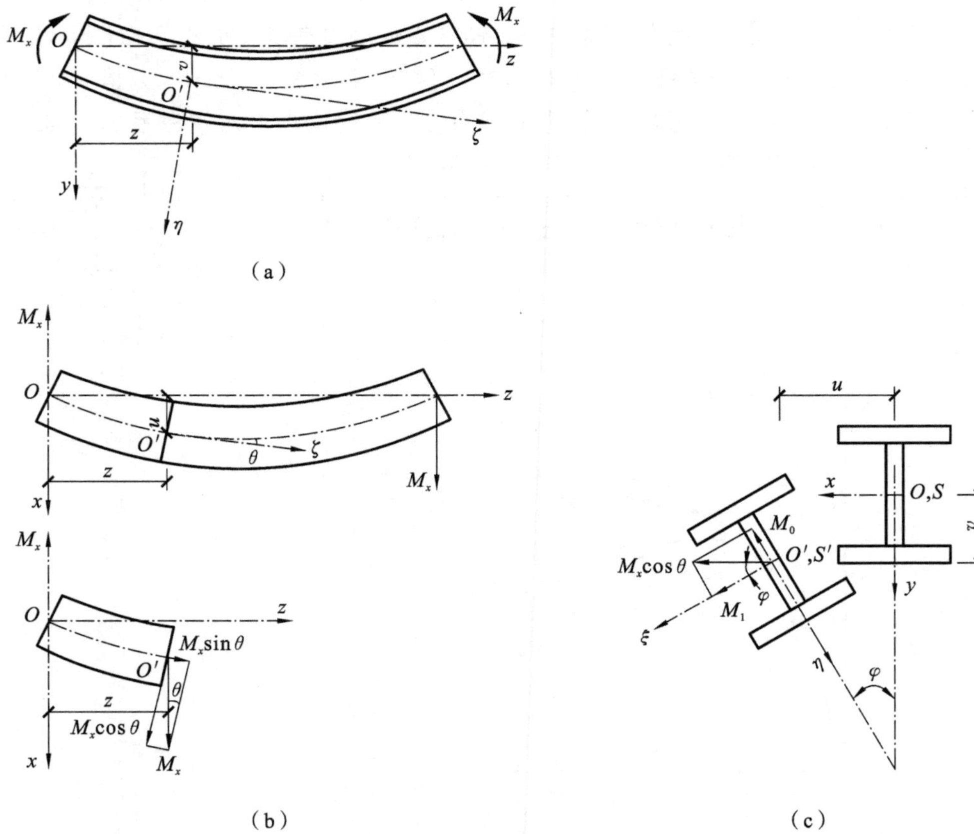

图 4-3 受弯构件微小变形状态

① 构件为弹性体。

② 平截面假定。即构件的横截面在构件发生侧向弯曲和扭转变形后仍为平面，并且同变形后的杆件轴线垂直。

③ 小变形假定。即构件的侧向弯曲和扭转变形是微小的。

④ 构件是无缺陷的等截面杆。即不考虑残余应力和初弯曲缺陷的影响。

⑤ 弯矩作用平面内的抵抗刚度很大，屈曲前变形对弯扭屈曲的影响可以忽略不计。

建立平衡方程时，取两套坐标系(图 4-3)，$Oxyz$ 为固定坐标系，$O'\xi\eta\zeta$ 为截面发生位移后的移动坐标系。假定截面剪心 S(对双轴对称截面，剪心 S 和形心 O 重合)沿 x、y 轴方向的位移分别为 u、v，沿坐标轴正向为正。截面的扭转角为 φ，右手螺旋方向旋转为正。在小变形条件下，xOz 和 yOz 平面内的曲率分别为 u'' 和 v''，可认为在 $\xi O'\zeta$ 和 $\eta O'\zeta$ 平面内的曲率分别与之相等。在角度关系方面可近似取 $\sin\theta\approx\tan\theta\approx u'$，$\sin\varphi\approx\varphi$，$\cos\theta\approx 1$ 和 $\cos\varphi\approx 1$。根据上述近似关系，依图 4-3(c)可以得到绕 ξ 轴和 η 轴的外弯矩和绕 ζ 轴的扭矩分别为 $M_x\cos\theta\cos\varphi\approx M_x$，$M_x\cos\theta\sin\varphi\approx M_x\varphi$ 和 $M_x\sin\theta\approx M_x u'$，相应的内力矩分别为 $-EI_\xi\eta''\approx -EI_x v''$，$-EI_\eta\xi''\approx -EI_y u''$ 和 $GI_t\varphi'-EI_\omega\varphi'''$。由内、外力矩相等得平衡方程

$$EI_x v''+M_x=0 \tag{4-1}$$

$$EI_y u''+M_x\varphi=0 \tag{4-2}$$

$$EI_\omega\varphi'''-GI_t\varphi'+M_x u'=0 \tag{4-3}$$

式(4-1)是截面绕 x 轴的弯曲方程，与求解弯扭屈曲临界力无关，而式(4-2)与式(4-3)分别是截面绕 y 轴的弯曲方程和绕 z 轴的扭转方程，二者是耦联方程。

将式(4-2)对 z 求导两次、式(4-3)对 z 求导一次后可得双轴对称截面受弯构件弹性弯扭屈曲微分方程的一般表达式为

$$EI_y u^{(4)}+(M_x\varphi)''=0 \tag{4-4a}$$

$$EI_\omega\varphi^{(4)}-GI_t\varphi''+(M_x u')'=0 \tag{4-4b}$$

放宽截面的受压翼缘，有利于受弯构件的整体稳定(图 4-4)。对于这种单轴对称截面受弯构件，按照上述方法，可得其弯扭屈曲微分方程为

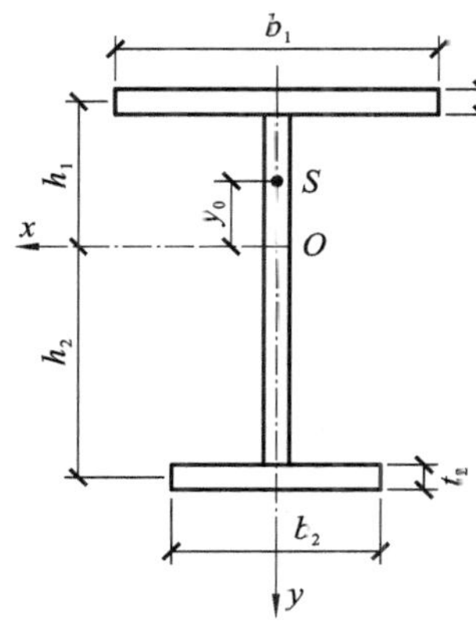

图 4-4 单轴对称截面

$$EI_y u^{(4)}+(M_x\varphi)''=0 \tag{4-5a}$$

$$EI_\omega\varphi^{(4)}-[(2\beta_y M_x+GI_t)\varphi']'+(M_x u')'=0 \tag{4-5b}$$

其中

$$\beta_y=\frac{1}{2I_x}\int_A y(x^2+y^2)\mathrm{d}A-y_0$$

式中 β_y——不对称截面常数；

y_0——剪心的纵坐标(正值时，剪心在形心之下；负值时，剪心在形心之上)；

$$y_0=-\frac{I_1h_1-I_2h_2}{I_y}$$

I_1，I_2——受压翼缘和受拉翼缘对腹板轴线(y 轴)的惯性矩，$I_1=t_1b_1^3/12$，$I_2=t_2b_2^3/12$

h_1，h_2——受压翼缘和受拉翼缘形心至整个截面形心的距离。

当为双轴对称截面时，$\beta_y=0$，式(4-5a)和式(4-5b)即为式(4-4a)和(4-4b)。

4.2.1.2 临界弯矩

(1) 两端简支

以下对双轴对称截面受弯构件，求其临界弯矩。

将式(4-4a)积分两次，得

$$EI_y u''+M_x\varphi=Az+B$$

由边界条件 $u''(0)=\varphi(0)=u''(l)=\varphi(l)=0$，得 $A=0$，$B=0$。故 $u''=-\dfrac{M_x\varphi}{EI_y}$，将其代入式(4-4b)，则有

$$EI_\omega\varphi^{(4)}-GI_t\varphi''-\frac{M_x^2\varphi}{EI_y}=0$$

令 $k_1=\dfrac{GI_t}{EI_\omega}$，$k_2=\dfrac{M_x^2}{EI_yEI_\omega}$，则上式为

$$\varphi^{(4)}-k_1\varphi''-k_2\varphi=0 \tag{4-6}$$

式(4-6)的通解为

$$\varphi=C_1\sinh(\alpha_1 z)+C_2\cosh(\alpha_1 z)+C_3\sin(\alpha_2 z)+C_4\cos(\alpha_2 z) \tag{4-7}$$

其中

$$\alpha_1=\sqrt{\frac{k_1+\sqrt{k_1^2+4k_2}}{2}} \tag{4-8a}$$

$$\alpha_1=\sqrt{\frac{-k_1+\sqrt{k_1^2+4k_2}}{2}} \tag{4-8b}$$

由边界条件 $\varphi(0)=\varphi(l)=\varphi''(0)=\varphi''(l)=0$，可得

$$C_2+C_4=0 \tag{4-9a}$$

$$\alpha_1^2C_2-\alpha_2^2C_4=0 \tag{4-9b}$$

$$C_1\sinh(\alpha_1 l)+C_2\cosh(\alpha_1 l)+C_3\sin(\alpha_2 l)+C_4\cos(\alpha_2 l)=0 \tag{4-9c}$$

$$\alpha_1^2C_1\sinh(\alpha_1 l)+\alpha_1^2C_2\cosh(\alpha_1 l)-\alpha_2^2C_3\sin(\alpha_2 l)-\alpha_2^2C_4\cos(\alpha_2 l)=0 \tag{4-9d}$$

C_1、C_2、C_3 和 C_4 有非零解，则其系数行列式应为零，即

$$\begin{vmatrix} 0 & 1 & 0 & 1 \\ 0 & \alpha_1^2 & 0 & -\alpha_2^2 \\ \sinh(\alpha_1 l) & \cosh(\alpha_1 l) & \sin(\alpha_2 l) & \cos(\alpha_2 l) \\ \alpha_1^2\sinh(\alpha_1 l) & \alpha_1^2\cosh(\alpha_1 l) & -\alpha_2^2\sin(\alpha_2 l) & -\alpha_2^2\cos(\alpha_2 l) \end{vmatrix}=0 \tag{4-10}$$

展开后得

$$(\alpha_1^2+\alpha_2^2)^2\sinh(\alpha_1 l)\sin(\alpha_2 l)=0$$

由于 $(\alpha_1^2+\alpha_2^2)^2$ 是不为零的正值，只有 $\sinh(\alpha_1 l)=0$ 或 $\sin(\alpha_2 l)=0$。若 $\sinh(\alpha_1 l)=0$，则 $\alpha_1=0$，这样四个常数全为零，因此只有 $\sin(\alpha_2 l)=0$，即 $\alpha_2 l=n\pi(n=1,2,\cdots)$，其最小值为

$$\alpha_2=\frac{\pi}{l} \tag{4-11}$$

将 $\sin(\alpha_2 l)=0$ 代入式(4-9a)～式(4-9d)中得 $C_1=C_2=C_4=0$，则构件的扭转角为

$$\varphi=C_3\sin(\alpha_2 z)=C_3\sin\frac{\pi z}{l} \tag{4-12}$$

将式(4-12)代入式(4-2)并积分两次后，引入边界条件 $u(0)=u(l)=0$ 可得

$$u=\frac{M_xl^2C_3}{\pi^2EI_y}\sin\frac{\pi z}{l} \tag{4-13}$$

将式(4-11)和 k_1 与 k_2 之值代入式(4-8b)可得 M_x 的最小值，即纯弯构件的弯扭屈曲临界弯矩

$$M_{cr}=\frac{\pi^2EI_y}{l^2}\sqrt{\frac{I_\omega}{I_y}\left(1+\frac{GI_t}{\pi^2EI_\omega}l^2\right)} \tag{4-14}$$

由式(4-12)和式(4-13)知，对于两端简支受弯构件，其弯扭屈曲变形曲线的形式为正弦曲线的一个半波。

为了避免直接求解微分方程式[式(4-6)]，临界弯矩也可以根据边界条件假设变形函数，代入平衡方程来求解。假设变形函数为 $u=A\sin\dfrac{n\pi z}{l}$，$\varphi=B\sin\dfrac{n\pi z}{l}$，代入式(4-4a)和式(4-4b)得

$$\frac{n^2\pi^2EI_y}{l^2}A-M_xB=0$$

$$M_xA-\left(\frac{n^2\pi^2EI_\omega}{l^2}+GI_t\right)B=0$$

A 和 B 有非零解，则

$$\begin{vmatrix} \dfrac{n^2\pi^2 EI_y}{l^2} & -M_x \\ M_x & -\left(\dfrac{n^2\pi^2 EI_\omega}{l^2}+GI_t\right) \end{vmatrix}=0 \tag{4-15}$$

解此方程，当 $n=1$ 时，得 M_x 的最小值，其表达式与式(4-14)完全相同。

(2) 两端固定

两端绕 x 轴弯曲为简支，绕 y 轴弯曲和 z 轴扭转均为固定，其边界条件为 $u(0)=u(l)=u'(0)=u'(l)=0$，$\varphi(0)=\varphi(l)=\varphi'(0)=\varphi'(l)=0$，符合这些边界条件的变形函数为 $u=C_1\left(1-\cos\dfrac{2n\pi z}{l}\right)$ 和 $\varphi=C_2\left(1-\cos\dfrac{2n\pi z}{l}\right)$。将它们代入式(4-4a)和式(4-4b)得双轴对称截面受弯构件的临界弯矩

$$M_{cr}=\frac{\pi^2 EI_y}{\left(\dfrac{l}{2}\right)^2}\sqrt{\frac{I_\omega}{I_y}\left[1+\frac{GI_t}{\pi^2 EI_\omega}\left(\frac{l}{2}\right)^2\right]} \tag{4-16}$$

若为单轴对称截面，则弯扭屈曲临界弯矩为

$$M_{cr}=\frac{\pi^2 EI_y}{\left(\dfrac{l}{2}\right)^2}\left\{\beta_y+\sqrt{\beta_y^2+\frac{I_\omega}{I_y}\left[1+\frac{GI_t}{\pi^2 EI_\omega}\left(\frac{l}{2}\right)^2\right]}\right\} \tag{4-17}$$

(3) 一端固定，一端自由

侧向固定端的边界条件为 $u(0)=u'(0)=0$，$\varphi(0)=\varphi'(0)=0$，自由端的边界条件为 $u''(l)=\varphi''(l)=0$。满足这些边界条件的变形函数 $u=C_1\left(1-\cos\dfrac{2n\pi z}{l}\right)$ 和 $\varphi=C_2\left(1-\cos\dfrac{2n\pi z}{l}\right)$。将它们代入式(4-4a)和式(4-4b)得双轴对称截面受弯构件的临界弯矩为

$$M_{cr}=\frac{\pi^2 EI_y}{(2l)^2}\sqrt{\frac{I_\omega}{I_y}\left[1+\frac{GI_t}{\pi^2 EI_\omega}(2l)^2\right]} \tag{4-18}$$

若为单轴对称截面，则弯扭屈曲临界弯矩为

$$M_{cr}=\frac{\pi^2 EI_y}{(2l)^2}\left\{\beta_y+\sqrt{\beta_y^2+\frac{I_\omega}{I_y}\left[1+\frac{GI_t}{\pi^2 EI_\omega}(2l)^2\right]}\right\} \tag{4-19}$$

(4) 不同边界条件临界弯矩的通式

当构件的端部具有不同的约束条件或在构件的跨中设置侧向支承点以限制其位移和扭转时，引入计算长度系数 μ_y 和 μ_ω，式(4-14)、式(4-16)和式(4-18)可写成临界弯矩的通式

$$M_{cr}=\frac{\pi^2 EI_y}{(\mu_y l)^2}\sqrt{\frac{I_\omega}{I_y}\left[1+\frac{GI_t}{\pi^2 EI_\omega}(\mu_\omega l)^2\right]} \tag{4-20}$$

式(4-20)不仅适用于双轴对称截面，还适用于点对称截面以及单轴对称截面绕对称轴弯曲的情况。

对于单轴对称截面绕非对称轴弯曲的情况，式(4-15)、式(4-17)和式(4-19)可写成临界弯矩的通式

$$M_{cr}=\frac{\pi^2 EI_y}{(\mu_y l)^2}\left\{\beta_y+\sqrt{\beta_y^2+\frac{I_\omega}{I_y}\left[1+\frac{GI_t}{\pi^2 EI_\omega}(\mu_\omega l)^2\right]}\right\} \tag{4-21}$$

由式(4-20)和式(4-21)可知，受弯构件的临界弯矩和侧向弯曲刚度、扭转刚度、翘曲刚度、支承约束条件、跨长及截面形式等有关。侧向弯曲刚度越大，临界弯矩越大；增加侧向支承或加强端部约束条件，也可增大临界弯矩。

【例 4-1】 已知 $E=206000\ \text{N/mm}^2$，$G=79000\ \text{N/mm}^2$。求图 4-5 中两端简支构件在纯弯曲时的临界弯矩：(1) 双轴对称工字形截面[图 4-5(b)]；(2) 加强受压翼缘，截面为单轴对称工字形截面[图 4-5(c)]。

【解】 (1) 双轴对称工字形截面。

截面的几何性质：

$$I_y=2\times\frac{1}{12}\times2\times22^3=3549(\text{cm}^4)$$

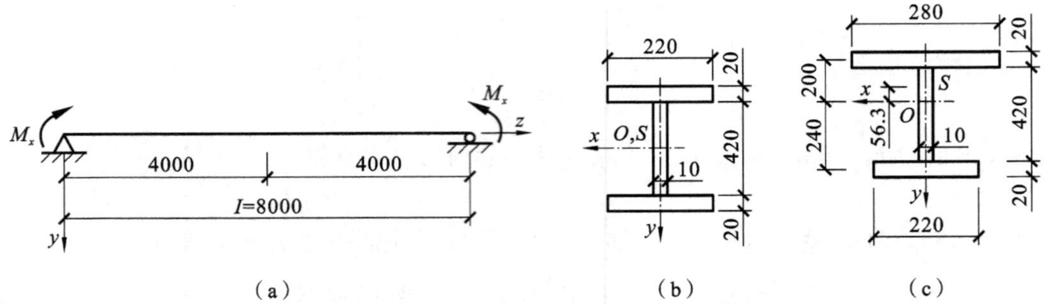

图 4-5 纯弯的受弯构件

$$I_t=\frac{1}{3}\times(2\times22\times2^3+42\times1^3)=131(\text{cm}^4)$$

$$I_\omega=\frac{1}{4}\times3594\times44^2=1717716(\text{cm}^4)$$

由式(4-14)得临界弯矩为

$$M_{cr}=\frac{\pi^2\times206000\times3594}{800^2}\sqrt{\frac{1717716}{3594}\times\left(1+\frac{7900\times131\times800^2}{\pi^2\times206000\times1717716}\right)}$$
$$=42213.9(\text{kN}\cdot\text{cm})$$

(2) 单轴对称工字形截面。

形心 O 至受压翼缘中线的距离

$$h_1=\frac{42\times1\times22+22\times2\times44}{28\times2+42\times1+22\times2}=20(\text{cm})$$

形心 O 至受拉翼缘中线的距离

$$h_2=44-20=24(\text{cm})$$

截面的几何性质：

$$I_1=\frac{1}{12}\times2\times28^3=3658.7(\text{cm}^4)$$

$$I_2=\frac{1}{12}\times2\times22^3=1774.7(\text{cm}^4)$$

$$I_y=I_1+I_2=3658.7+1774.7=5433.4(\text{cm}^4)$$

$$I_x=\frac{1}{12}\times1\times42^3+42\times1\times2^2+28\times2\times20^2+22\times2\times24^2=54086.0(\text{cm}^4)$$

$$y_0=-\frac{3658.7\times20-1774.7\times24}{5433.4}=-5.63(\text{cm})$$

$$I_\omega=\frac{I_1I_2}{I_y}h_0^2=\frac{3658.7\times1774.7}{5433.4}\times44^2=2313584.8(\text{cm}^6)$$

$$I_t=\frac{1}{3}\times(22\times2^3+42\times1^3+28\times2^3)=147.3(\text{cm}^4)$$

$$\int_A y(x^2+y^2)\text{d}A=1\times\int_{-19}^{23}y^3\text{d}y+2\int_{-14}^{14}(-20)(x^2+20^2)\text{d}x+2\int_{-11}^{11}24(x^2+24^2)\text{d}x$$
$$=37380-521173.3+650848=167054.7(\text{cm}^5)$$

$$\beta_y=\frac{\int_A y(x^2+y^2)\text{d}A}{2I_x}-y_0=\frac{167054.7}{2\times54086.0}+5.63=7.17(\text{cm})$$

由式(4-17)得临界弯矩为

$$M_{cr}=\frac{\pi^2\times206000\times5433.4}{800^2}\left[7.17+\sqrt{7.17^2+\frac{2313584.8}{5433.4}\left(1+\frac{7900\times147.3\times800^2}{\pi^2\times206000\times2313584.8}\right)}\right]$$
$$=1726.07\times\left[7.17+\sqrt{51.41+425.81\times(1+1.583)}\right]=70942.3(\text{kN}\cdot\text{cm})$$

由例 4-1 知，加大受弯构件的受压翼缘可提高构件的临界弯矩。

4.2.2 不等端弯矩作用受弯构件的弹性弯扭失稳

图 4-6 为一两端简支的对称工字形截面受弯构件，受不等端弯矩 M_1 和 M_2 作用，且 $M_1>M_2$。任意截面处的弯矩

$$M_x=M_1-\frac{M_1-M_2}{l}z \tag{4-22}$$

将式(4-22)代入式(4-4a)和式(4-4b)，得

$$EI_y u^{(4)}+\left(M_1-\frac{M_1-M_2}{l}\right)\varphi''-\frac{2(M_1-M_2)}{l}\varphi'=0 \tag{4-23a}$$

$$EI_\omega \varphi^{(4)}-GI_t\varphi''+\left(M_1-\frac{M_1-M_2}{l}\right)u''-\frac{2(M_1-M_2)}{l}u'=0 \tag{4-23b}$$

式(4-23)是耦联方程的变系数微分方程组，难以求出解析解，可用数值法或能量法求解。用能量法求解时，需先建立受弯构件的总势能公式。

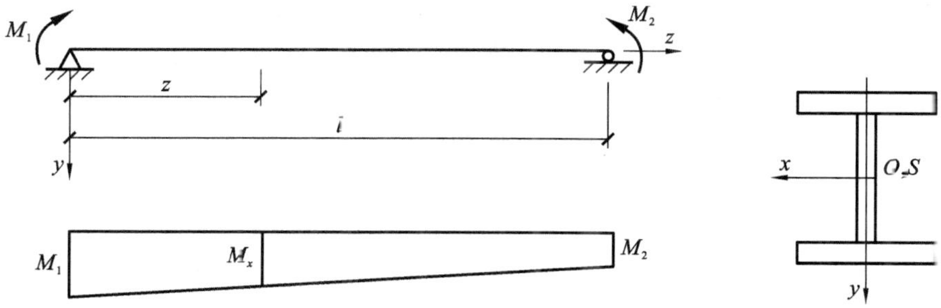

图 4-6 受不等端弯矩作用的受弯构件

总势能 Π 是应变能 U 和外力势能 V 之和。当受弯构件发生侧向弯曲和扭转变形时，剪切应变能影响很小，可忽略不计，故应变能包括侧向弯曲应变能 U_1、扭转应变能 U_2 和翘曲应变能 U_3。

侧向弯曲应变能

$$U_1=\frac{1}{2}\int_0^l EI_y(u'')^2\,dz \tag{4-24}$$

构件发生扭转变形时，微段 dz 的扭转角变化为 $d\varphi$，自由扭转的扭矩 M_s 引起的应变能增量为 $dU_2=\frac{1}{2}M_s d\varphi$，而 $M_s=GI_t\varphi'$，故

$$U_2=\frac{1}{2}\int_0^l M_s d\varphi=\frac{1}{2}\int_0^l GI_t\varphi' d\varphi=\frac{1}{2}\int_0^l GI_t(\varphi')^2\,dz \tag{4-25}$$

翘曲应变能增量包括翘曲正应力 σ_ω 和翘曲剪应力 τ_ω 与相应的应变所做功之和。但 τ_ω 引起的应变能与 σ_ω 引起的相比要小得多，通常可忽略不计，故

$$dU_3=\frac{1}{2}\sigma_\omega\varepsilon_\omega t\,ds\,dz=\frac{1}{2}\frac{\sigma_\omega^2}{E}t\,ds\,dz$$

将 $\sigma_\omega=-E\omega_n\varphi''$ 代入上式，经积分后得

$$U_3=\frac{1}{2}\int_0^l\int_0^{s_1}E\omega_n^2(\varphi'')^2 t\,ds\,dz=\frac{1}{2}\int_0^l EI_\omega(\varphi'')^2\,dz \tag{4-26}$$

因此

$$U=\frac{1}{2}\int_0^l\left[EI_y(u'')^2+EI_\omega(\varphi'')^2+GI_t(\varphi')^2\right]dz \tag{4-27}$$

外力势能等于外力功的负值，即 $V=-W$。在两端不等弯矩作用下构件发生微小侧扭变形时，外力所做的功[图 4-3(c)]为

$$W=\int_0^l -M_\eta\xi''\,dz=-\int_0^l M_x\cos\theta\sin\varphi u''\,dz\approx-\int_0^l M_x\varphi u''\,dz \tag{4-28}$$

故在不等端弯矩作用下受弯构件总势能的表达式为

$$\Pi = U + V = \frac{1}{2}\int_0^l [EI_y(u'')^2 + EI_\omega(\varphi'')^2 + GI_t(\varphi')^2 + 2M_x u''\varphi]\mathrm{d}z \tag{4-29}$$

采用瑞利-里兹法求解，可以得到不等端弯矩作用双轴对称截面受弯构件的临界弯矩计算公式

$$M_{cr} = \beta_b \frac{\pi}{l}\sqrt{EI_y GI_t\left(1+\frac{\pi^2 EI_\omega}{GI_t l^2}\right)} \tag{4-30}$$

式中 β_b——临界弯矩修正系数，或受弯构件的等效弯矩系数。

对两端不等弯矩作用的受弯构件

$$\beta_b = 1.75 - 1.05\frac{M_2}{M_1} + 0.3\left(\frac{M_2}{M_1}\right)^2 \leqslant 2.3 \tag{4-31}$$

式中 M_1，M_2——受弯构件的端弯矩，当使受弯构件产生同向曲率时取同号，产生异向曲率取异号，$|M_1| \geqslant |M_2|$。

4.2.3 横向荷载作用受弯构件的弹性弯扭失稳

图 4-7 中两端简支的单轴对称截面受弯构件，在横向均布荷载和跨中集中荷载作用下，用能量法求解时总势能的表达式除式(4-29)所列几项外，还应增加两项：一项为单轴对称截面绕剪心扭转时，分量 M_ξ[图 4-3(c)]所做功的负值 $\int_0^l \beta_y M_x \varphi'^2 \mathrm{d}z$；另一项为构件绕截面剪心扭转时，横向荷载 q 和 P[图 4-7(b)]所做功的负值，即 $-\frac{1}{2}\int_0^l qa\varphi^2\mathrm{d}z - \frac{1}{2}Pa\varphi^2(l/2)$。因此，总势能表达式为

$$\Pi = U + V = \frac{1}{2}\int_0^l [EI_y(u'')^2 + EI_\omega(\varphi'')^2 + GI_t(\varphi')^2 + 2\beta_y M_x(\varphi')^2 + 2M_x u''\varphi - qa\varphi^2]\mathrm{d}z - \frac{1}{2}Pa\varphi^2\frac{l}{2} \tag{4-32}$$

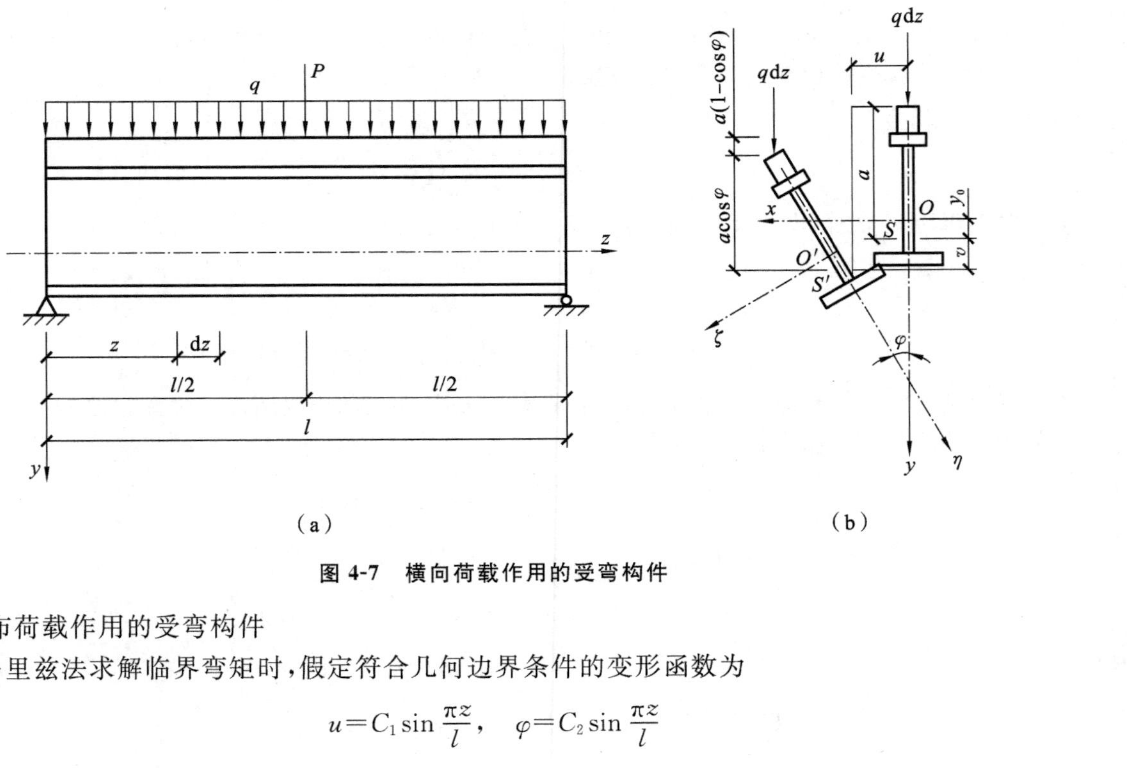

(a) (b)

图 4-7 横向荷载作用的受弯构件

(1) 均布荷载作用的受弯构件

用瑞利-里兹法求解临界弯矩时，假定符合几何边界条件的变形函数为

$$u = C_1\sin\frac{\pi z}{l}, \quad \varphi = C_2\sin\frac{\pi z}{l}$$

将它们和 $P=0$，$M_x = \frac{1}{2}q(lz-z^2)$ 代入式(4-32)，得

$$\Pi = \frac{1}{2}\int_0^l \left\{\left[\frac{\pi^4 EI_y}{l^4}C_1^2 + \frac{\pi^4 EI_\omega}{l^4}C_2^2 - q\frac{\pi^2}{l^2}(lz-z^2)C_1C_2 - qaC_2^2\right]\sin^2\frac{\pi z}{l} + \right.$$

$$\frac{\pi^2}{l^2}[GI_t+q\beta_y(lz-z^2)]C_2^2\cos^2\frac{\pi z}{l}\Big\}dz \tag{4-33}$$

利用积分式

$$\int_0^l(lz-z^2)\sin^2\frac{\pi z}{l}dz=\frac{\pi^2+3}{12\pi^2}l^3\quad\int_0^l(lz-z^2)\cos^2\frac{\pi z}{l}dz=\frac{\pi^2-3}{12\pi^2}l^3$$

$$\int_0^l\sin^2\frac{\pi z}{l}dz=\frac{l}{2},\quad\int_0^l\cos^2\frac{\pi z}{l}dz=\frac{l}{2}$$

积分后得

$$\Pi=\frac{1}{4}\times\frac{\pi^4EI_y}{l^4}C_1^2+\left[\frac{\pi^4EI_\omega}{4l^4}+\frac{\pi^2GI_t}{4l}+\frac{ql\beta_y(\pi^2-3)}{24}-\frac{1}{4}qal\right]C_2^2-\frac{ql}{24}(\pi^2+3)C_1C_2 \tag{4-34}$$

根据势能驻值原理，并将 $M=\frac{ql^2}{8}$ 代入，由 $\frac{\partial\Pi}{\partial C_1}=0$ 得

$$\frac{\pi^2EI_y}{l^2}C_1-\frac{2}{3}\times\frac{(\pi^2+3)M}{\pi^2}C_2=0 \tag{4-35a}$$

由 $\frac{\partial\Pi}{\partial C_2}=0$ 得

$$-\frac{2}{3}\times\frac{(\pi^2+3)M}{\pi^2}C_1+\left[\frac{\pi^2EI_\omega}{l^2}+GI_t+\frac{4\beta_y(\pi^2-3)M}{3\pi^2}\right]C_2=0 \tag{4-35b}$$

C_1 和 C_2 有非零解，则

$$\begin{vmatrix}\frac{\pi^2EI_y}{l^2} & -\frac{2}{3}\times\frac{(\pi^2+3)M}{\pi^2}\\ -\frac{2}{3}\times\frac{(\pi^2+3)M}{\pi^2} & \frac{\pi^2EI_\omega}{l^2}+GI_t+\frac{4\beta_y(\pi^2-3)M}{3\pi^2}\end{vmatrix}=0 \tag{4-36}$$

由式(4-36)可解得临界弯矩

$$M_{cr}=\frac{3\pi^2}{2(\pi^2+3)}\times\frac{\pi^2EI_y}{l^2}\left[-\frac{6a}{\pi^2+3}+\frac{\pi^2-3}{\pi^2+3}\beta_y+\sqrt{\left(-\frac{6a}{\pi^2+3}+\frac{\pi^2-3}{\pi^2+3}\beta_y\right)^2+\frac{I_\omega}{I_y}\left(1-\frac{GI_tl^2}{\pi^2EI_\omega}\right)}\right] \tag{4-37}$$

$$M_{cr}=1.15\frac{\pi^2EI_y}{l^2}\left[-0.466a+0.534\beta_y+\sqrt{(-0.466a+0.534\beta_y)^2+\frac{I_\omega}{I_y}\left(1+\frac{GI_tl^2}{\pi^2EI_\omega}\right)}\right] \tag{4-38}$$

(2) 集中荷载作用的受弯构件

将式(4-5a)积分两次，得

$$EI_y\mu''+M_x\varphi=Az+B$$

由边界条件 $\mu''(0)=\varphi(0)=\mu''(l)=\varphi(l)=0$，得 $A=0$，$B=0$，故 $\mu''=-\frac{M_x\varphi}{EI_y}$。而 $q=0$，将它们代入式(4-32)，得总势能

$$\Pi=\frac{1}{2}\int_0^l\left(EI_\omega\varphi''^2+GI_t\varphi'^2+2\beta_yM_x\varphi'^2-\frac{M_x^2\varphi^2}{EI_y}\right)dz-\frac{1}{2}Pa\varphi^2\ \frac{l}{2} \tag{4-39}$$

采用瑞利-里兹法求解。假定变形函数为 $\varphi=C\sin\frac{\pi z}{l}$，符合两端简支的边界条件。当 $0\leqslant z\leqslant l/2$ 时，$M_x=Pz/2$；当 $l/2\leqslant z\leqslant l$ 时，$M_x=P(l-z)/2$。因 M_x 不同，总势能需分段积分，也可取构件左半跨积分的 2 倍，可得

$$\Pi=\int_0^{l/2}\left[\frac{\pi^4}{l^4}\left(EI_\omega-\frac{P^2z^2}{EI_y}\right)C^2\sin\frac{\pi z}{l}+\left(\frac{\pi^2}{l^2}GI_t+\beta_zPz\right)C^2\cos^2\frac{\pi z}{l}\right]dz-\frac{1}{2}PaC^2 \tag{4-40}$$

利用积分式 $\int_0^{l/2}z^2\sin^2\frac{\pi z}{l}dz=\frac{\pi^2+6}{48\pi^2}l^3$，$\int_0^{l/2}z\cos^2\frac{\pi z}{l}dz=\frac{\pi^2-4}{16\pi^2}l^2$，得

$$\Pi=\left(\frac{\pi^4EI_\omega}{4l^3}+\frac{\pi^2}{4l}GI_t+\beta_zP\ \frac{\pi^2-4}{16\pi^2}-\frac{P^2(\pi^2+6)l^3}{192\pi^2EI_y}\right)C^2-\frac{1}{2}PaC^2 \tag{4-41}$$

根据势能驻值原理，$\frac{\partial\Pi}{\partial C}=0$，并用 $M_x=Pl/4$ 代入，得屈曲条件

$$\frac{(\pi^2+6)l^2}{3\pi^4EI_y}M^2-\left[\frac{(\pi^2-4)\beta_y}{\pi^2}-\frac{8a}{\pi^2}\right]M-\left(\frac{\pi^2EI_\omega}{l^2}+GI_t\right)=0 \tag{4-42}$$

$$M_{cr}=\pi\sqrt{\frac{3}{\pi^2+6}}\times\frac{\pi^2EI_y}{l^2}\left\{-\frac{4a}{\pi}\sqrt{\frac{3}{\pi^2+6}}+\frac{(\pi^2-4)\beta_y}{2\pi}\sqrt{\frac{3}{\pi^2+6}}+\sqrt{\left[-\frac{4a}{\pi}\sqrt{\frac{3}{\pi^2+6}}+\frac{(\pi^2-4)\beta_y}{2\pi}\sqrt{\frac{3}{\pi^2+6}}\right]^2+\frac{I_\omega}{I_y}\left(1+\frac{GI_tl^2}{\pi^2EI_\omega}\right)}\right\} \tag{4-43}$$

$$M_{cr}=1.366\frac{\pi^2EI_y}{l^2}\left[-0.554a+0.406\beta_y+\sqrt{(-0.554a+0.406\beta_y)^2+\frac{I_\omega}{I_y}\left(1+\frac{GI_tl^2}{\pi^2EI_\omega}\right)}\right] \tag{4-44}$$

把式(4-38)和式(4-44)写成通式，即

$$M_{cr}=\beta_1\frac{\pi^2EI_y}{l_y^2}\left[\beta_2a+\beta_3\beta_y+\sqrt{(\beta_2a+\beta_3\beta_y)^2+\frac{I_\omega}{I_y}\left(1+\frac{GI_tl_\omega^2}{\pi^2EI_\omega}\right)}\right] \tag{4-45a}$$

式中 a——荷载在截面上的作用点与剪心之间的距离(当荷载作用点在剪心之下时，取正值，反之取为负值)；

β_1——临界弯矩修正系数，与作用于受弯构件上的荷载形式有关；

β_2——荷载作用点位置影响系数；

β_3——荷载形式不同时对单轴对称截面的修正系数。

表4-1给出计算横向荷载作用下受弯构件的临界弯矩所用系数的精确值。

表4-1 受弯构件临界弯矩计算公式中的系数

荷载	弯矩图	最大弯矩	端部侧扭约束条件	系数			
				μ_y,μ_ω	β_1	β_2	β_3
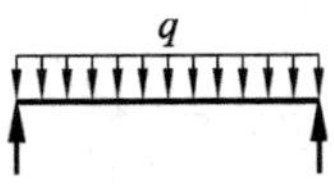		$\frac{1}{8}ql^2$	简支	1.0	1.13	0.46	0.53
			固定	0.5	0.97	0.29	0.98
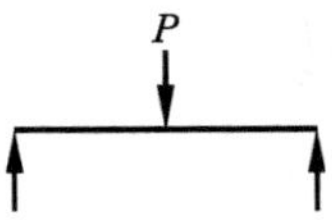		$\frac{1}{4}Pl$	简支	1.0	1.35	0.55	0.41
			固定	0.5	1.07	0.42	3.05
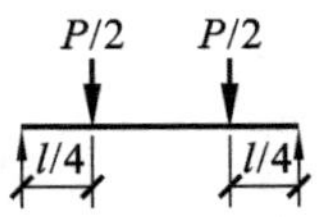		$\frac{1}{8}Pl$	简支	1.0	1.04	0.42	0.57
			固定	0.5	1.01	0.41	1.08
	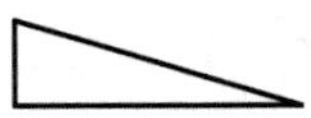	Pl	右端不能翘曲	1.0	1.28～1.71	0.64	—
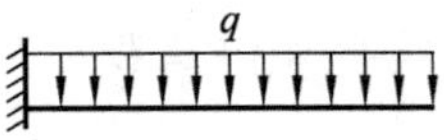		$\frac{1}{2}ql^2$	右端不能翘曲	1.0	2.05～3.42	—	—

【例4-2】 若截面为图4-5(b)所示的双轴对称工字形截面，将例4-1的荷载改为布荷载和跨中集中荷载。试求其临界弯矩，并比较结果。

【解】 (1) 均布荷载作用时。

由于是双轴对称截面，故 $\beta_y=0$。由表4-1知，$\beta_1=1.13$，$\beta_2=0.46$。

当荷载作用在上翼缘时，$a=-23$ cm。将截面的几何特性和 β_1、β_2 和 a 的值代入式(4-45a)，得临界弯矩

$$M_{cr}=1.13\times\frac{\pi^2\times20600\times3549}{800^2}\times$$

$$\left[0.46\times(-23)+\sqrt{(-23\times0.46)^2+\frac{1717716}{3549}\times\left(1+\frac{7900\times131\times800^2}{\pi^2\times20600\times1717716}\right)}\right]$$

$$=1.13\times1127.44\times(-10.58+\sqrt{111.94+1401.91})=36090.5(\text{kN}\cdot\text{cm})$$

当荷载作用在剪心时，$a=0$，则

$$M_{cr}=1.13\times1127.44\times\sqrt{1401.91}=47701.7(\text{kN}\cdot\text{cm})$$

当荷载作用在下翼缘时，$a=23$ cm，则

$$M_{cr}=1.13\times1127.44\times(10.58+\sqrt{111.94+1401.91})=63048.4(\text{kN}\cdot\text{cm})$$

(2) 跨中集中荷载作用时。

查表 4-1 得：$\beta_1=1.35$，$\beta_2=0.55$。

当荷载作用在上翼缘时，$a=-23$ cm，则

$$M_{cr}=1.35\times\frac{\pi^2\times20600\times3549}{800^2}\times$$

$$\left[0.55\times(-23)+\sqrt{(-23\times0.55)^2+\frac{1717716}{3549}\times\left(1+\frac{7900\times131\times800^2}{\pi^2\times20600\times1717716}\right)}\right]$$

$$=1.35\times1127.44\times(-12.65+\sqrt{160.02+1401.91})=40899.2(\text{kN}\cdot\text{cm})$$

当荷载作用在剪心时，$a=0$，则

$$M_{cr}=1.35\times1127.44\times\sqrt{1401.91}=56988.5(\text{kN}\cdot\text{cm})$$

当荷载作用在下翼缘时，$a=23$ cm，则

$$M_{cr}=1.35\times1127.44\times(12.65+\sqrt{160.02+1401.91})=79406.9(\text{kN}\cdot\text{cm})$$

由例 4-2 计算结果可见，临界弯矩随荷载作用点位置的降低而提高。这是由于荷载作用在剪心以上时将加速受弯构件的侧扭变形，故临界弯矩较小，易于失稳。相反，作用在剪心以下时将阻止受弯构件的侧扭变形，故临界弯矩较大，不易失稳。当荷载作用在剪心时，纯弯曲作用的受弯构件的临界弯矩最低，均布荷载作用的临界弯矩次之，集中荷载作用者最高。

4.2.4 受弯构件的等效弯矩系数

由式(4-45a)可求得非均匀受弯构件的临界弯矩。该值与纯弯曲构件临界弯矩的比值称为等效弯矩系数 β_b。对于双轴对称截面受弯构件，如横向荷载作用于截面的剪心，此时 $\beta_y=0$，$a=0$，则临界弯矩修正系数 β_1 与等效弯矩系数 β_b 相同。若用 M_{cr} 表示非均匀受弯构件的临界弯矩，M_{cr0} 表示纯弯曲构件的临界弯矩，则由 $\beta_b=\frac{M_{cr}}{M_{cr0}}$，得

$$M_{cr}=\beta_b M_{cr0}$$

将纯弯曲构件的临界弯矩，即将式(4-21)代入上式，得式(4-45a)的另一个通式

$$M_{cr}=\beta_b\frac{\pi^2EI_y}{l_y^2}\left[\beta_y+\sqrt{\beta_y^2+\frac{I_\omega}{I_y}\left(1+\frac{GI_t l_\omega^2}{\pi^2EI_\omega}\right)}\right]\tag{4-45b}$$

为了增强受弯构件抵抗侧扭的刚度，常常在构件的侧向设置一个或多个支承。这样，在支承点之间，构件每一段的受力条件有可能不同，其临界弯矩就有差别。图 4-8 为在跨中有集中荷载作用的两端简支的受弯构件。若在跨中只有一道侧向支承[图 4-8(a)]阻止其发生侧向位移和扭转，则构件被平分为两段。每段的计算长度都为 $l/2$，每段都相当于有端弯矩 $M_1=Pl/4$ 和 $M_2=0$ 作用的受弯构件。按照式(4-31)得等效弯矩系数 $\beta_b=1.75$。

若在三分点处各设一道侧向支承[图 4-8(b)]，则构件被平分为三段。每段的计算长度都为 $l/3$，但中段和

左、右两段的受力条件不同，两侧的受力对中段有增强抵抗侧扭的作用。根据《钢结构设计标准》(GB 50017—2017)规定，对工字形截面简支受弯构件，当荷载作用于上翼缘时，$\beta_b=1.2$；作用于下翼缘时，$\beta_b=1.4$。

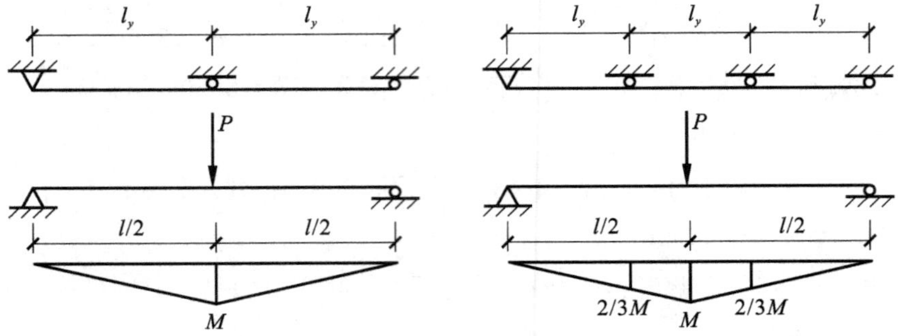

(a)　　　　(b)

图 4-8　有侧向支承的受弯构件

为了应用方便，表 4-2 给出几种受力条件梁段的等效弯矩系数 β_b。

表 4-2　**受弯构件的等效弯矩系数 β_b（双轴对称截面梁，荷载作用于剪心）**

梁段受力	弯矩图	最大弯矩	β_b	应用范围
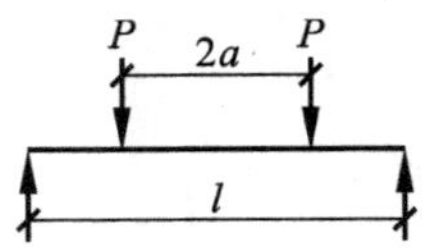		$\frac{Pl}{2}\left(1-\frac{2a}{l}\right)$	$1+0.35\left(1-\frac{2a}{l}\right)^2$	$0\leqslant\frac{2a}{l}\leqslant1.0$
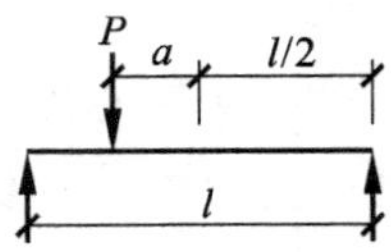		$\frac{Pl}{2}\left[1-\left(\frac{2a}{l}\right)^2\right]$	$1.35+0.4\left(\frac{2a}{l}\right)^2$	$0\leqslant\frac{2a}{l}\leqslant1.0$
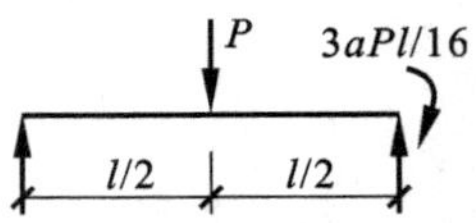	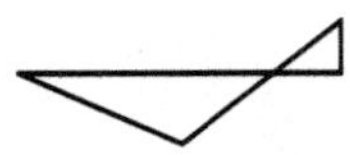	$\frac{3\alpha Pl}{16}$ $\frac{Pl}{4}\left(1-\frac{3\alpha}{8}\right)$	$1.35+0.15\alpha$ $-1.2+3.0\alpha$	$0\leqslant\alpha\leqslant0.9$ $0.9\leqslant\alpha\leqslant1.0$
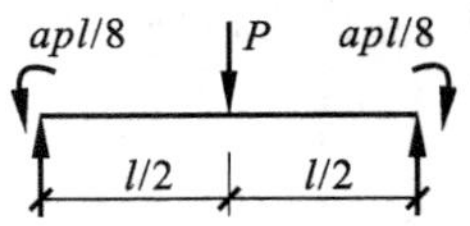	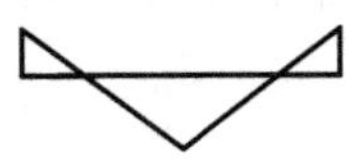	$\frac{\alpha Pl}{8}$ $\frac{Pl}{4}\left(1-\frac{\alpha}{2}\right)$	$1.35+0.36\alpha$	$0\leqslant\alpha\leqslant1.0$
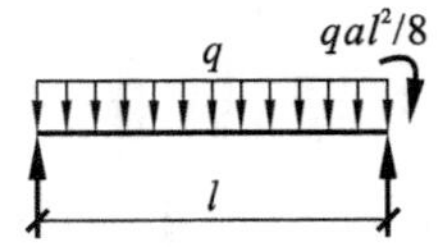		$\frac{\alpha ql^2}{8}$ $\frac{ql^2}{8}\left(1-\frac{\alpha}{4}\right)^2$	$1.13+0.10\alpha$ $-1.25+3.5\alpha$	$0\leqslant\alpha\leqslant0.7$ $0.7\leqslant\alpha\leqslant1.0$
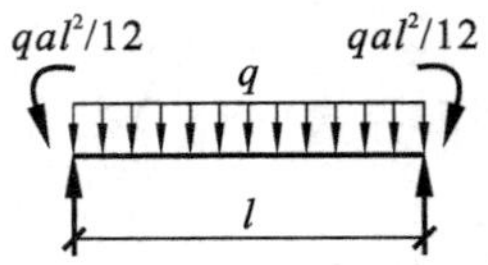		$\frac{\alpha ql^2}{12}$ $\frac{ql^2}{8}\left(1-\frac{2\alpha}{3}\right)$	$1.13+0.12\alpha$ $-2.38+4.8\alpha$	$0\leqslant\alpha\leqslant0.75$ $0.75\leqslant\alpha\leqslant1.0$

4.3 受弯构件的非弹性弯扭失稳

以上各节讨论的受弯构件弯扭失稳，都是假定失稳时构件处于弹性工作阶段。若失稳时受力最大截面的部分纤维应力已达到或超过钢材的比例极限，则称为受弯构件的非弹性失稳。由于材料进入弹塑性阶段，应力和应变之间不再是线性关系，可采用近似法或数值法求解临界弯矩，这里仅介绍近似法。

对于单轴对称冷弯薄壁型钢受弯构件，可采用近似法，全截面的变形模量都取与边缘纤维最大应力对应的切线模量 E_t 来计算，剪切模量 G_t 用 GE_t/E 表示。由此可得到弹塑性临界弯矩的下限。通式(4-45a)可改写为

$$M_{cr}=\beta_1\ \frac{\pi^2 E_t I_y}{l_y^2}\left[\beta_2 a+\beta_3\beta_y+\sqrt{(\beta_2 a+\beta_3\beta_y)^2+\frac{I_\omega}{I_y}\left(1+\frac{G_t I_t l_\omega^2}{\pi^2 E_t I_\omega}\right)}\right] \tag{4-46}$$

4.4 受弯构件弯扭失稳理论在钢结构设计中的应用

理论分析表明，影响受弯构件弯曲失稳临界弯矩的因素极多，主要的因素有：① 截面形状及其尺寸的比值；② 荷载类型及其在截面上的作用点的位置；③ 跨中有无侧向支承和端部支承的约束情况；④ 初始变形、加载偏心和残余应力等的初始缺陷；⑤ 各截面塑性变形发展的情况；⑥ 钢材性能等。将理论计算结果用于受弯构件的设计时，《钢结构设计标准》(GB 50017—2017)先将临界弯矩转换为其整体稳定系数，然后将其引入设计公式。

初始缺陷的存在会降低受弯构件的临界弯矩。根据数值分析，在弹性阶段时，残余应力影响很小，而初始变形和加载偏心有一定的影响，但没有弹性阶段的显著。由于考虑初始缺陷将使弹性阶段整体稳定系数更加烦冗，不便应用。因此，在按弹性阶段计算的整体稳定系数中未考虑初始缺陷的影响，同时不考虑端部支承的约束作用，一律按简支端考虑来适当补偿初始缺陷的不利影响。

在弹塑性阶段则需考虑初始缺陷的影响。

(1) 弹性阶段整体稳定系数 φ_b

受弯构件的整体稳定系数 φ_b 为临界应力与钢材屈服点的比值，即

$$\varphi_b=\frac{\sigma_{cr}}{f_y}=\frac{M_{cr}}{W_x f_y} \tag{4-47}$$

将临界弯矩的通式[式(4-45a)或式(4-45b)]代入式(4-47)来计算整体稳定系数 φ_b 较为烦琐，不便应用。《钢结构设计标准》(GB 50017—2017)先对双轴对称工字形截面简支纯弯曲受弯构件求出其整体稳定系数，再作修正。

对双轴对称工字形截面简支受弯构件，在纯弯曲作用下，式(4-45a)与式(4-14)相同，可改写为

$$M_{cr}=\frac{\pi^2 EI_y}{l^2}\sqrt{\frac{I_\omega}{I_y}+\frac{l^2 GI_t}{\pi^2 EI_y}} \tag{4-48}$$

对于双轴对称焊接工字形截面

$$I_\omega=\frac{I_y h^2}{4} \tag{4-49}$$

式中 h——受弯构件的截面高度。

《钢结构设计标准》(GB 50017—2017)在修订时近似取

$$I_t=\frac{1}{3}At_1^2 \tag{4-50}$$

式中 A——构件的截面面积；

t_1——受压翼缘的厚度。

把以上关系式和 $E=206000\ \mathrm{N/mm^2}$ 及 $E/G=2.6$ 代入式(4-48)，则临界弯矩为

$$M_{cr}=\frac{10.17\times10^5}{\lambda_y^2}Ah\sqrt{1+\left(\frac{\lambda_y t_1}{4.4h}\right)^2} \tag{4-51}$$

临界应力为

$$\sigma_{cr}=\frac{M_{cr}}{W_x}=\frac{10.17\times10^5}{\lambda_y^2 W_x}Ah\sqrt{1+\left(\frac{\lambda_y t_1}{4.4h}\right)^2} \tag{4-52}$$

式中 W_x——受压翼缘的毛截面模量。

将式(4-52)与 Q235 钢的 $f_y=235\ \mathrm{N/mm^2}$ 代入式(4-47)，则得到稳定系数的近似值为

$$\varphi_b=\frac{4320}{\lambda_y^2}\frac{Ah}{W_x}\sqrt{1+\left(\frac{\lambda_y t_1}{4.4h}\right)^2} \tag{4-53}$$

对于屈服强度 f_y 不同于 $235\ \mathrm{N/mm^2}$ 的钢材，式(4-53)应改为

$$\varphi_b=\frac{4320}{\lambda_y^2}\frac{Ah}{W_x}\sqrt{1+\left(\frac{\lambda_y t_1}{4.4h}\right)^2}\frac{235}{f_y} \tag{4-54}$$

对于非均匀受弯的受弯构件，式(4-54)还需乘以弯矩等效系数 β_b。同时为了能够用于单轴对称焊接工字形截面简支受弯构件的一般情况，引入截面不对称影响系数 η_b，则受弯整体稳定系数 φ_b 的一般表达式为

$$\varphi_b=\beta_b\frac{4320}{\lambda_y^2}\frac{Ah}{W_x}\left[\sqrt{1+\left(\frac{\lambda_y t_1}{4.4h}\right)^2}+\eta_b\right]\frac{235}{f_y} \tag{4-55}$$

式中 β_b——工字形截面简支受弯构件的等效弯矩系数，见《钢结构设计标准》(GB 50017—2017)的附表 C.0.1。

η_b——截面不对称影响系数。

双轴对称工字形截面

$$\eta_b=0$$

受压翼缘加强的单轴对称工字形截面

$$\eta_b=0.8(2\alpha_b-1)$$

受拉翼缘加强的单轴对称工字形截面

$$\eta_b=2\alpha_b-1$$

其中

$$\alpha_b=\frac{I_1}{I_1+I_2}$$

式中 I_1，I_2——受压和受拉翼缘对 y 轴的惯性矩。

由上述关系可见，当受压翼缘加强时，$\alpha_b>0.5$，η_b 为正值，使 φ_b 增大；当受拉翼缘加强时，η_b 为负值，φ_b 减小。

对于轧制工字形截面简支受弯构件，其整体稳定系数 φ_b 可直接由《钢结构设计标准》(GB 50017—2017)附表 C.0.2 查得。

(2) 非弹性阶段整体稳定性系数 φ'_b

如果受弯构件的侧向弯曲长细比 λ_y 不是很大，则失稳时应力超出弹性范围，由式(4-55)算得的稳定系数 φ_b 就不再适用。

焊接工字形截面受弯构件在焊缝附近的残余拉应力高达材料的屈服强度 f_y，因此，当构件一开始受荷时，受拉翼缘就会出现局部范围的屈服。但是，由于它是在 y 轴附近屈服，对受弯构件的整体稳定不会有什么影响，起决定作用的是受压翼缘的残余应力峰值 σ_{rc}。当外弯矩引起的受压翼缘应力达到有效比例

极限$f'_p=f_y-\sigma_{rc}$时，受压翼缘开始进入塑性。此时塑性区就在翼缘边缘处，对受弯构件整体稳定的影响也就不能忽视了。《钢结构设计标准》(GB 50017—2017)根据双轴对称焊接和轧制工字形截面简支受弯构件承受纯弯曲的理论和实验结果(考虑初弯曲、初偏心和残余应力的影响)，画出无量纲化的临界弯矩M_{cr}/M_p和正则化的长细比$\bar{\lambda}=\sqrt{M_p/M_e}$(其中，$M_p$是全截面塑性弯矩，$M_e$是不计残余应力影响的弹性临界弯矩)关系曲线的包络图，从中确定出一条适中的曲线。非弹性曲线和弹性曲线相交在$\varphi_b=0.6$处，故《钢结构设计标准》(GB 50017—2017)规定按式(4-55)算得的$\varphi_b>0.6$时，应用式(4-56)中的φ'_b代替φ_b，即

$$\varphi'_b=1.07-\frac{0.282}{\varphi_b}\leqslant 1.0 \tag{4-56}$$

(3) 受弯构件的整体稳定

若要使受弯构件不丧失整体稳定性，应使构件受压翼缘的最大应力小于临界应力σ_{cr}除以抗力分项系数γ_R，即

$$\frac{M_x}{W_x}\leqslant\frac{\sigma_{cr}}{\gamma_R} \tag{4-57}$$

将式(4-57)中右端项分子和分母同时乘以f_y，得

$$\frac{M_x}{W_x}\leqslant\frac{\sigma_{cr}f_y}{f_y\gamma_R}=\varphi_b f \tag{4-58}$$

亦即

$$\frac{M_x}{\varphi_b W_x}\leqslant f \tag{4-59}$$

式中 M_x——绕x轴作用的最大弯矩；

φ_b——受弯构件的整体稳定系数；

W_x——按受压纤维确定的毛截面模量；

f——钢材的抗弯强度设计值。

式(4-59)即为在最大刚度平面内受弯构件的整体稳定计算公式。

在两个主平面内受弯的H型钢截面或工字形截面构件，其稳定性应按式(4-60)计算：

$$\frac{M_x}{\varphi_b W_x}+\frac{M_y}{\gamma_y W_y}\leqslant f \tag{4-60}$$

式中 M_x，M_y——同一截面处绕x轴和y轴的弯矩；

φ_b——绕强轴弯曲所确定的受弯构件的整体稳定性系数；

γ_y——绕y轴弯曲的截面塑性发展系数；

W_x，W_y——按受压纤维确定的对x轴和y轴的毛截面模量。

对冷弯薄壁型钢受弯构件，应按《冷弯薄壁型钢技术规范》(GB 50018—2002)验算其整体稳定性。

当荷载通过截面弯心并与主轴平行时，按式(4-61)验算稳定性

$$\frac{M_x}{\varphi_b W_{ex}}\leqslant f \tag{4-61}$$

式中 φ_b——受弯构件的整体稳定系数，应按《冷弯薄壁型钢技术规范》(GB 50018—2002)附录A中A.2的规定计算；

W_{ex}——对截面主轴x轴受压边缘的有效截面模量。

当荷载偏离截面弯心但与主轴平行时，需考虑偏心扭矩的影响，按式(4-62)验算稳定性

$$\frac{M_x}{\varphi_b W_{ex}}+\frac{B}{W_\omega}\leqslant f \tag{4-62}$$

式中 B——与所取弯矩同一截面的双力矩，按《冷弯薄壁型钢技术规范》(GB 50018—2002)的规定计算；

W_ω——与弯矩引起的应力同一验算点处的毛截面扇性模量。

(4) 受弯构件整体稳定性的保证

实际工程中，受弯构件常与其他构件相互连接，有利于阻止其丧失稳定性。符合下列情况之一时，可不

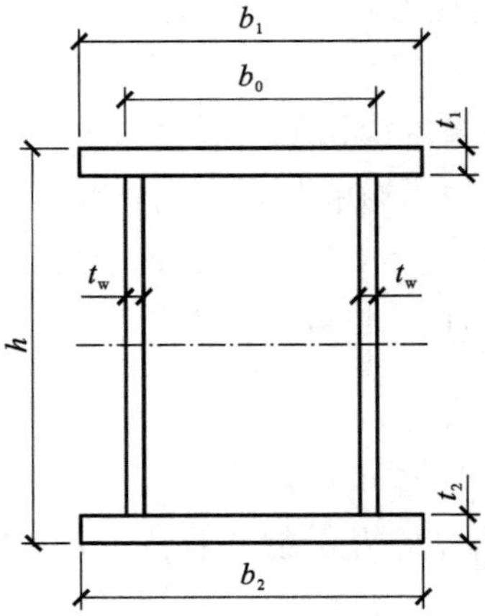

图 4-9 箱形截面受弯构件

计算其整体稳定性：

① 有铺板（各种钢筋混凝土板和钢板）密铺在受弯构件的受压翼缘上并与其牢固连接，能阻止受弯构件的侧向位移时。

② 不符合条件①的箱形截面简支受弯构件，其截面尺寸（图 4-9）满足 $h/b_0 \leqslant 6$，$l_1/b_0 \leqslant 95(235/f_y)$时，不必计算其整体稳定性。

【例 4-3】 如图 4-10 所示，焊接工字形截面简支梁，跨度为 15 m，固定集中荷载设计值 $F=400$ kN（不考虑梁自重），钢材为 Q345 钢。假定在梁固定集中荷载处有侧向支承点，可以阻止梁受压翼缘的侧向移动。试验算梁的整体稳定性。已知：Q345 钢，$f=310\ \text{N/mm}^2$，$\beta_b=1.2$。

【解】 (1) 计算截面的几何性质。

$$A=1\times150+2\times1.4\times27=225.6(\text{cm}^2)$$

$$I_x=\frac{1}{12}\times1\times150^3+2\times1.4\times27\times75.7^2=714475(\text{cm}^4)$$

$$I_y=2\times\frac{1}{12}\times1.4\times27^3=4592.7(\text{cm}^4)$$

$$W_x=\frac{714475}{76.4}=9352(\text{cm}^3)$$

$$i_y=\sqrt{\frac{4592.7}{225.6}}=4.512(\text{cm})$$

(2) 稳定性验算。

$$M_x=400\times5=2000(\text{kN}\cdot\text{m})$$

$$\lambda_y=\frac{500}{4.512}=110.82$$

$$\begin{aligned}\varphi_b&=\beta_b\frac{4320}{\lambda_y^2}\frac{Ah}{W_x}\left[\sqrt{1+\left(\frac{\lambda_y t_1}{4.4h}\right)^2}+\eta_b\right]\frac{235}{f_y}\\&=1.2\times\frac{4320}{110.82^2}\times\frac{225.6\times152.8}{9352}\sqrt{1+\left(\frac{110.82\times1.4}{4.4\times152.8}\right)^2}\times\frac{235}{345}\\&=1.088>0.6\end{aligned}$$

(3) 修正。

$$\varphi'_b=1.07-\frac{0.282}{\varphi_b}=1.07-\frac{0.282}{1.088}=0.811$$

$$\frac{M_x}{\varphi'_b W_x}=\frac{2000\times10^6}{0.811\times9352\times10^3}=263.7(\text{N/mm}^2)<f=310\ \text{N/mm}^2$$

稳定性满足要求。

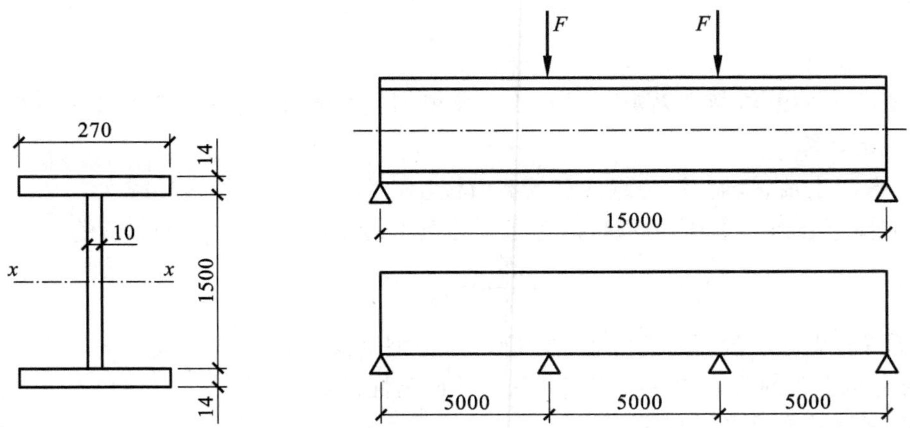

图 4-10 焊接工字形截面简支梁

知识归纳

(1) 受弯构件在平面内弯矩作用下，当弯矩逐渐增加达到某一数值时，构件突然发生侧向弯曲和扭转，并丧失继续承载能力的现象称为弯扭屈曲或丧失整体稳定性，此时的弯矩为临界弯矩，该失稳现象属于稳定分岔失稳。

(2) 钢结构受弯构件的临界弯矩和侧向弯曲刚度、扭转刚度、翘曲刚度、支承约束条件、跨度、截面形式、荷载类型及作用位置等有关。侧向弯曲刚度越大，临界弯矩越大；增加侧向支承或加强端部约束条件，也可增大临界弯矩；荷载作用点位置越低，临界弯矩越大；当荷载作用在剪心时，纯弯曲作用的受弯构件的临界弯矩最低，均布荷载作用的临界弯矩次之，集中荷载作用者最高。

(3) 影响受弯构件临界弯矩的因素很多，《钢结构设计标准》(GB 50017—2017)是先将临界弯矩转换为其整体稳定系数，然后将其引入设计公式。

(4)《钢结构设计标准》(GB 50017—2017)在按弹性阶段计算的整体稳定系数中未考虑初始缺陷的影响，也不考虑端部支承的约束作用，一律按简支端考虑来适当补偿初始缺陷的不利影响。在弹塑性阶段则需考虑初始缺陷的影响。

独立思考

4-1 简述钢结构受弯构件整体失稳过程及其特征。

4-2 纯弯构件弹性弯扭失稳计算的基本假定有哪些？

4-3 什么是梁的整体稳定系数？试分析其影响因素。

4-4 钢结构受弯构件的临界弯矩与哪些因素有关？

4-5 荷载作用位置如何影响临界弯矩的大小？

4-6 受弯构件的等效弯矩系数有何含义？

4-7 我国钢结构设计标准在钢梁整体稳定计算时如何考虑初始缺陷和约束条件的影响？

参考文献

[1] 吕烈武，沈世钊，沈祖炎，等．钢结构构件稳定理论．北京：中国建筑工业出版，1983.

[2] 钟善桐．钢结构稳定设计．北京：中国建筑工业出版社，1991.

[3] 陈骥．钢结构稳定理论与设计．6版．北京：科学出版社，2014.

[4] 陈绍蕃．钢结构稳定设计指南．3版．北京：中国建筑工业出版社，2013.

[5] 周绪红，郑宏．钢结构稳定．北京：中国建筑工业出版社，2004.

[6] 郝际平，钟炜辉．薄壁杆件的弯曲与扭转．北京：高等教育出版社，2006.

[7] 周绪红，王世纪．薄壁构件稳定理论及其应用．北京：科学出版社，2009.

[8] 苏明周，申跃奎．钢结构稳定原理．北京：科学出版社，2012.

[9] 郭耀杰．钢结构稳定设计．武汉：武汉大学出版社，2003.

[10] 中华人民共和国住房和城乡建设部，中华人民共和国国家质量监督检验检疫总局．GB 50017—2017 钢结构设计标准．北京：中国建筑工业出版社，2018.

5

压弯构件的稳定

课前导读

◁ 内容提要

本章主要内容包括钢结构压弯构件的失稳现象，压弯构件平面内失稳和平面外失稳的计算方法。本章的教学重点为钢结构压弯构件平面内失稳的计算及其应用。

◁ 能力要求

通过本章的学习，学生应了解钢结构压弯构件的失稳特征，掌握压弯构件平面内失稳和平面外失稳的基本理论和计算方法，熟悉压弯构件非弹性失稳的计算方法。

5.1 压弯构件的失稳现象

受偏心轴力作用的构件或同时受轴力和横向荷载作用的构件称为压弯构件。由于压弯构件兼有受压和受弯的功能，又普遍出现在框架结构中，因此又称为梁柱。单轴受弯的压弯构件与轴心压杆一样，会以平面弯曲的形式失稳（即在弯矩作用平面内失稳）；也可以像梁一样以既弯又扭的空间变形形式失稳（即在弯矩作用平面外失稳）。双轴受弯的压弯构件则总是呈既弯又扭的空间变形失稳。平面失稳和空间失稳形式是属于两种不同性质的问题，应分别加以考虑。

压弯构件的弯曲失稳为第二类稳定问题，即极值点失稳。对理想的两端简支的双轴对称工形截面压弯构件，在两端作用有轴向压力 P 和使构件产生同向曲率变形的弯矩 M，如果在其侧向有足够的支撑[图 5-1(b)]，构件将发生平面内的弯曲失稳，其荷载-挠度曲线如图 5-2(a)中曲线 a 所示，失稳的极限荷载为 P_u，属于极值点失稳。

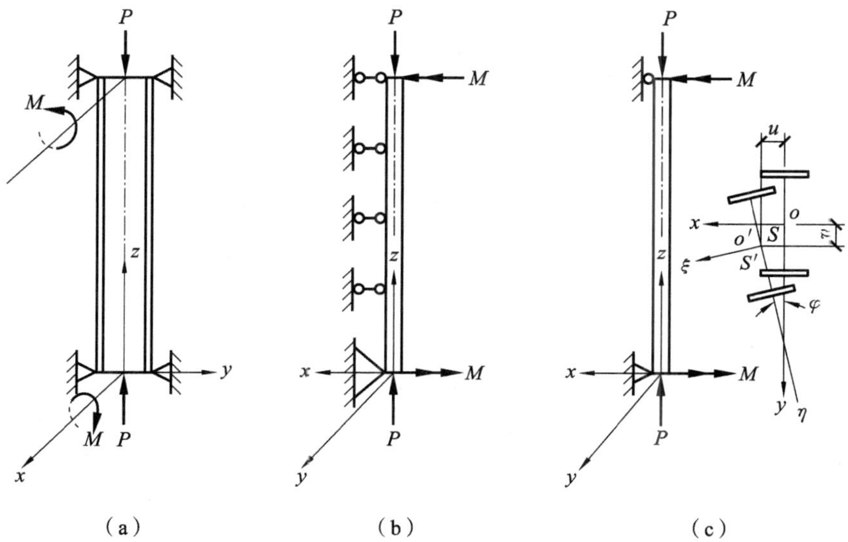

图 5-1 两端简支理想压弯构件

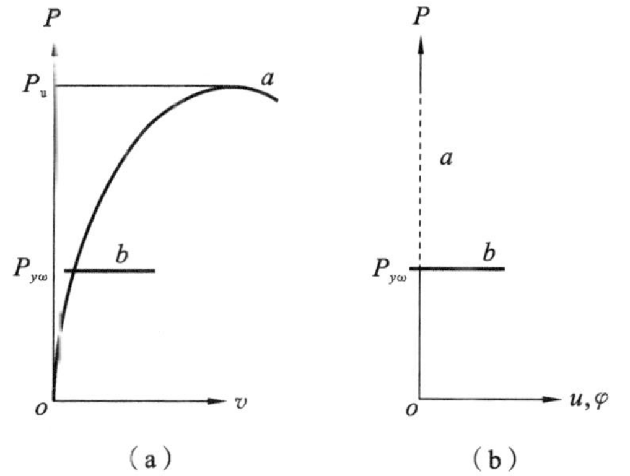

图 5-2 压弯构件荷载变形曲线

弯扭失稳对理想的无缺陷的压弯构件属于第一类稳定问题，即分支点失稳，但对实际构件则是极值点失稳。如图 5-1(c)所示，如果压弯构件在侧向没有设置支撑，则在荷载 P 未达到平面内极限荷载 P_u 时，构件可能发生弯扭失稳，即在弯矩作用平面内产生挠度 v，在平面外剪心产生位移 u，并绕纵轴产生扭转角 φ

[图 5-1(d)],其荷载-变形曲线如图 5-2(b)中曲线 b 所示,属于分支点失稳,失稳荷载为 $P_{y\omega}$,且 $P_{y\omega}<P_u$。

弯曲失稳一般在弹塑性阶段出现,而弯扭失稳可能发生在弹性阶段,也可能出现在弹塑性阶段。在弹塑性阶段发生弯扭屈曲时,构件在屈曲之前的受力状态与加载顺序有关,加载顺序不同,将影响屈曲荷载。

5.2 压弯构件平面内失稳

压弯构件平面失稳的性质,可以用图 5-3 来阐明。设作用在杆件上的轴力 N 和端弯矩 M 按比例增长(即 M/N 为常数,等于 e)。施加荷载后,杆件即出现挠度 v,并造成附加弯矩 Nv[图 5-3(a)]。此时,v 和 M 之间的关系是非线性的。如果材料始终保持弹性,则图 5-3(b)中荷载-变形曲线为趋近于欧拉临界力 N_E 的 $OAGD$ 曲线。但实际上,曲线到达 A 点后,因材料有一部分开始屈服,该杆件的刚度逐渐降低,从 A 点起曲线转向 $ABCF$ 曲线。线段 CF 是属于造成塑性铰的端弯矩和变形的关系曲线。

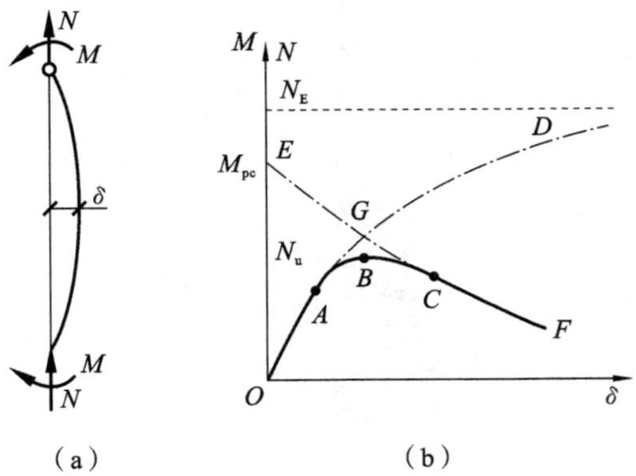

图 5-3 压弯构件的平面失稳

现设 M_{pc} 为 M、N 共同作用下截面的全塑性弯矩。由于存在附加弯矩,端弯矩的最大值应是 $M=M_{pc}-Nv$ 或 $M=eM_{pc}/(e+v)$。上式可由图 5-3(b)中的 $EGCF$ 曲线表示,它和 $OAGD$ 曲线相交于 G 点,因为截面塑性是从 A 点开始发展的,杆件所能承受的最大端弯矩由 G 点下降到 B 点。B 点即表示构件失稳的临界状态,相应的荷载 N_u 和 $M_u=N_ue$ 即为临界荷载。由 B 点的位置可知,压弯构件失稳时总是先有一部分材料进入了塑性。但受力最大的截面并没有完全塑化,因为塑性铰到 C 点才开始形成。

以上分析并没有考虑初始弯曲和残余应力的影响。这些缺陷虽然能够使临界荷载下降,但并不改变杆件失稳的性质。压弯构件平面内弯曲失稳的弹性分析虽然不能求出极限荷载,但它是弹塑性分析的基础,因此有必要先研究压弯构件平面内的弹性失稳。

5.2.1 横向荷载作用下弹性压弯构件的变形和内力

5.2.1.1 横向均布荷载作用的压弯构件

研究图 5-4(a)所示在均布荷载 q 作用下两端铰接的压弯构件的挠曲线最大挠度和最大弯矩。假定材料完全弹性,取图 5-4(c)所示隔离体,在距左端 x 处截面的内力矩 $M_f=-EIy''$,外力矩 $M_e=Py+qx(l-x)/2$,平衡方程为

$$EIy''+Py=qx(l-x)/2$$

令 $k^2=P/EI$,则

$$y''+k^2y=\frac{qx(x-l)}{2EI} \tag{5-1}$$

式(5-1)的特解可写作 $\bar{y}=c_1x^2+c_2x+c_3$,代入式(5-1),有

$$(Pc_1-q/2)x^2+(Pc_2+ql/2)x+Pc_3+2EIc_1=0$$

上式是恒等式,故

$$c_1=q/(2P),\quad c_2=-ql/(2P),\quad c_3=-EIq/P^2$$

式(5-1)对应的齐次线性方程式 $y''+k^2y=0$ 的通解可写作 $y=A\sin(kx)+B\cos(kx)$,则方程式(5-1)的通解为

$$y=A\sin(kx)+B\cos(kx)+qx^2/(2P)-qlx/(2P)-EIq/P^2 \tag{5-2}$$

由边界条件 $y(0)=0, y(l)=0$ 得

$$A=EIq/P^2\cdot\tan(kl/2),\quad B=EIq/P^2$$

则

$$y=\frac{q}{k^4EI}\left[\tan\frac{kl}{2}\sin(kx)+\cos(kx)-1\right]-\frac{qx}{2k^2EI}(l-x) \tag{5-3}$$

构件在 $x=l/2$ 处有最大挠度 y_{max}，令 $u=kl/2$，可得

$$y_{max}=\frac{ql^4}{16EIu^4}\left(\frac{1-\cos u}{\cos u}\right)-\frac{ql^4}{32EIu^2}$$

$$=y_0\left[\frac{12(2\sec u-u^2-2)}{5u^4}\right] \tag{5-4}$$

式中，$y_0=5ql^4/(384EI)$ 是均布荷载作用下简支梁的最大挠度，即当 $P=0$ 时，由式(5-4)求得的最大挠度。式(5-4)中括号内的值为考虑轴线压力后最大挠度的放大系数。

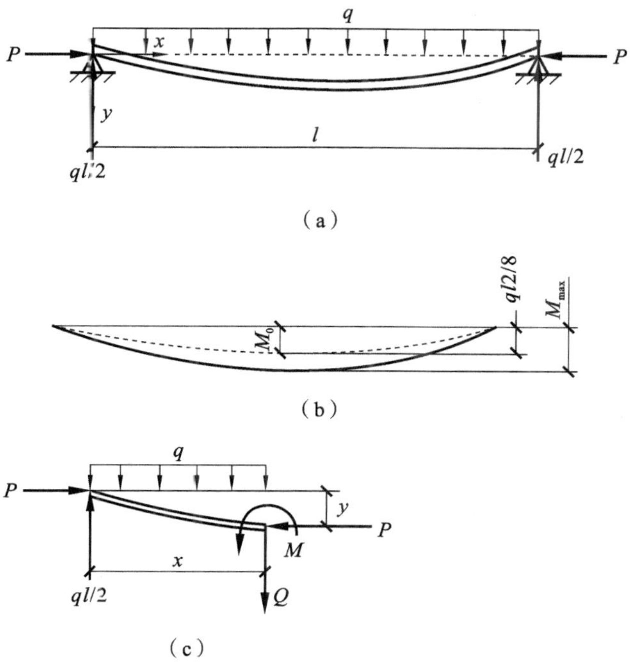

图 5-4 均布荷载作用的压弯构件

将 $\sec u$ 展开成幂级数，有

$$\sec u=1+\frac{1}{2}u^2+\frac{5}{24}u^4+\frac{61}{720}u^6+\frac{277}{8064}u^8+\cdots$$

式中

$$u=\frac{kl}{2}=\frac{l}{2}\sqrt{\frac{P}{EI}}=\frac{\pi}{2}\sqrt{P/P_E}$$

则式(5-4)可写成

$$y_{max}=y_0[1+1.034(P/P_E)+1.0038(P/P_E)^2+\cdots]\approx y_0\frac{1}{1-P/P_E}$$

$$=A_my_0 \tag{5-5}$$

式中，$A_m=1/(1-P/P_E)$是最大挠度的放大系数。与式(5-4)比较，由近似式得到的最大挠度，其差别通常在1%左右。y_{max}与 P 呈非线性关系。压力的增加将导致压弯构件抗弯刚度的降低，当 P 接近 P_E 时，y_{max}将趋向于无限大，说明此时构件的抗弯能力消失了。这种现象和图 5-2 所示的二阶弹性荷载-挠度曲线是类同的。显然 P_E 不是压弯构件的极限荷载。

构件中点的最大弯矩为

$$M_{\max}=ql^2/8+Py_{\max}=M_0\left(1+\frac{1.028P/P_E}{1-P/P_E}\right)=\frac{\beta_m M}{1-P/P_E}=A_m M_0 \tag{5-6}$$

式中，$M_0=ql^2/8$ 是均布荷载作用下简支梁跨中的最大弯矩；β_m 为等效弯矩系数；A_m 为弯矩放大系数，用以考虑轴压力 P 产生的二阶效应，或称压弯构件的 $P\text{-}\delta$ 效应。在图 5-4(b)中虚线与实线之间的弯矩差别表明了 $P\text{-}\delta$ 效应。

5.2.1.2　横向集中荷载作用的压弯构件

再来看图 5-5(a)两端简支的、在跨中有集中荷载作用的压弯构件，其弯矩见图 5-5(b)。

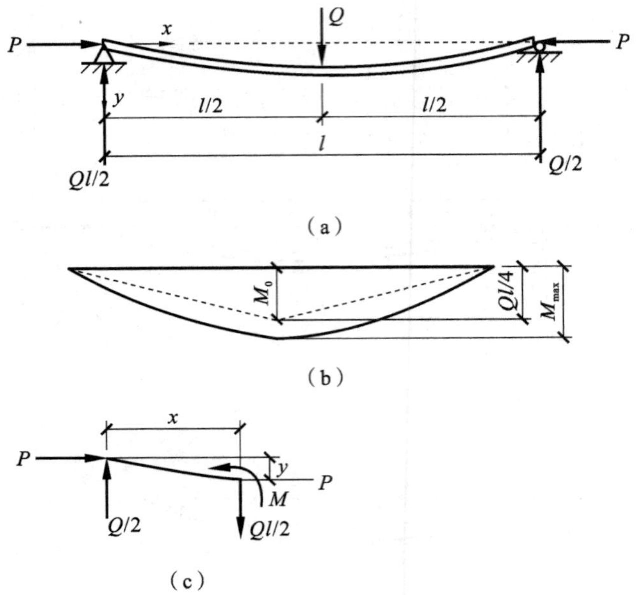

图 5-5　跨中集中荷载作用的压弯构件

由图 5-5(c)知，当 $0<x\leqslant l/2$ 时，平衡方程为

$$EIy''+Py=-Qx/2$$

令 $k^2=P/(EI)$，则

$$y''+k^2y=-Qx/(2EI) \tag{5-7}$$

通解为

$$y=A\sin(kx)+B\cos(kx)-Qx/(2P)$$

引入边界条件 $y(0)=0, y'(l/2)=0$，得 $B=0, A=\frac{Q}{2Pk}\sec(kl/2)$，则通解为

$$y=\frac{Q}{2Pk}\left[\sec\frac{kl}{2}\sec(kx)-kx\right] \tag{5-8}$$

令 $u=kl/2$，当 $x=l/2$ 时，跨中最大挠度为

$$y_{\max}=\frac{Ql}{4Pu}(\tan u-u)=\frac{Ql^3}{48EI}\cdot\frac{3}{u^3}(\tan u-u)=y_0\frac{3(\tan u-u)}{u^3} \tag{5-9}$$

式中，$y_0=Ql^3/(48EI)$ 是集中荷载 Q 作用在跨中时简支梁的最大挠度，$3(\tan u-u)/u^3$ 是有轴压力作用时最大挠度放大系数。

将 $\tan u$ 展开成幂级数

$$\tan u=u+u^3/3+2u^5/15+17u^7/315+\cdots$$

将 $u=kl/2=\frac{\pi}{2}\cdot\sqrt{P/P_E}$ 代入式(5-9)，则式(5-9)可改写为

$$y_{\max}=y_0[1+0.987(P/P_E)+0.986(P/P_E)^2+\cdots]\approx y_0\frac{1}{1-P/P_E} \tag{5-10}$$

式中，$1/(1-P/P_E)$ 为最大挠度放大系数。

跨中最大弯矩为

$$
\begin{aligned}
M_{\max} &= Ql/4 + P y_{\max} = \frac{Ql}{4}\left[1 + \frac{Pl^2}{12EI(1-P/P_{\mathrm{E}})}\right] \\
&= M_0\left(\frac{1-0.178P/P_{\mathrm{E}}}{1-P/P_{\mathrm{E}}}\right) = \frac{\beta_{\mathrm{m}} M_0}{1-P/P_{\mathrm{E}}} = A_{\mathrm{m}} M_0
\end{aligned}
\tag{5-11}
$$

式中，$M_0=Ql/4$ 是集中荷载作用下简支梁最大弯矩；β_{m} 为等效弯矩系数；弯矩放大系数 $A_{\mathrm{m}} \approx \dfrac{1-0.2P/P_{\mathrm{E}}}{1-P/P_{\mathrm{E}}}$。

【例 5-1】 求解图 5-6(a)所示两端简支压弯构件的最大挠度和最大弯矩。在构件跨度的三分点处各有一横向集中荷载。

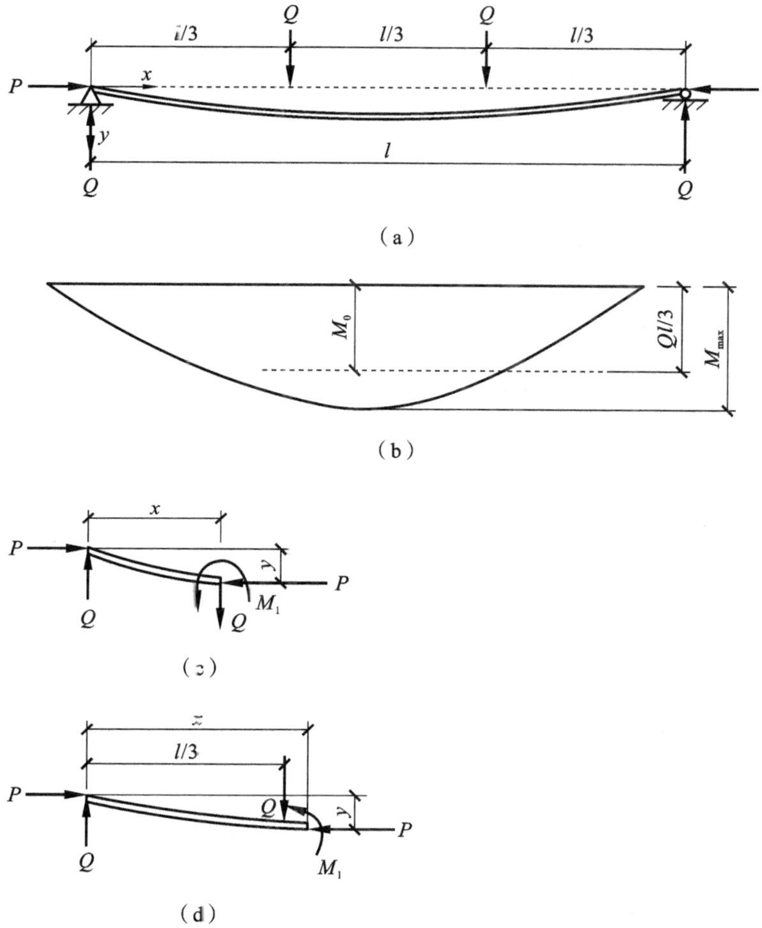

图 5-6　作用有两等间距集中荷载的压弯构件

【解】 在构件上有两个等间距的集中荷载时，其二阶弯矩见图 5-6(b)，构件的弯矩图是不连续的，因此求解时需分段建立平衡方程，其计算简图如图 5-6(c)和(d)所示。

令 $k^2=P/EI$，当 $0<x\leqslant l/3$ 时，平衡方程为

$$y''+k^2 y = -\frac{Qx}{EI} \tag{1}$$

其通解为

$$y = A_1\sin(kx) + B_1\cos(kx) - \frac{Qx}{k^2 EI} \tag{2}$$

由边界条件 $y(0)=0$，得到 $B_1=0$，故

$$y = A_1\sin(kx) - \frac{Qx}{k^2 EI} \tag{3}$$

$$y'=A_1k\cos(kx)-\frac{Q}{k^2EI} \tag{4}$$

当 $x=l/3$ 时，

$$y(l/3)=A_1\sin(kl/3)-\frac{Ql}{3k^2EI} \tag{5}$$

$$y'(l/3)=A_1k\cos(kl/3)-\frac{Q}{k^2EI} \tag{6}$$

当 $l/3\leqslant x\leqslant 2l/3$ 时，平衡方程为

$$y''+k^2y=-\frac{Ql}{3EI} \tag{7}$$

其通解为

$$y=A_2\sin(kx)+B_2\cos(kx)-\frac{Ql}{3k^2EI} \tag{8}$$

$$y'=A_2k\cos(kx)-B_2k\sin(kx) \tag{9}$$

由 $y'(l/2)=0$，得到

$$A_2=B_2\tan(kl/2) \tag{10}$$

当 $x=l/3$ 时，有

$$y(l/3)=A_2\sin(kl/3)+B_2\cos(kl/3)-\frac{Ql}{3k^2EI} \tag{11}$$

$$y'(l/3)=A_2k\cos(kl/3)-B_2k\sin(kl/3) \tag{12}$$

由变形协调条件式(5)等于式(11)得

$$A_1\sin(kl/3)-\frac{Ql}{3k^2EI}=A_2\sin(kl/3)+B_2\cos(kl/3)-\frac{Ql}{3k^2EI} \tag{13}$$

由式(6)等于式(12)得

$$A_1k\cos(kl/3)-\frac{Q}{k^2EI}=A_2k\cos(kl/3)-B_2k\sin(kl/3) \tag{14}$$

联合求解式(10)、式(13)和式(14)可以得到

$$A_1=\frac{Q\cos(kl/6)}{k^3EI\cos(kl/2)},\quad A_2=\frac{Q\sin(kl/3)\tan(kl/2)}{k^3EI},\quad B_2=\frac{Q\sin(kl/3)}{k^3EI}$$

这样，当 $0<x\leqslant l/3$ 时，构件的挠曲线方程为

$$y=\frac{Q\cos(kl/6)}{k^3EI\cos(kl/2)}\sin(kx)-\frac{Qx}{k^2EI} \tag{15}$$

当 $l/3\leqslant x\leqslant 2l/3$ 时，有

$$y=\frac{Q\sin(kl/3)\tan(kl/2)}{k^3EI}\sin(kx)+\frac{Q\sin(kl/3)}{k^3EI}\cos(kx)-\frac{Ql}{3k^2EI} \tag{16}$$

当 $x=l/2$ 时，可由上式得到构件的最大挠度为

$$y_{\max}=\frac{Q}{k^3EI}[\sin(kl/3)\sec(kl/2)-(kl/3)] \tag{17}$$

将三角函数展开为幂级数

$$\sin(kl/3)=kl/3-\frac{1}{6}(kl/3)^3+\frac{1}{120}(kl/3)^5-\frac{1}{5040}(kl/3)^7+\cdots \tag{18}$$

$$\sec(kl/2)=1+\frac{1}{2}(kl/2)^2+\frac{5}{24}(kl/3)^4+\frac{1}{720}(kl/3)^6+\cdots \tag{19}$$

将式(18)和式(19)代入式(17)后经整理可得到

$$y_{\max}=\frac{Q}{k^3EI}[0.958\,(kl/3)^3+0.876\,(kl/3)^5+0.798\,(kl/3)^7+\cdots] \tag{20}$$

简支梁的最大挠度为 $y_3=\frac{23Ql^3}{648EI}$，而且 $kl/3=\frac{\pi}{3}\sqrt{\frac{P}{P_E}}$，这样式(20)可转化为

$$y_{\max}=\frac{23Ql^3}{648EI}[1+1.003P/P_E+1.002(P/P_E)^2+\cdots]\approx y_0\left(\frac{1}{1-P/P_E}\right) \tag{21}$$

构件最大挠度的放大系数为$\dfrac{1}{1-P/P_E}$。

构件的最大弯矩在跨中：

$$\begin{aligned}M_{\max}&=\frac{Ql}{3}+Py_{\max}=\frac{Ql}{3}\times\left[1+\frac{23Pl^2}{216EI(1-P/P_E)}\right]\\&=\frac{Ql}{3}\times\frac{1+0.051P/P_E}{1-P/P_E}\approx M_0\left(\frac{1}{1-P/P_E}\right)\end{aligned} \tag{22}$$

$M_0=Ql/3$是简支梁的最大弯矩，而最大弯矩的放大系数$A_m=\dfrac{1}{1-P/P_E}$，可见A_m与均布荷载作用的压弯构件相同。

通过本例的计算结果可以推知，对两端简支的压弯构件，除在跨度中央只有一个集中荷载外，等间距作用两个或两个以上集中荷载时，最大挠度和最大弯矩的放大系数均为$A_m=\dfrac{1}{1-P/P_E}$。

5.2.2 端弯矩作用下弹性压弯构件的变形和内力

图5-7(a)所示是两端简支的压弯构件，在其两端分别作用着顺时针方向的力矩M_A和M_B，且有$M_B\geqslant M_A$。图5-7(b)所示是其二阶弯矩图，在虚线与水平线范围内的为一阶弯矩，又称主弯矩；虚线与曲线范围内是轴心压力与挠度的乘积，称为次弯矩。需建立图5-7(c)所示隔离体的平衡方程，需先求解挠曲线再找最大弯矩。

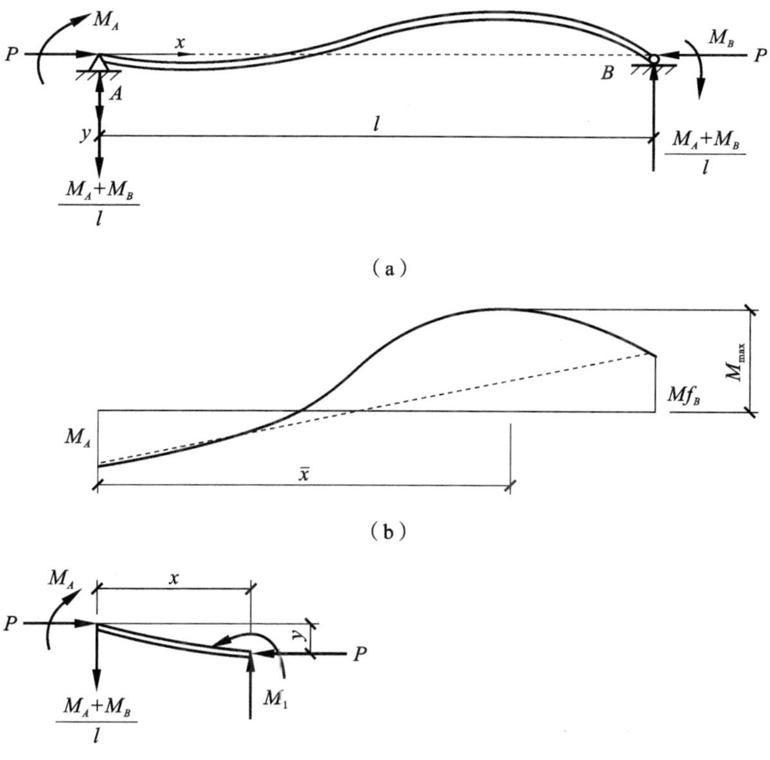

图 5-7 端弯矩作用的压弯构件

5.2.2.1 不等端弯矩作用于压弯构件的挠曲线

令$k^2=P/EI$，平衡方程为

$$y''+k^2y=\frac{M_A+M_B}{EIl}x-\frac{M_A}{EI} \tag{5-12}$$

式(5-12)的通解为

$$y=A\sin(kx)+B\cos(kx)+\frac{M_A+M_B}{k^2EIl}x-\frac{M_A}{k^2EI} \tag{5-13}$$

由边界条件 $y(0)=0$ 和 $y(l)=0$,得到

$$A=-\frac{M_A\cos(kl)+M_B}{k^2EI\sin(kl)},\quad B=\frac{M_A}{k^2EI}$$

将 A 和 B 代入通解即可得到此压弯构件的挠曲线为

$$y=-\frac{M_A\cos(kl)+M_B}{k^2EI\sin(kl)}\sin(kx)+\frac{M_A}{k^2EI}\cos(kx)+\frac{M_A+M_B}{k^2EIl}x-\frac{M_A}{k^2EI} \tag{5-14}$$

$$y'=-\frac{M_A\cos(kl)+M_B}{kEI\sin(kl)}\cos(kx)-\frac{M_A}{kEI}\sin(kx)+\frac{M_A+M_B}{k^2EIl} \tag{5-15}$$

$$y''=\frac{M_A\cos(kl)+M_B}{EI\sin(kl)}\sin(kx)-\frac{M_A}{EI}\cos(kx) \tag{5-16}$$

$$y'''=\frac{k[M_A\cos(kl)+M_B]}{EI\sin(kl)}\cos(kx)+\frac{kM_A}{EI}\sin(kx) \tag{5-17}$$

5.2.2.2 构件的最大弯矩

任意截面的弯矩为

$$M_x=-EIy''=-\frac{M_A\cos(kl)+M_B}{\sin(kl)}\sin(kx)+M_A\cos(kx) \tag{5-18}$$

产生最大弯矩的条件是$\frac{dM_x}{dx}=0$ 或 $y'''=0$,由式(5-17)可以得到离支座 x 处有 M_{max},见图 5-7(b),此处

$$\tan(k\bar{x})=-\frac{M_A\cos(kl)+M_B}{M_A\sin(kl)} \tag{5-19}$$

因为 $kl=\pi\sqrt{P/P_E}<\pi$,所以当 $0\leqslant k\bar{x}\leqslant\pi$ 时,$\sin(k\bar{x})$为正值,故

$$\sin(k\bar{x})=\frac{M_A\cos(kl)+M_B}{\sqrt{M_A^2+2M_AM_B\cos(kl)+M_B^2}}\leqslant 0 \tag{5-20}$$

$$\cos(k\bar{x})=\frac{M_A\cos(kl)+M_B}{\sqrt{M_A^2+2M_AM_B\cos(kl)+M_B^2}}\leqslant 0 \tag{5-21}$$

将式(5-20)和式(5-21)两式代入式(5-18)后得到

$$M_{max}=-M_B\sqrt{\frac{(M_A/M_B)^2+2(M_A/M_B)\cos(kl)+1}{\sin^2(kl)}}\leqslant 0 \tag{5-22}$$

式中的 $M_B>M_A$,而右侧带根号的值为弯矩放大系数 A_m。式中带有负号,说明最大弯矩使截面的上侧产生拉应力,见图 5-7(b)的右侧,截面的弯矩方向与图 5-7(c)所示隔离体中 M_1 的方向正好相反。

从式(5-22)可知,最大弯矩不仅与轴心压力有关,还与端弯矩的比值 M_A/M_B 有关。关于最大弯矩截面的所在位置,如果由式(5-19)得到的 $\bar{x}$ 在 0 与 l 之间,其条件是 $M_A/M_B\leqslant\cos(kl)$,那么弯矩放大系数 A_m 将大于或等于 1.0;如果得到的 $\bar{x}<0$ 或者 $\bar{x}>l$,显然最大弯矩只可能发生在构件端部,其条件是 $M_A/M_B>\cos(kl)$,此时,$M_{max}=M_B$,$A_m=1.0$,而式(5-22)就没有实际意义,对于 $0.5\leqslant M_A/M_B\leqslant 1.0$ 的压弯构件就有可能发生这种现象。不仅如此,而且从理论上说,有可能发生一个原来具有双向曲率变形的压弯构件瞬间反弹为只有单向曲率变形的失稳现象,称为 Zimmermann 现象,类似于分岔失稳。

5.2.3 压弯构件的等效弯矩和等效弯矩系数

前面研究了横向荷载或端弯矩作用下压弯构件的最大弯矩,需找出它们与典型压弯构件之间的关系式。可以用两端作用有使构件产生相同方向弯曲变形的等弯矩简支构件作为典型的压弯构件,分析其受力性能,而后对其他不同受力条件的压弯构件,可将它们与典型构件做比较,找出它们相互之间的关系,以给出压弯构件稳定设计的通式。

5.2.3.1 端弯矩的符号规定

5.2.2 节在推导端弯矩作用下压弯构件的挠曲线公式、弯矩、转角和曲率之间的关系式时，规定图 5-7(a)中的 M_A 和M_B 均以顺时针的力矩为正，这种符号规定对于推导公式是必需的，因为它们之间存在内在的数学关系，但是用于压弯构件的具体设计时就非常不方便。本节将端弯矩用符号 M_1 和 M_2 表示，而且按照压弯构件受力后的物理现象规定其正负号。规定 M_1 和 M_2 使构件产生同向曲率(或称单曲率)变形时，均取同号正值，如图 5-8(a)所示，且设 $M_1 \geqslant M_2$；规定 M_1 和 M_2 使构件产生异向曲率(或称双曲率)变形时取异号，即如取 M_1 为正值时，则 M_2 取为负值，且设$|M_1| \geqslant |M_2|$。如前面的图 5-7(a)就属于具有异向曲率变形的压弯构件，此时以$|M_1| \geqslant |M_2|$为准。

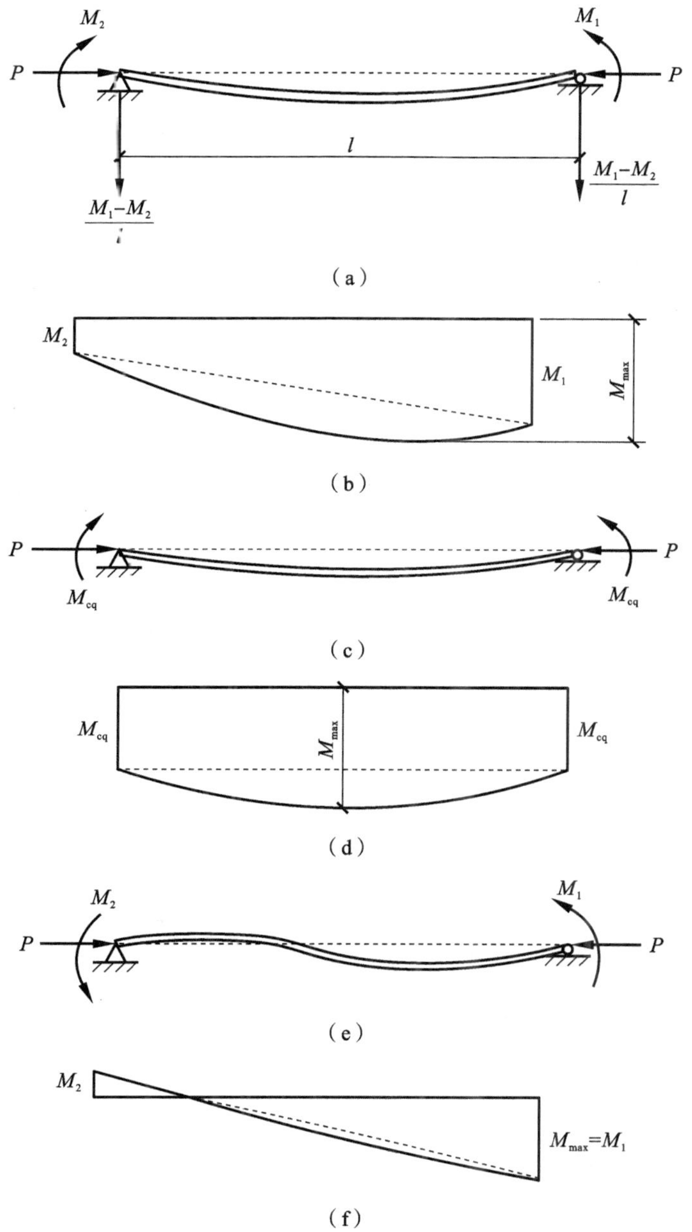

图 5-8 压弯构件的等效弯矩

5.2.3.2 等效弯矩和等效弯矩系数

对于图 5-8(a)所示两端作用着 M_1 和 M_2 不相等弯矩的压弯构件，可采用和 5.2.2 节相同的方法得到构件的最大弯矩，但可利用式(5-22)按照新的符号规定更改式中的符号后，直接写出

$$M_{max}=M_1\sqrt{\frac{(M_2/M_1)^2-2(M_2/M_1)\cos(kl)+1}{\sin^2(kl)}} \tag{5-23}$$

对于两端弯矩相等的压弯构件，即当 $M_2=M_1$ 时，最大弯矩为

$$M_{max}=M_1\sqrt{\frac{-2[1-\cos(kl)]}{\sin^2(kl)}}=M_1\sec\frac{kl}{2} \tag{5-24}$$

在构件的几何尺寸、轴心压力和支承条件都相同的情况下，用图 5-8(c)所示两端作用有相等弯矩 M_{eq} 的压弯构件来替代图 5-8(a)所示压弯构件，其条件是两构件的最大弯矩应相等，即图 5-8(b)中的 M_{max} 与图 5-8(d)中的 M_{max} 相等，M_{eq} 称为等效弯矩，此时

$$M_{max}=M_{eq}\sqrt{\frac{2[1-\cos(kl)]}{\sin^2(kl)}}$$

当 $M_2/M_1\geqslant\cos(kl)$ 时，

$$M_{max}=M_1\sqrt{\frac{(M_2/M_1)^2-2(M_2/M_1)\cos(kl)+1}{\sin^2(kl)}}=M_{eq}\sqrt{\frac{2[1-\cos(kl)]}{\sin^2(kl)}} \tag{5-25}$$

这样等效弯矩应是

$$M_{eq}=M_1\sqrt{\frac{(M_2/M_1)^2-2(M_2/M_1)\cos(kl)+1}{2[1-\cos(kl)]}}=\beta_m M_1 \tag{5-26}$$

式中，β_m 称为等效弯矩系数，它是等效弯矩 M_{eq} 与较大端弯矩 M_1 的比值，由式(5-26)得到其表达式为

$$\beta_m=\sqrt{\frac{(M_2/M_1)^2-2(M_2/M_1)\cos(kl)+1}{2[1-\cos(kl)]}} \tag{5-27a}$$

对于图 5-8(e)，当 $M_2/M_1<\cos(kl)$ 时，最大弯矩在构件的端部，由 $M_{max}=M_1$，通过式(5-25)和式(5-26)可得到等效弯矩系数为

$$\beta_m=\sqrt{\frac{\sin^2(kl)}{2[1-\cos(kl)]}}=\cos\frac{kl}{2} \tag{5-27b}$$

由此可以画出 β_m 与 M_2/M_1 和 P_E 之间的关系曲线，曲线终止在构件的最大弯矩 M_{max} 将小于 M_1 处。可以画出与这些曲线相逼近的实用的设计曲线，其中有 C. Massonet 建议的虚线，如图 5-9 所示。

$$\beta_m=\sqrt{0.3(M_2/M_1)^2+0.4(M_2/M_1)+0.3} \tag{5-28}$$

W. J. Austin 建议用图中由两段直线组成的实线，有

$$\beta_m=0.6+0.4M_2/M_1\geqslant 0.4 \tag{5-29}$$

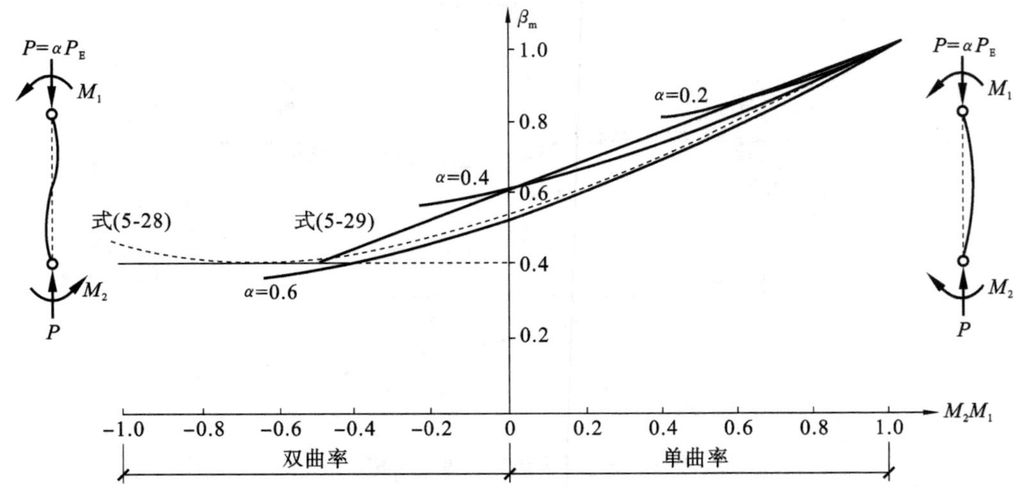

图 5-9 等效弯矩系数

由式(5-25)和式(5-26)，并利用关系式 $\sec\frac{kl}{2}\approx\frac{1+0.234P/P_E}{1-P/P_E}$ 得到

$$M_{\max}=M_{\mathrm{eq}}\sqrt{\frac{2[1-\cos(kl)]}{\sin^2(kl)}}=M_{\mathrm{eq}}\sec\frac{kl}{2}=\left[\frac{\beta_{\mathrm{m}}(1+0.234P/P_{\mathrm{E}})}{1-P/P_{\mathrm{E}}}\right]M_1 \tag{5-30}$$

式中，$\frac{\beta_{\mathrm{m}}(1+0.234P/P_{\mathrm{E}})}{1-P/P_{\mathrm{E}}}$即为不等端弯矩作用下压弯构件的弯矩放大系数 A_{m}。当计算出的 $A_{\mathrm{m}}<1.0$ 时，说明最大弯矩不是位于构件的两端之间，而是位于构件的端部，这时应该用 $M_{\max}=M_1$，所以 $A_{\mathrm{m}}=1.0$，此时 $M_{\max}=M_{\mathrm{eq}}\sec\frac{kl}{2}=M_1$，而 $M_{\mathrm{eq}}=\beta_{\mathrm{m}}M_1$，故

$$\beta_{\mathrm{m}}=\cos\frac{kl}{2}\approx\frac{1-P/P_{\mathrm{E}}}{1+0.234P/P_{\mathrm{E}}} \tag{5-31}$$

5.2.3.3 横向荷载作用下压弯构件的弯矩折减系数和等效弯矩系数

在 5.2.1 节已经得到了在横向均布荷载作用下两端简支的压弯构件的最大弯矩为 $M_{\max}=\frac{M_0}{1-P/P_{\mathrm{E}}}$，这里的 $M_0=ql^2/8$；又得到了在跨中有横向集中荷载作用下压弯构件的最大弯矩为 $M_{\max}=\frac{1-0.2P/P_{\mathrm{E}}}{1-P/P_{\mathrm{E}}}M_0$，这里的 $M_0=Ql/4$。经比较后可把后者的分子 $1-0.2P/P_{\mathrm{E}}$ 称为弯矩折减系数。弯矩折减系数都是通过将在横向荷载作用下的压弯构件的最大弯矩与均布荷载作用的最大弯矩比较后得到的。当跨中有两个以上等间距的集中荷载作用时，其弯矩折减系数为 1.0。但是为了便于应用，将横向荷载作用的压弯构件的最大弯矩也和均匀受弯的压弯构件的最大弯矩做比较，它们具有相同的一阶最大弯矩 M_0，得到的比值统称为等效弯矩系数 β_{m}。这样一来，横向均布荷载作用下压弯构件的等效弯矩系数为 $\beta_{\mathrm{m}}=\frac{1}{1+0.234P/P_{\mathrm{E}}}$；对于跨中有横向集中荷载的压弯构件，应为 $\beta_{\mathrm{m}}=\frac{1-0.2P/P_{\mathrm{E}}}{1+0.234P/P_{\mathrm{E}}}$。

5.2.4 压弯构件平面内弹塑性弯曲失稳

从图 5-3 可以看出，当压弯构件截面边缘纤维开始屈服，构件进入弹塑性阶段后，随着外荷载的增加，截面弹性区缩小，构件抗弯刚度降低，变形加快，以至构件抗弯能力增加小于外力作用效应的增加，达到极限状态时（图 5-3 所示极值点 B），内外力开始无法平衡，构件发生平面内弹塑性整体失稳。

由于压弯构件的截面形状、尺寸和外力作用方式等不同，弯曲失稳时构件塑性发展的范围可能只出现在图 5-10(a) 所示的阴影区，即弯曲凹面受压的一侧；也可能如图 5-10(b) 所示，在受压凹面和受拉凸面同时出现塑性区；对单轴对称截面压弯构件，塑性区也可能只出现在受拉凸面的一侧，如图 5-10(c) 所示。

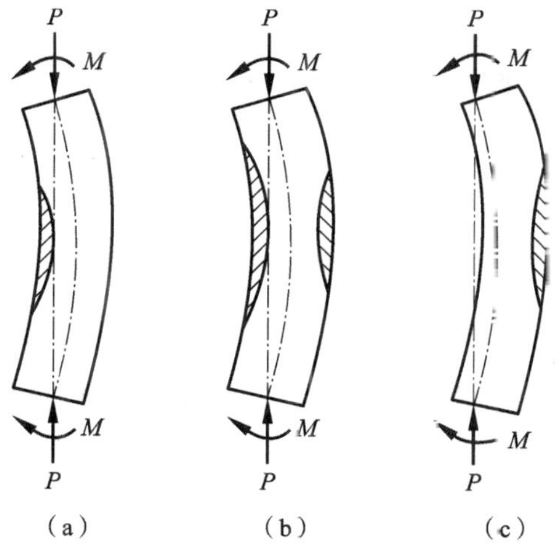

图 5-10 压弯构件弯曲失稳的塑性区分布

压弯构件的极限荷载求解比较困难，一般情况下，可用数值积分法得到数值解，但如果截面形状比较简单，不考虑初弯曲和较复杂的残余应力分布影响时，经简化后也可用解析法得到近似解。

5.2.4.1 *解析法*

对于轴压力 P 和两端相同弯矩 M 共同作用的两端简支压弯构件（图 5-11），用 Jezek 解析法求解可以求出精确度比较高的极限荷载。其假设为：

① 材料为理想的弹塑性体；

② 构件的变形曲线为正弦曲线的一个半波。

图 5-11(a) 是矩形截面的压弯构件，在轴力 P 和端弯矩 M 共同作用下，平面内弹塑性弯曲失稳时构件截面的塑性有两种类型：一类只出现在受压区，如图 5-11(b) 阴影部分所示，截面弹性区高度为 h_{e}，细长构件常属此类；另一类为受压、受拉区均出现塑性区，如图 5-11(e) 所示，短粗构件常属此类。

下面分别加以讨论：

(1) 第一种情况：塑性区仅出现在受压区[图 5-11(b)]

图 5-11(c)、(d)分别为第 1 种情况截面的应变和应力图。以 $P_y=A\sigma_y$ 表示轴心受压时全截面屈服压力，由构件轴线方向力的平衡条件得

$$P=\sigma_y A-\frac{1}{2}(\sigma_y+\sigma_t)bh_e \quad 或 \quad \sigma_y+\sigma_t=\frac{2(P_y-P)}{bh_e} \tag{5-32}$$

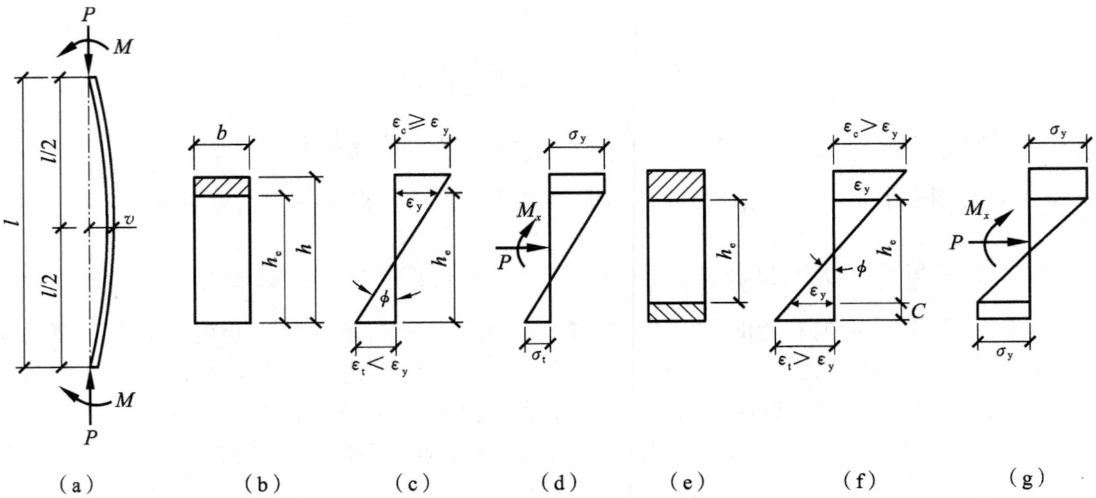

图 5-11 矩形截面压弯构件中央截面的应变和应力

由力矩的平衡条件知

$$M+Pv=\frac{1}{2}(\sigma_y+\sigma_t)bh_e\left(\frac{h}{2}-\frac{h_e}{3}\right) \tag{5-33}$$

由式(5-33)可解出弹性区高度为

$$h_e=\frac{3h}{2}-\frac{3(M+Pv)}{P_y-P} \tag{5-34}$$

由应变图知，曲率

$$\Phi=\frac{\varepsilon_y+\varepsilon_t}{h_e}=\frac{\sigma_y+\sigma_t}{Eh_e}=\frac{2(P_y-P)}{Ebh_e^2} \tag{5-35}$$

根据变形曲线假定，挠曲线为

$$y=v\sin(\pi x/l) \tag{5-36}$$

中央截面处的曲率为

$$\Phi=-y''(l/2)=v\pi^2/l^2 \tag{5-37}$$

由式(5-35)、式(5-36)知

$$v\frac{\pi^2}{l^2}=\frac{2(P_y-P)}{Ebh_e^2} \tag{5-38}$$

将式(5-34)代入式(5-38)后，得到构件压力 P 与挠度 v 的函数关系

$$v\left[\frac{h}{2}\left(1-\frac{P}{P_y}\right)-\frac{M+Pv}{P_y}\right]^2=\frac{2l^2P_y}{9b\pi^2E}\left(1-\frac{P}{P_y}\right)^3 \tag{5-39}$$

由极值条件 $\frac{dP}{dv}=0$，得

$$v=\frac{1}{3}\frac{P_y}{P}\left[\frac{h}{2}\left(1-\frac{P}{P_y}\right)-\frac{M}{P_y}\right] \tag{5-40}$$

将式(5-40)代入式(5-39)后，得

$$P=\frac{\pi^2E}{l^2}\times\frac{1}{12}bh^3\left[1-\frac{2M}{hP_y(1-P/P_y)}\right]^3 \tag{5-41}$$

由于 $P=0$ 时，截面边缘纤维开始屈服时的弯矩 $M_y=\frac{1}{6}bh^2\sigma_y=\frac{1}{6}P_yh$，且全截面的惯性矩 $I_x=\frac{1}{12}bh^3$，

则构件在平面内弯曲失稳的弹塑性极值荷载

$$P_u=\frac{\pi^2EI_x}{l^2}\left[1-\frac{M}{3M_y(1-P_u/P_y)}\right]^3 \tag{5-42}$$

将式(5-40)代入式(5-34)，得第一种情况的弹性区高度

$$h_e=h\left[1-\frac{M}{3M_y(1-P_u/P_y)}\right] \tag{5-43}$$

则式(5-42)可以写成

$$P_u=\frac{\pi^2EI_x}{l^2}\left(\frac{h_e}{h}\right)^3=\frac{\pi^2EI_{ex}}{l^2} \tag{5-44}$$

式中，I_{ex}是弹性区截面惯性矩，说明塑性发展使构件抗弯刚度下降至EI_{ex}，极限荷载与以弹性区为截面的轴心受压构件的欧拉临界力相当。

塑性区出现第一种情况的条件是图5-11(d)中截面受拉侧的应力$\sigma_t\leqslant\sigma_y$，由式(5-32)可以得出

$$h_e\geqslant(1-P_u/P_y)h \tag{5-45}$$

也可写作

$$P_u/P_y\geqslant\frac{M}{3M_y(1-P_u/P_y)} \tag{5-46}$$

(2) 第二种情况：塑性区同时出现在受压、受拉区[图5-11(e)]

出现第二种情况的条件为

$$P_u/P_y<\frac{M}{3M_y(1-P_u/P_y)} \tag{5-47}$$

根据图5-11(g)所示的应力分布，可以分别列出轴线压力和力矩平衡方程

$$P=P_ybh_e\sigma_y-2bc\sigma_y \tag{5-48}$$

$$M+Pv=bh_e\sigma_y(h/2-h_e/3-c)+2bc\sigma_y(h/2-c/2) \tag{5-49}$$

由应变图5-11(f)知曲率

$$\Phi=\frac{2\varepsilon_y}{h_e}=\frac{2\sigma_y}{Eh_e}=v\frac{\pi^2}{l^2} \tag{5-50}$$

联立式(5-48)、式(5-49)、式(5-50)可以得到P与v之间的关系

$$v^2\left\{\frac{h}{4}\left[1-\left(\frac{P}{P_y}\right)^2\right]-\frac{M+Pv}{P_y}\right\}=\frac{l^4\sigma_y^2}{3h\pi^4E} \tag{5-51}$$

由极值条件$\frac{dv}{dP}=0$，得

$$v=\frac{P_y}{3P}\left\{\frac{h}{2}\left[1-\left(\frac{P}{P_y}\right)^2\right]-\frac{2M}{P_y}\right\} \tag{5-52}$$

将式(5-52)代入式(5-51)，整理后得

$$P_u=\frac{\pi^2EI_x}{l^2}\sqrt{\left[1-\left(\frac{P_u}{P_y}\right)^2-\frac{2M}{3M_y}\right]^3} \tag{5-53}$$

由式(5-50)、式(5-52)、式(5-53)得到

$$h_e=h\sqrt{1-\left(\frac{P_u}{P_y}\right)^2-\frac{2M}{3M_y}} \tag{5-54}$$

则式(5-53)可以写作

$$P_u=\frac{\pi^2EI_x}{l^2}\left(\frac{h_e}{h}\right)^3=\frac{\pi^2EI_{ex}}{l^2} \tag{5-55}$$

关于压弯构件的平面内弹塑性稳定分析，除了简明的Jezek方法外，还有较精确的数值积分法。

5.2.4.2 *数值积分法*

上述Jezek方法由于先假定压弯构件的变形曲线，此曲线与实际的变形曲线有误差，因此不可能建立各个截面的力平衡方程，而只能建立弯矩最大截面处的内外力平衡方程。在分析中也没有考虑残余应力等初

始缺陷的影响。由于计算中简化较多,解析解的精度有待提高,可以用数值法确定压弯构件的极限荷载。数值法有多种,数值积分法是常用的一种。

数值积分法可分为两步计算:首先根据截面的内力平衡条件建立弯矩 M,压力 P 和曲率 Φ 之间的关系;然后根据构件的变形曲线建立挠度、转角和曲率之间的关系,由于曲率与外力矩相对应,故可通过同一截面的曲率建立压力与挠度的关系,通过分级加载得到压力 P 与构件中点挠度 v_m 的对应函数关系,利用极值条件即可得到压弯构件的极限荷载。

以图 5-12(a)所示的两端铰接的压弯构件为例,说明数值积分法的计算过程。

已知截面尺寸、构件长度、荷载作用条件 $M/P=e$,残余应力分布如图 5-12(b)所示,残余压应力、拉应力峰值分别为 σ_{rc} 和 σ_{rt},材料为理想弹塑性体。

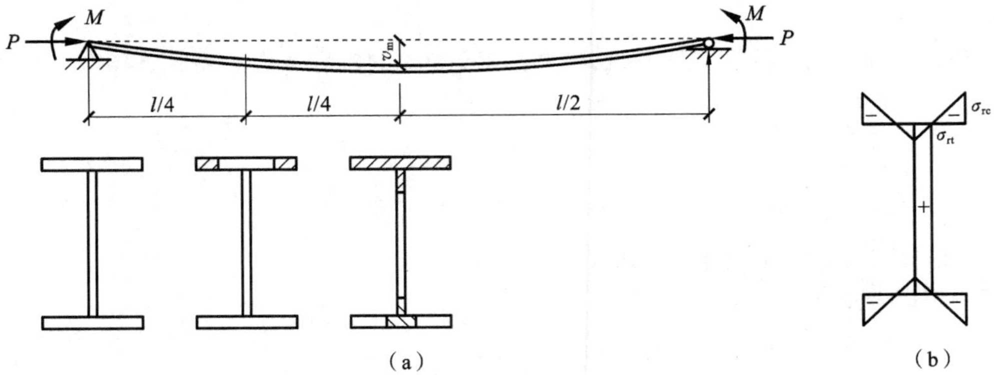

图 5-12 压弯构件数值积分法示例

(1) 建立截面的 M-P-Φ 关系

图 5-13(a)表示划分为很多单元的工字形截面,单元的面积为 A_i,截面任一点的应变 ε_i 是轴向应变 ε_0、弯曲应变 Φz_i 和残余应变 $\varepsilon_{ri}=\sigma_{ri}/E$ 三部分的代数和,如图 5-13(b)、(c)所示。即

$$\varepsilon_i=\varepsilon_0+\Phi z_i+\varepsilon_{ri} \tag{5-56}$$

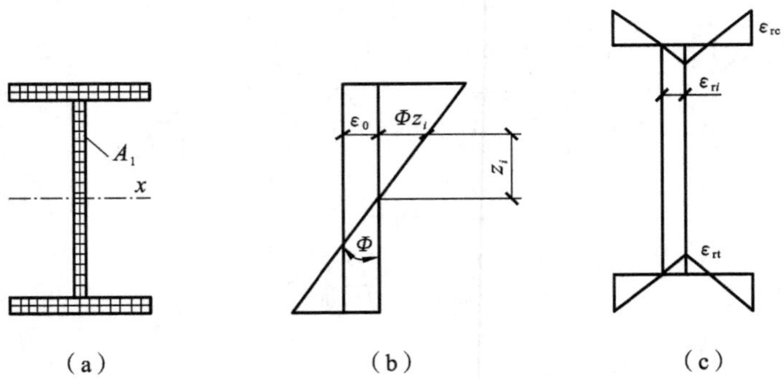

图 5-13 截面的应变

当截面处于弹性状态时,应力 $\sigma_i=E\varepsilon_i$,根据内力平衡条件

$$P=\int_A \sigma_i \mathrm{d}A=\int_A E(\varepsilon_0+\Phi z_i+\varepsilon_{ri})\mathrm{d}A=E\varepsilon_0 A \tag{5-57}$$

$$M=\int_A \sigma_i z_i \mathrm{d}A=\int_A E(\varepsilon_0+\Phi z_i+\varepsilon_{ri})z_i \mathrm{d}A=E\Phi\int_A z_i^2 \mathrm{d}A=-EI_x y'' \tag{5-58}$$

由式(5-58)可知,当截面处于弹性状态时,压弯构件和受弯构件一样,弯矩 M 与曲率 Φ 成正比,而与轴线压力 P 无关。但在弹塑性状态,因各截面塑性发展程度不同,M-P-Φ 相关。

在弹塑性状态时,若以 $\varepsilon_y=\sigma_y/E$ 表示屈服应变,任一单元面积 A_i 上的应力均取平均值,则有

$$\begin{cases}\sigma_i=E\varepsilon_i & (-\varepsilon_y\leqslant\varepsilon_i\leqslant\varepsilon_y)\\ \sigma_i=\sigma_y & (\varepsilon_i>\varepsilon_y)\\ \sigma_i=-\sigma_y & (\varepsilon_i<-\varepsilon_y)\end{cases} \tag{5-59}$$

截面的轴向压力 P 和弯矩 M 分别为

$$\begin{cases} P = \sum\limits_{A} \sigma_i A_i \\ M = \sum\limits_{A} \sigma_i A_i z_i \end{cases} \tag{5-60}$$

联合式(5-56)、式(5-59)，通过对式(5-60)数值积分即可得到构件在弹塑性状态下的 M-P-Φ 关系。具体算法如图 5-14 所示。

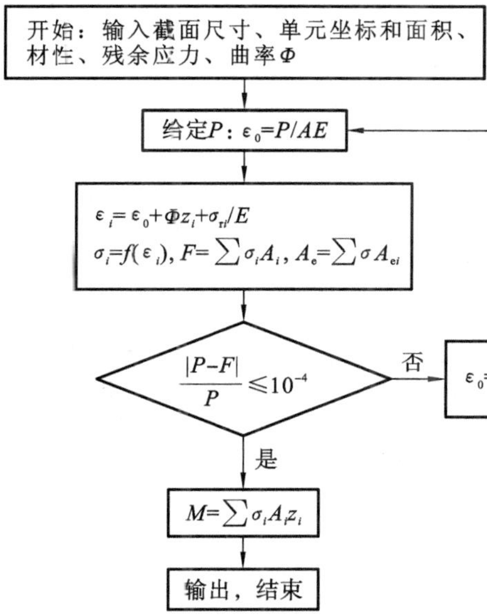

图 5-14　电算框图

(2) 求解压弯构件的极限荷载 P_u

以图 5-15 所示两端铰接、几何条件和荷载作用均对称的压弯构件为例，计算之前，先将构件沿轴线方向划分为许多单元段，每段长度为 a，根据计算要求也可以划分为不等长度的单元，单元的数量会影响计算的精度和工作量。计算时从左至右到跨度中央即可，具体求解过程见图 5-16。

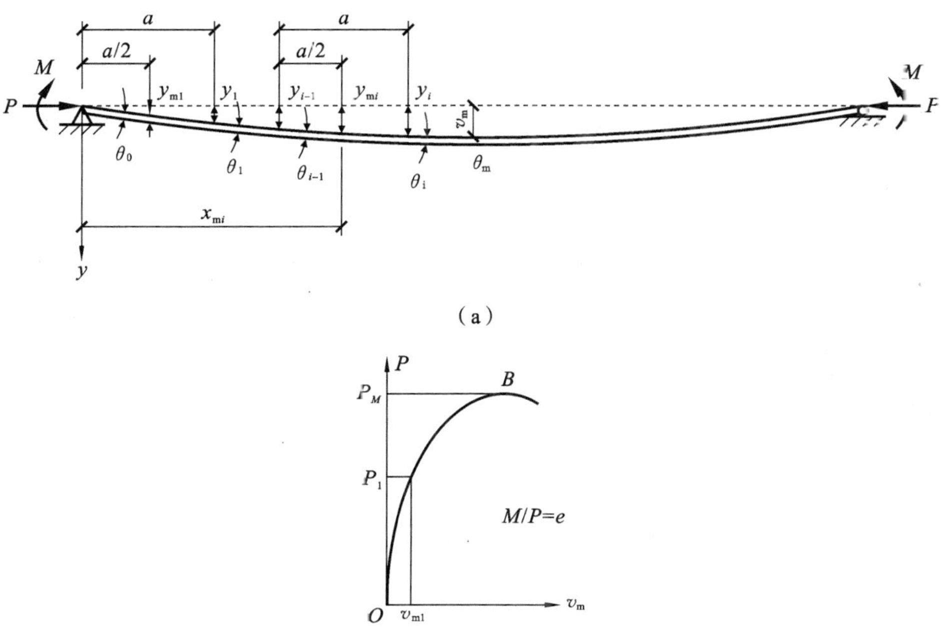

(a)

(b)

图 5-15　两端铰接压弯构件

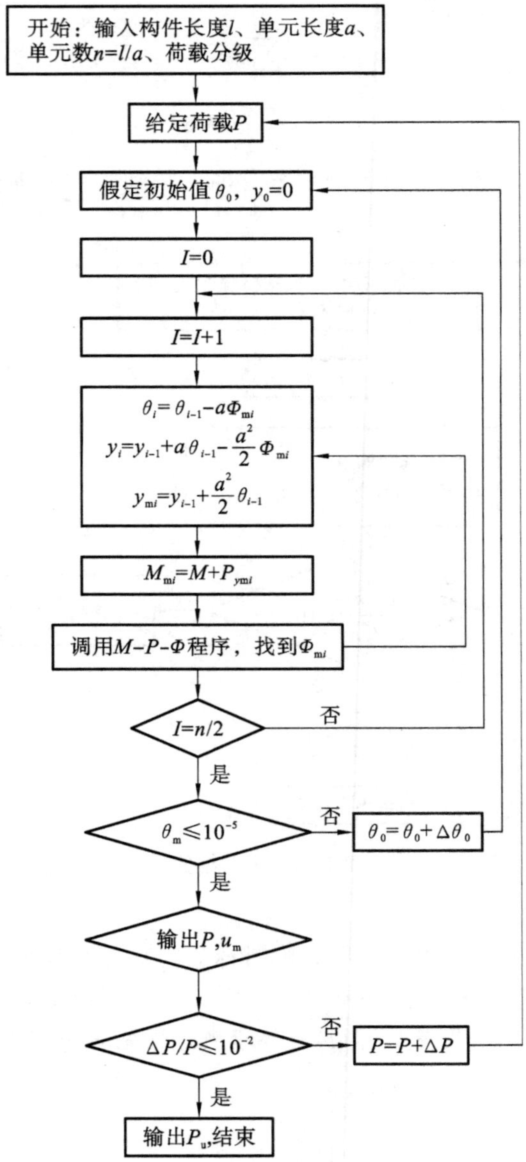

图 5-16　压弯构件极限荷载电算框图

图 5-15(a)中所示压弯构件在给定一个轴力 P_1 情况下，端部挠度 $y_0=0$，而转角 θ_0 未知，不过可以先给定一个 θ_0 的初始值，使其满足构件中点的转角 $\theta_m=0$ 即可，若给定的 θ_0 不能使 θ_m 足够小(如 $\theta_m<10^{-5}$)，则调整 θ_0 重新迭代，直至 θ_m 足够小，满足计算精度要求。这样就可以得到与给定轴力 P_1 对应的构件中点的挠度 v_{m1} 值，如图 5-15(b)所示。

同理，可以得到不同的轴力 P 对应的构件中点的挠度 v_m 值，最终可以画出图 5-15(b)所示的 P-v_m 曲线，其极限点 B 对应的 P 即为极限荷载 P_u。

对不同的荷载作用，数值积分的思路相同，但具体计算细节有所不同。通过理论求解和试验分析压弯构件在平面内的极限荷载，才可以推演出压弯构件的稳定设计公式。

5.2.5　压弯构件弯矩作用平面内的稳定理论在设计中的应用

压弯构件在弯矩作用平面内的整体稳定计算通常采用两个计算准则，即边缘纤维屈服准则和极限承载力准则。

5.2.5.1　压弯构件平面内弹性稳定计算公式——边缘纤维屈服准则

边缘纤维屈服准则以弹性分析为基础，以弯矩最大截面边缘纤维屈服作为计算准则。这一准则比较适用于冷弯薄壁型钢压弯构件，因为这类构件的边缘纤维屈服荷载非常接近构件的极限荷载；该准则也用于格构式压弯构件绕虚轴弯曲的稳定计算。对于两端铰接的压弯构件，如果假定其挠曲线为正弦曲线的一个半波，可以根据 P/P_y 和 M/M_y 的相关公式得到：

$$\frac{P}{\varphi_x A}+\frac{\beta_{mx}M_x}{W_{1x}\left(1-\frac{P}{P_{Ex}}\right)}=f_y \tag{5-61}$$

将式(5-61)写成设计公式，即

$$\frac{P}{\varphi_x Af}+\frac{\beta_{mx}M_x}{W_{1x}f\left(1-\frac{P}{P_{Ex}}\right)}\leqslant 1 \tag{5-62}$$

式中 P——所计算构件范围内轴心压力设计值；

P_{Ex}——参数，$P_{Ex}=\pi^2 EA/(1.1\lambda^2)$；

φ_x——弯矩作用平面内轴心受压构件稳定系数；

M_x——所计算构件段范围内的最大弯矩设计值；

W_{1x}——在弯矩作用平面内对模量较大受压最大纤维的毛截面模量；

f——钢材屈服强度设计值；

β_{mx}——等效弯矩系数，应按下列规定采用：

(1) 无侧移框架柱和两端支承的构件

① 无横向荷载作用时，取 $\beta_{mx}=0.6+0.4\frac{M_2}{M_1}$，$M_1$ 和 M_2 为端弯矩，使构件产生同向曲率(无反弯点)时取同号；使构件产生反向曲率(有反弯点)时取异号，$|M_1|\geqslant|M_2|$。

② 无端弯矩但有横向荷载作用时：

跨中单个集中荷载

$$\beta_{mqx}=1-0.36N/N_{cr}$$

全跨均布荷载

$$\beta_{mqx}=1-0.18N/N_{cr}$$

式中 N_{cr}——弹性临界力，$N_{cr}=\frac{\pi^2 EI}{(\mu l)^2}$，其中，$\mu$ 为构件的计算长度系数。

③ 有端弯矩和横向荷载同时作用时，将式(5-62)中的 $\beta_{mx}M_x$ 取为 $\beta_{mqx}M_{qx}+\beta_{m1x}M_1$，即工况①和工况②等效弯矩的代数和。其中，$M_{qx}$ 为横向荷载产生的弯矩最大值。

(2) 有侧移框架柱和悬臂构件

① 除本款②项规定之外的框架柱，$\beta_m=1-0.36N/N_{cr}$。

② 有横向荷载的柱脚铰接的单层框架柱和多层框架的底层柱，$\beta_m=1.0$。

③ 自由端作用有弯矩的悬臂柱，$\beta_m=1-0.36(1-m)N/N_{cr}$，其中，$m$ 为自由端弯矩与固定端弯矩之比，当弯矩图无反弯点时取正号，有反弯点时取负号。

当框架内力采用二阶分析时，柱弯矩由无侧移弯矩和放大的侧移弯矩组成。此时可对两部分弯矩分别乘以无侧移柱和有侧移柱的等效弯矩系数。

5.2.5.2 压弯构件平面内弹塑性稳定计算公式——极限承载力准则

一般对于钢结构中的压弯构件，当截面最大纤维刚开始屈服时尚有较大的强度储备，即可以容许截面塑性有一定发展，因此应该以弹塑性稳定理论为基础，以失稳时的极限荷载为计算准则。

压弯构件的初偏心和初弯曲对构件的影响性质上相同，因此在制定规范时考虑构件存在 $l/1000$ 的初弯曲(即初弯曲的矢高为构件长度 l 的 1/1000)，考虑实测的残余应力分布，用数值方法计算出近 200 条压弯构件的极限承载力曲线。将用数值方法得到的压弯构件极限承载力 P_u 与用边缘纤维屈服准则导出的相关公式[式(5-61)]中的轴心压力 P 比较后发现，对于短粗实腹杆，式(5-61)偏于安全；而对于细长实腹杆，式(5-61)偏于不安全。因此，相关规范借用了弹性压弯构件边缘纤维屈服准则计算公式的形式，同时考虑截面塑性发展和二阶弯矩，最后提出了一近似相关公式，即规范所采用的实腹式压弯构件弯矩作用平面内的稳定计算公式：

$$\frac{P}{\varphi_x Af}+\frac{\beta_{mx}M_x}{\gamma_x W_{1x}f\left(1-0.8\frac{P}{P_{Ex}}\right)}\leqslant f \tag{5-63}$$

式中 γ_x——与截面模量相应的截面塑性发展系数；

其余参数含义意义同前。

对于T型钢、双角钢T形等单轴对称截面压弯构件，当弯矩作用于对称轴平面且使较大翼缘受压时，构件失稳时出现的塑性区除存在受压区屈服和受压区、受拉区同时屈服两种情况外，还可能在受拉区首先屈服而导致构件失去承载能力，因此除了按式(5-63)计算外，还应按下式计算：

$$\left|\frac{P}{Af}-\frac{\beta_{mx}M_x}{\gamma_{x2}W_{2x}\left(1-1.25\frac{P}{P_{Ex}}\right)}\right|\leqslant 1 \tag{5-64}$$

式中 W_{2x}——受拉侧最外纤维的毛截面抵抗矩；

γ_{x2}——与 W_{2x} 相对应的截面塑性发展系数；

其余符号意义同前。

式(5-64)第二项分母中的1.25也是经过与理论计算结果比较后引进的修正系数。

5.3 压弯构件平面外失稳

如图5-1(c)所示，当压弯构件没有设置侧向支撑时，在外荷载 P 尚未达到平面内弯曲失稳的临界荷载 P_u 之前，就可能导致压弯构件发生空间的弯扭失稳，也称平面外弯扭屈曲。当构件长细比较大时，有可能在弹性阶段失稳；在长细比较小等情况下也有可能在弹塑性阶段失稳。

对于外力作用和端部支撑条件较简单的压弯构件，可以用平衡法求解弯扭屈曲荷载的精确解；如果外力作用或端部支撑条件较复杂，可以用能量法求解。在弹塑性阶段发生弯扭屈曲的压弯构件，采用数值法可以获得较高的求解精度。

5.3.1 压弯构件的弹性弯扭失稳

5.3.1.1 平衡法求解单轴对称截面压弯构件的弹性弯扭屈曲荷载

以两端简支单轴对称截面压弯构件(图5-17)为例，说明平衡法求解弹性弯扭屈曲荷载的过程。

分析中采用两个坐标系，即截面的固定坐标系 $Oxyz$ 和移动坐标系 $O'\xi\eta\zeta$(图5-17)，且采用如下假设：

① 构件为弹性体；

② 发生弯曲与扭转变形时，截面的形状不变；

③ 弯曲与扭转变形微小；

④ 构件是无缺陷的等截面直杆；

⑤ 在弯矩作用平面内抗弯刚度很大，屈曲前平面内的弯曲变形对弯扭屈曲的影响可以忽略。

参考单轴对称截面轴心受压构件弹性弯扭失稳建立平衡微分方程的过程，可以分别得到绕 ξ 轴和 η 轴的弯矩平衡方程。

$$EI_x v''+Pv+M_x=0 \tag{5-65}$$

$$EI_y u''+Pu+(M_x+Py_0)\varphi=0 \tag{5-66}$$

如图5-17(a)所示受力条件和坐标系，若以压应力为正值，则构件截面上任一点的正应力

$$\sigma=\frac{P}{A}-\frac{M_x y}{I_x} \tag{5-67}$$

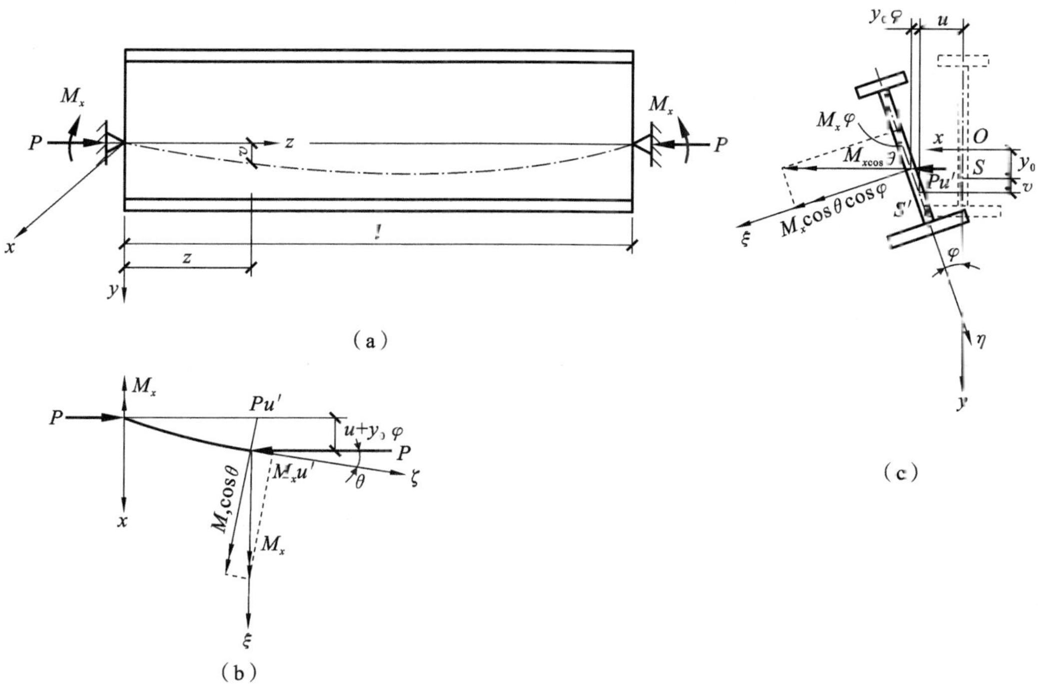

图 5-17 压弯构件弯扭变形及受力

考虑截面的残余应力为 σ_r，则 Wagner 效应系数为

$$\overline{K}=\int_A(\sigma+\sigma_r)\rho^2\mathrm{d}A=\frac{P}{A}\int_A[x^2+(y-y_0)^2]\mathrm{d}A-\frac{M_x}{I_x}\int_A y[x^2+(y-y_0)^2]\mathrm{d}A-\int_A\sigma_r(x^2+y^2)\mathrm{d}A$$

$$=\frac{P}{A}(I_x+I_y+Ay_0^2)-\frac{M_x}{I_x}\left[\int_A y(x^2+y^2)\mathrm{d}A-2I_xy_0\right]+\int_A\sigma_r(x^2+y^2)\mathrm{d}A=Pi_0^2-2\beta_yM_x+\overline{R}$$

式中，$i_0^2=(I_x+I_y)/A+y_0^2$，$\beta_y=\dfrac{\int_A y(x^2+y^2)\mathrm{d}A}{2I_x}-y_0$，$\overline{R}=\int_A\sigma_r(x^2+y^2)\mathrm{d}A$。其中，$i_0$ 和 β_y 都是截面的几何性质参数，β_y 为不对称截面常数，对于单轴对称工字形截面，β_y 中前一项数值常比 y_0 小得多。对图 5-17(c)所示坐标系，剪心矩 y_0 是正值，则 β_y 将是负值。

外弯矩 M_x 在纵轴 ζ 方向的分量为

$$M_x\sin\theta\approx M_x\theta=M_xu'$$

从图 5-17(c)可知，切力 Pu' 产生的扭矩为

$$Pu'\cdot y_0\cos\varphi\approx Py_0u'$$

则在 ζ 方向总的非均匀扭矩

$$M_\zeta=(Pi_0^2-2\beta_yM_x+\overline{R})\varphi'+M_xu'+Py_0u' \tag{5-68}$$

扭矩平衡方程为

$$EI_\omega\varphi'''+(Pi_0^2-2\beta_yM_x-GI_t+\overline{R})\varphi'+(M_x+Py_0)u'=0 \tag{5-69}$$

联立方程(5-65)、式(5-66)和式(5-69)，得到适合任何边界条件的压弯构件微分方程组

$$EI_xv^{(4)}+Pv''=0 \tag{5-70}$$

$$EI_yu^{(4)}+Pu''+(M_x+Py_0)\varphi''=0 \tag{5-71}$$

$$EI_\omega\varphi^{(4)}+(Pi_0^2-2\beta_yM_x-GI_t+\overline{R})\varphi''+(M_x+Py_0)u''=0 \tag{5-72}$$

由于忽略了屈曲前平面内弯曲变形对弯扭屈曲的影响，因此方程式(5-70)与后面写方程解耦，只能用于描述平面内荷载-挠度弹性曲线。后两个方程是耦联的，引入边界条件，可联立求解得到构件的弹性弯扭屈曲荷载 $P_{y\omega}$。

对两端简支的压弯构件，满足边界条件的变形函数为

$$u=c_1\sin\frac{\pi z}{l},\quad \varphi=c_2\sin\frac{\pi z}{l}$$

将它们代入方程式(5-71)、式(5-72)，得

$$\begin{cases}(P_y-P)c_1-(M_x+Py_0)c_2=0\\-(M_x+Py_0)c_1+[i_0^2P_\omega-(i_0^2P-2\beta_yM_x)]c_2=0\end{cases}\tag{5-73}$$

式中，$p_y=\pi^2EI_y/l^2$，$P_\omega=\dfrac{1}{i_0^2}\left(\dfrac{\pi^2EI_\omega}{l^2}+GI_t-\bar{R}\right)$。

由 c_1 和 c_2 有非零解的条件为系数行列式为零，可以得到屈曲方程为

$$(P_y-P)[i_0^2P_\omega-(i_0^2P-2\beta_yM_x)]-(M_x+Py_0)^2=0\tag{5-74}$$

方程式(5-74)中的 M_x 以弯矩使形心以上的负方向受压时为正，受拉时为负；而偏心距 e_y 符号与 y 轴正负一致，由图 5-17(a)知 $M_x=-Pe_y$，代入方程式(5-74)，则有

$$(P_y-P)[i_0^2P_\omega-P(i_0^2+2\beta_ye_y)]-(y_0-e_y)^2P^2=0\tag{5-75}$$

解之，得弹性弯扭屈曲荷载

$$P_{y\omega}=\frac{i_0^2(P_y+P_\omega)+2\beta_ye_yP_y-\sqrt{[i_0^2(P_y+P_\omega)+2\beta_ye_yP_y]^2-4i_0^2P_yP_\omega[i_0^2+2\beta_ye_y-(y_0-e_y)^2]}}{2[i_0^2+2\beta_ye_y-(y_0-e_y)^2]}\tag{5-76}$$

相应的弯扭屈曲应力为

$$\sigma_{y\omega}=\frac{P_{y\omega}}{A}=\frac{\pi^2E}{\lambda_{y\omega}^2}\tag{5-77}$$

式中，$\lambda_{y\omega}$为计算弯扭屈曲应力的换算长细化。

$$\lambda_{y\omega}=\lambda_y\sqrt{\frac{\omega^2+i_0^2+2\beta_ye_y}{2\omega^2}+\sqrt{\left(\frac{\omega^2+i_0^2+2\beta_ye_y}{2\omega^2}\right)^2-\frac{(i_0^2+2\beta_ye_y)^2-(y_0-e_y)^2}{\omega^2}}}\tag{5-78}$$

其中，$\omega^2=\dfrac{\lambda_y^2}{A}\left(\dfrac{I_\omega}{l^2}+\dfrac{GI_t-\bar{R}}{\pi^2E}\right)$。

对双轴对称截面压弯构件，因 $y_0=0$，$\beta_y=0$，$i_0^2=(I_x+I_y)/A$，则方程式(5-74)为

$$(P_y-P)(P_\omega-P)-M_x^2/i_0^2=0\tag{5-79}$$

解出弯扭屈曲荷载

$$P_{y\omega}=\frac{1}{2}[P_y+P_\omega-\sqrt{(P_y+P_\omega)^2-4(P_yP_\omega-M_x^2/i_0^2)}]\tag{5-80}$$

对无对称轴截面压弯构件，开始施加压力 P，构件就产生双向弯曲变形和扭转，因此属于极值点失稳问题。对此类问题用平衡法求解析解较困难，一般采用能量法或数值法求解其极限荷载。

【例 5-2】 已知两端简支的单轴对称 T 形截面压弯构件的长度为 4 m，构件的两端作用有弯矩 $M_x=10$ kN·m，截面尺寸如图 5-18 所示。钢材 $\sigma_y=23.5$ kN/cm²，$E=2.06\times10^4$ kN/cm²，$G=7.9\times10^3$ kN/cm²，按理想弹塑性体计算，不计残余应力。构件在弯矩作用平面内的极限荷载 $P_u=735$ kN。求此压弯构件的屈曲荷载。

【解】 (1) 计算截面的几何性质。

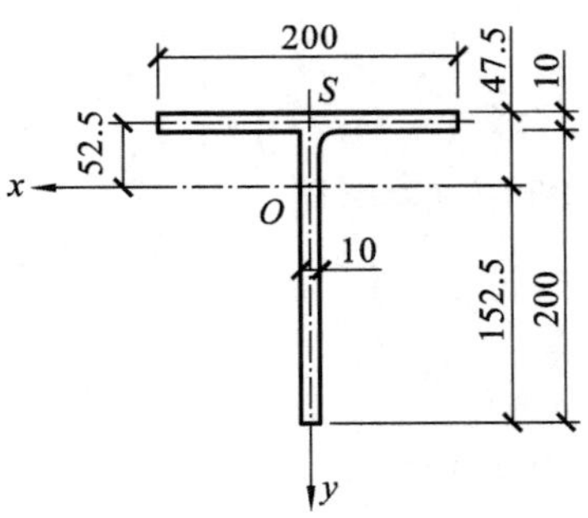

图 5-18 T 形截面压弯构件

截面积

$$A=2\times1\times20=40(\text{cm}^2)$$

剪心矩

$$y_0=-\frac{1\times20\times(10+0.5)}{2\times20}=-5.25(\text{cm})$$

惯性矩

$$I_x=1\times20\times5.25^2+\frac{1}{12}\times1\times20^3+1\times20\times5.25^2=1769.2(\text{cm}^4)$$

$$I_y=\frac{1}{12}\times1\times20^3=666.7(\text{cm}^4)$$

$$I_k=2\times\frac{1}{3}\times20\times1^3=13.33(\text{cm}^4),\quad I_\omega=0$$

对翼缘边缘抵抗矩

$$W_{1x}=\frac{I_x}{5.25+0.5}=307.07(\mathrm{cm}^3)$$

对腹板边缘抵抗矩

$$W_{2x}=\frac{I_x}{15.25}=116(\mathrm{cm}^3)$$

$$i_0^2=\frac{I_x+I_y}{A}+y_0^2=88.46(\mathrm{cm}^2)$$

$$\int_A y(x^2+y^2)\mathrm{d}A=t\int_{-4.75}^{15.25}y^3\mathrm{d}y+2t\int_0^{10}(-5.25)(x^2+5.25^2)\mathrm{d}x=7000(\mathrm{cm}^5)$$

$$\beta_y=\frac{\int_A y(x^2+y^2)\mathrm{d}A}{2I_x}-y_0=\frac{7000}{2\times1769.2}-(-5.25)=1.98+5.25=7.23(\mathrm{cm})$$

(2) 计算 $M_x=10$ kN·m 时构件的弯扭屈曲荷载 $P_{y\omega}$。

$$P_y=\pi^2EI_y/l^2=\pi^2\times2.06\times10^4\times666.7/400^2=847.2(\mathrm{kN})$$

$$P_x=\pi^2EI_x/l^2=\pi^2\times2.06\times10^4\times1769.2/400^2=2248.2(\mathrm{kN})$$

$$P_\omega=\frac{1}{i_0^2}(\pi^2EI_\omega/l_\omega^2+GI_\mathrm{k})=GI_\mathrm{k}/i_0^2=\frac{7.9\times10^3\times13.33}{88.46}=1190.4(\mathrm{kN})$$

由式(5-74)得

$$(847.2-P)[88.46\times1190.4-(88.46P-2\times7.23\times10\times10^2)]-[10\times10^2+(-5.25P)]^2=0$$

$$60.9P^2-184206P+100463044=0$$

解出 $P_{y\omega}=713.86$ kN。

(3) 确定屈曲荷载。

由于翼缘边缘纤维的压应力

$$\sigma_1=\frac{713.86}{40}+\frac{10\times10^2\left(1+0.234\times\frac{713.86}{2248.2}\right)}{307.7\left(1-\frac{713.86}{2248.2}\right)}$$

$$=17.85+5.12=22.97(\mathrm{kN/cm^2})<\sigma_y=23.5\ \mathrm{kN/cm^2}$$

腹板边缘纤维的压应力

$$\sigma_2=17.85-5.12\times\frac{307.7}{116}=17.85-13.58=4.27(\mathrm{kN/cm^2})<\sigma_y=23.5\ \mathrm{kN/cm^2}$$

又因为 $P_{y\omega}<P_\mathrm{u}$，说明此压弯构件的屈曲荷载为弹性弯扭屈曲荷载 $P_{y\omega}=713.86$ kN。

5.3.1.2　能量法求解无对称轴截面压弯构件的弹性弯扭屈曲荷载

对无对称轴、无缺陷的等截面压弯构件，一受压力作用，构件就会产生双向弯曲变形和扭转，因此属于极值点失稳问题，可采用数值法求解其极限荷载。如果截面对两个主轴的抗弯刚度都较大，由于弯曲变形很小，计算时可以不计附加弯矩的作用，用平衡分岔理论求解，可以得到这种压弯构件弯扭屈曲荷载的近似解。但是如果截面对两个主轴的抗弯刚度差别较大，不考虑构件屈曲前变形的影响，计算结果误差会很大。

当无对称轴截面构件的荷载作用条件或边界条件比较复杂时，如沿构件纵轴方向的弯矩 M_x 和 M_y 随 z 而变化，或在构件的侧向有弹簧约束时，用平衡法很难求出解析解，而采用能量法可以得到精度较高的近似解。

构件的总势能 Π 是应变能 U 和外力势能 V 之和，即

$$\Pi=U+V \tag{5-81}$$

由于构件的压缩应变能和剪切应变能的影响很小，可以忽略，则应变能

$$U=U_1+U_2+U_3+U_4 \tag{5-82}$$

式中，U_1 为平面内弯曲应变能，U_2 为侧向弯曲应变能，U_3 为纯扭转应变能，U_4 为翘曲应变能，且有

$$U_1=\frac{1}{2}\int_0^l EI_x(v'')^2\mathrm{d}z \tag{5-83}$$

$$U_2 = \frac{1}{2}\int_0^l EI_y(u'')^2\mathrm{d}z \tag{5-84}$$

$$U_3 = \frac{1}{2}\int_0^l GI_k(\varphi')^2\mathrm{d}z \tag{5-85}$$

$$U_4 = \frac{1}{2}\int_0^l EI_\omega(\varphi'')^2\mathrm{d}z \tag{5-86}$$

式中 E,G——弹性模量和剪切模量；

I_x,I_y——截面对主轴 x、y 的惯性矩；

I_k,I_ω——截面的抗扭惯性矩和翘曲惯性矩；

u,v 和 φ——位移和扭转角，如图 5-19 所示。

因此

$$U = \frac{1}{2}\int_0^l [EI_x(v'')^2 + EI_y(u'')^2 + EI_\omega(\varphi'')^2 + EI_k(\varphi')^2]\mathrm{d}z \tag{5-87}$$

外力势能 V 等于外力功的负值，即

$$V=-W \tag{5-88}$$

对于图 5-19 所示无对称轴开口薄壁截面压弯构件，两端作用由轴线压力 P 和弯矩 M_x、M_y，距左支座 z 处截面剪心位移为 u、v[图 5-19(b)]，绕剪心的扭转角为 φ。由于构件弯扭变形，截面上任意点 $B(x,y)$移动到点 B''的位移为

$$u_B=u-(y-y_0)\varphi,\quad v_B=v+(x-x_0)\varphi$$

则

$$u'_B=u'-(y-y_0)\varphi',\quad v'_B=v'+(x-x_0)\varphi' \tag{5-89}$$

取一微段 $\mathrm{d}z$，在微元 $\mathrm{d}A$ 上外力功为

$$\mathrm{d}W = \frac{1}{2}\sigma\mathrm{d}A\int_0^l [(u'_B)^2+(v'_B)^2]\mathrm{d}z \tag{5-90}$$

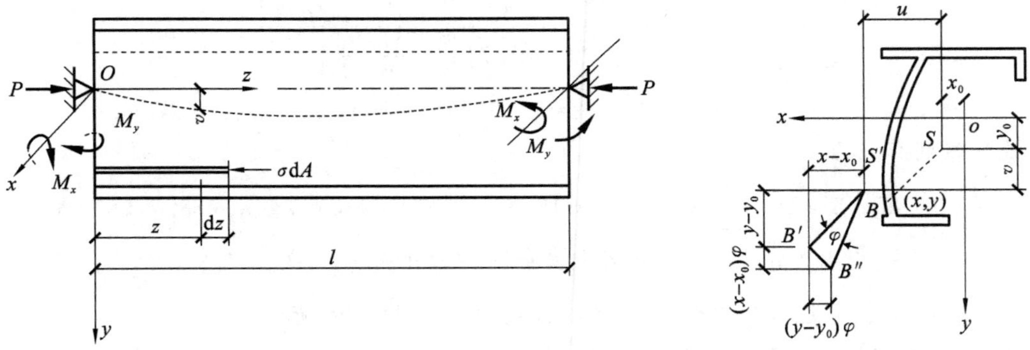

图 5-19 开口薄壁截面压弯构件的变形

总外力功为

$$W = \frac{1}{2}\int_0^l\int_A \sigma\mathrm{d}A[(u'_B)^2+(v'_B)^2]\mathrm{d}z \tag{5-91}$$

式中，σ 为截面任一点的正应力，以压应力为正值，考虑残余应力 σ_r 后，有

$$\sigma=\frac{P}{A}-\frac{M_x y}{I_x}-\frac{M_y x}{I_y}+\sigma_r \tag{5-92}$$

对全截面积分后，得

$$W = \frac{1}{2}\int_0^l \{P[(u')^2+(v')^2+(i_0\varphi')^2]+\overline{R}(\varphi')^2-2(\beta_y M_x+\beta_x M_y)(\varphi')^2+ 2(Py_0+M_x)u'\varphi'-2(Px_0+M_y)v'\varphi'\}\mathrm{d}z \tag{5-93}$$

其中

$$i_0^2=\frac{I_x+I_y}{A}+x_0^2+y_0^2$$

$$\beta_x=\frac{\int_A x(x^2+y^2)\mathrm{d}A}{2I_y}-x_0$$

$$\beta_y=\frac{\int_A y(x^2+y^2)\mathrm{d}A}{2I_x}-y_0$$

$$\bar{R}=\int_A \sigma_r(x^2+y^2)\mathrm{d}A$$

则压弯构件总势能可表达为

$$\Pi=\frac{1}{2}\int_0^l\{EI_y(u'')^2+EI_x(v'')^2+EI_\omega(\varphi'')^2+GI_k(\varphi')^2-\bar{R}(\varphi')^2-P[(u')^2-(v')^2+(i_0\varphi')^2]+$$
$$2(\beta_yM_x+\beta_xM_y)(\varphi')^2-2(Py_0+M_x)u'\varphi'+2(Px_0+M_y)v'\varphi'\}\mathrm{d}z \tag{5-94}$$

更一般的情况是，式(5-94)中还应包含构件两端外荷载所做功的负值。如果压弯构件上还作用着其他类型荷载，如横向荷载，则外力势能 V 中应加进横向荷载与其位移乘积的负值；如果有弹簧支撑，则应变能 U 中应计入弹簧正值应变能。

根据势能驻值原理，即可求出压弯构件的弯扭屈曲荷载。

【例 5-3】 已知两端简支的 T 形截面压弯构件的跨中作用着图 5-20 所示的集中荷载 $Q=10$ kN，构件的截面尺寸见图 5-20。钢材的 $\sigma_y=23.5$ kN/cm²，$E=2.06\times10^4$ kN/cm²，$G=7900$ kN/cm²，钢材为理想弹塑性体，不计残余应力。用能量法求此压弯构件的弯扭屈曲荷载。

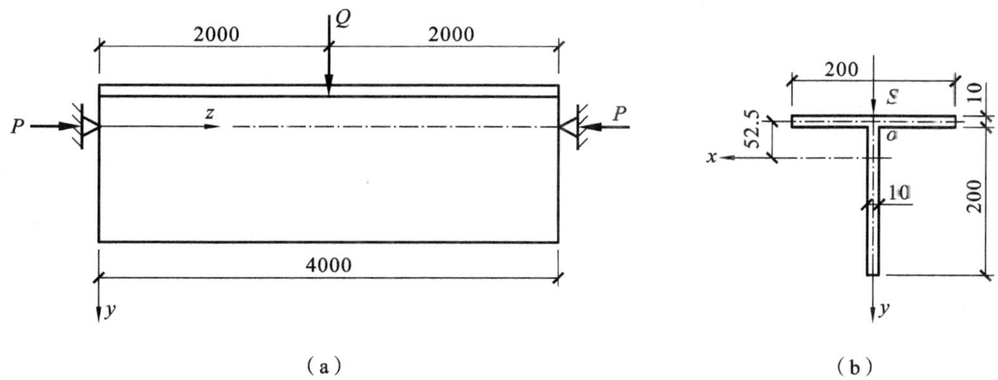

图 5-20　横向集中荷载作用的压弯构件

【解】 根据边界条件 $u(0)=u(l)=0$，$\varphi(0)=\varphi(l)=0$，假设 $u=C_1\sin\frac{\pi z}{l}$，$\varphi=C_2\frac{\pi z}{l}$，则总势能

$$\Pi=\frac{\pi^4EI_yC_1^2}{l^4}\int_0^{l/2}\sin^2\frac{\pi z}{l}\mathrm{d}z+\frac{\pi^2}{l^2}[GI_kC_2^2-P(C_1^2+i_0^2C_2^2+2y_0C_1C_2)]\int_0^{l/2}\cos^2\frac{\pi z}{l}\mathrm{d}z+$$
$$\frac{Q\pi^2}{l^2}\beta_yC_2^2\int_0^{l/2}z\cos^2\frac{\pi z}{l}\mathrm{d}z-\frac{Q\pi^2}{l^2}C_1C_2\int_0^{l/2}z\sin^2\frac{\pi z}{l}\mathrm{d}z$$

即

$$\Pi=\frac{\pi^2EI_yC_1^2}{4l^3}+\frac{\pi^2}{4l}[GI_kC_2^2-P(C_1^2+i_0^2C_2^2+2y_0C_1C_2)]+\frac{Q(\pi^2-4)}{16}\beta_yC_2^2-\frac{Q(\pi^2+4)}{16}C_1C_2$$

令

$$P_y=\pi^2EI_y/l^2,\quad P_\omega=GI_k/i_0^2,\quad M_0=Ql/4$$

由

$$\begin{cases}\dfrac{\partial\Pi}{\partial C_1}=0\\[2mm]\dfrac{\partial\Pi}{\partial C_2}=0\end{cases}$$

得

$$\begin{cases}(P_y-P)C_1-\left[Py_0+\dfrac{(\pi^2+4)M_0}{2\pi^2}\right]C_2=0\\-\left[Py_0+\dfrac{(\pi^2+4)M_0}{2\pi^2}\right]C_1+\left[i_0^2P_\omega-i_0^2P+\dfrac{\beta_y(\pi^2-4)M_0}{\pi^2}\right]C_2=0\end{cases}$$

稳定方程为

$$\begin{vmatrix}P_y-P & -Py_0-\dfrac{(\pi^2+4)M_0}{2\pi^2}\\-Py_0-\dfrac{(\pi^2+4)M_0}{2\pi^2} & i_0^2P_\omega-i_0^2P+\dfrac{\beta_y(\pi^2-4)M_0}{\pi^2}\end{vmatrix}=0$$

展开得

$$(P_y-P)\left[i_0^2P_\omega-i_0^2P+\frac{\beta_y(\pi^2-4)M_0}{\pi^2}\right]-\left[Py_0+\frac{(\pi^2+4)M_0}{2\pi^2}\right]^2=0$$

将例 5-2 中的 $P_y=847.2$ kN，$P_\omega=1190.4$ kN，$i_0^2=88.46$ cm^2，$\beta_y=7.23$ cm，$y_0=-5.25$ cm 和 $M_0=1000$ kN·cm代入上式，可得

$$60.9P^2-177168.4P+92361803=0$$

解出 $P_{y\omega}=680.5$ kN。

5.3.2 压弯构件的弹塑性弯扭失稳

压弯构件在弹塑性状态发生弯扭失稳时，求解屈曲荷载的方法主要有解析法和数值法。

5.3.2.1 折减翼缘厚度解析法

压弯构件长细比较小以及其他因素共同影响下，可能在弹塑性阶段失稳。压弯构件发生弹塑性失稳时，最大受压翼缘的平均应力 σ_1 超过比例极限 σ_p 但尚未达到屈服极限 σ_s，或其值已超过屈服极限而出现一部分塑性区，如图 5-21 所示。

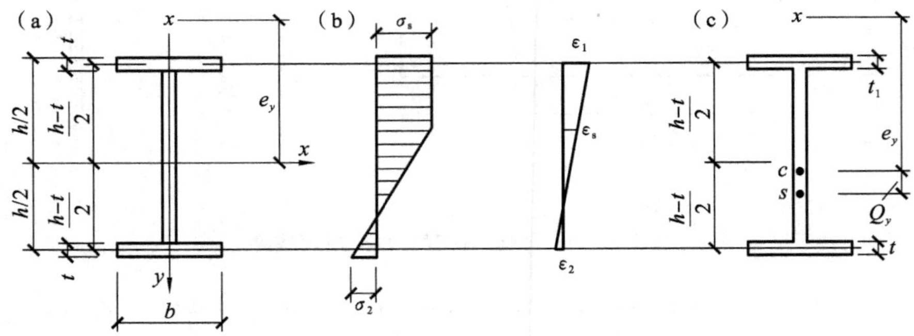

图 5-21 平面外弹塑性屈曲

折减翼缘厚度法就是针对受压最大翼缘的平均压应力 σ_1 满足 $\sigma_p<\sigma_1<\sigma_s$，或在最大受压边出现弹塑性区 $\sigma_1=\sigma_s$ 的情况，将最大受压翼缘面积按刚度折算，保持截面其他部分的尺寸不变，然后将折算后的截面按弹性解析法计算临界荷载。

腹板如有一部分塑性区，因其对 y 轴抗弯刚度的影响极小，可不折算其面积，即不改变腹板尺寸，这样造成的影响不大。

在压弯构件屈曲前的瞬间，当截面最大受压翼缘中的平均应力 σ_1 处于 $\sigma_p<\sigma_1<\sigma_s$ 状态，若用 N_1 表示此截面整个翼缘的内力，当 σ_1 有一个增量 $d\sigma_1$ 时，与 $d\sigma_1$ 相应的应变增量 $d\varepsilon_1$ 为

$$d\varepsilon_1=\frac{dN_1}{btE_t} \tag{5-95}$$

式中 E_t——ε_1 对应的变形模量。

此时，如果不用 E_t 而仍用 E，则由于平截面变形 $d\varepsilon_1$ 不变，有

$$d\varepsilon_1=\frac{dN_1}{bt_1E} \tag{5-96}$$

根据 $d\varepsilon_1$ 相等，得到受压最大翼缘的换算厚度 t_1 的表达式

$$t_1=\frac{E_t}{E}t \tag{5-97}$$

当截面中已有一部分塑性区出现时，有 $\sigma_1=\sigma_s$，与 σ_1 对应的应变 ε_1 所对应的变形模量定义为 E'，即 E' 是 σ_1 进入屈服平台之后的变形模量，其值在屈服前的 E_t 和硬化模量 E_{st} 之间，在分析压弯构件平面外失稳时，E' 可采用抛物线变化假定，即

$$E'/E=0.02+0.28\left(\frac{12-\varepsilon_1/\varepsilon_s}{11}\right)^2 \tag{5-98}$$

同理，可以求出截面有塑性区时受压最大翼缘的折算厚度

$$t_1=\frac{E'}{E}t \tag{5-99}$$

确定了折算翼缘厚度后，截面形成图 5-21(c) 所示的单轴对称截面，重新计算截面的几何性质后，就可用单轴对称截面压弯构件的平衡方程求解屈曲荷载。试验资料表明，除短试件的计算结果偏小外，理论值与实验结果吻合程度较好。

5.3.2.2 弹塑性弯扭失稳荷载数值计算法

以图 5-22 所示单向弯矩作用的双轴对称截面压弯构件为例说明求解过程。

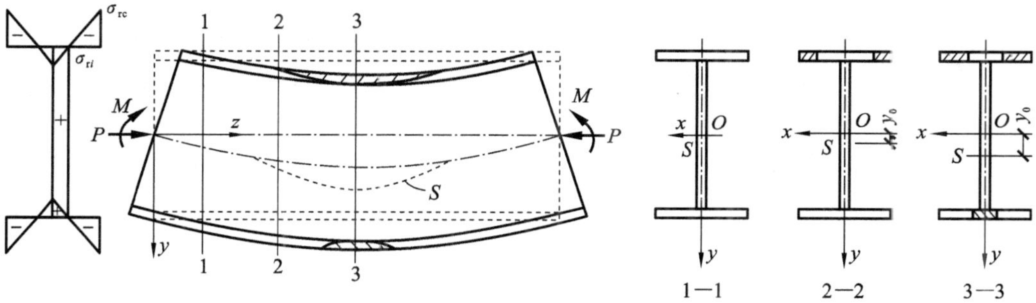

图 5-22 压弯构件截面受力

假定材料为理想弹塑性体，当截面上某一点的应变小于屈服应变时，弹性模量为 E，剪变模量为 G；而当应变达到或超过屈服应变时，变形模量 $E_t=0$，而 $G_t=G/4$，此时正应力 σ 为屈服强度 σ_y。

图 5-22 的左侧为截面残余应力分布情况，σ_{rc} 和 σ_{rt} 分别为残余压应力和残余拉应力峰值。图中截面 1—1 仍处于弹性状态，截面 2—2 的部分受压翼缘已经屈服，截面 3—3 的受拉、受压翼缘均有部分进入塑性。弹塑性状态下各截面的弯曲中心均有偏移，但影响不大，剪心线如图中虚线 S 所示。

用数值法求解压弯构件弹塑性弯扭失稳荷载的步骤如下。

① 建立截面的 M-P-Φ 关系。

首先将截面的翼缘、腹板划分成图 5-23 所示单元，i 单元中点的坐标为 (x_i, y_i)，面积为 A_i，残余应变以压应变为正、拉应变为负，曲率 Φ 也以产生压变为正。截面上任一点的应力 σ_i 和应变 ε_i 之间的关系为

$$\varepsilon_i=\varepsilon_0+\varphi y_i+\varepsilon_{ri}$$

$$E_i=E,\quad \sigma_i=E_i\varepsilon_i,\quad \text{当} -\varepsilon_y\leqslant\varepsilon_i\leqslant\varepsilon_y \text{时}$$

$$E_i=0,\quad \sigma_i=\sigma_y,\quad G_i=G/4,\quad \text{当} \varepsilon_i>\varepsilon_y \text{时}$$

$$E_i=0,\quad \sigma_i=-\sigma_y,\quad G_i=G/4,\quad \text{当} \varepsilon_i<-\varepsilon_y \text{时}$$

则

$$P=\sum\sigma_iA_i \tag{5-100}$$

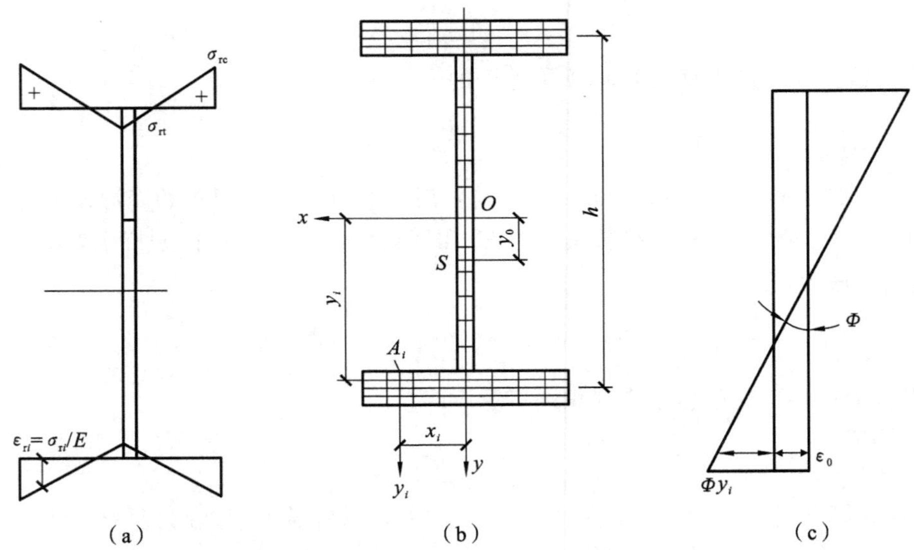

图 5-23 截面中的单元的应变

$$M = \sum \sigma_i A_i y_i \tag{5-101}$$

根据图 5-14 所示电算框图，就可以建立 M-P-Φ 关系，同时可以确定截面弹性区域面积。

② 分级给定轴向荷载 P_i 后计算平面内弯矩 M_x。

将构件沿纵向轴线划分成若干单元，取单元中点截面的弯矩 M_{mi} 作为单元弯矩 M_x，则单元弯矩 M_x 记为 $M_{mi}=M+Pv_{mi}$，其中 M 为全部外荷载产生的一阶弯矩，而 v_{mi} 为第 i 单元中点的挠度，M_{mi} 计算可参见电算框图（图 5-16）前半部分。

③ 计算各单元中点截面的抗弯刚度 EI_{ex} 和 EI_{ey}，抗扭刚度 $GI_{ek}+G_iI_{pk}$，抗翘曲刚度 $EI_{e\omega}$，剪心矩 y_0 和 Wagner 效应系数 $\bar{k}$。

$$EI_{ex} = \sum E_i I_{xi} + \sum E_i A_i y_i^2 \tag{5-102}$$

$$EI_{ey} = \sum E_i I_{yi} + \sum E_i A_i x_i^2 \tag{5-103}$$

对于弹性区为单轴对称的工字形截面

$$y_0 = \frac{1}{EI_{ey}}\left[\text{翼缘}\sum (I_{yi} + A_i x_i^2) y_i E_i + \text{腹板}\sum I_{yi} y_i E_i\right] \tag{5-104}$$

$$EI_{e\omega} = \frac{1}{EI_{ey}}\left[\text{上翼缘}\sum (I_{yi} + A_i x_i^2) E_i\right]\left[\text{下翼缘}\sum (I_{yi} + A_i x_i^2) E_i\right] h^2 \tag{5-105}$$

$$\bar{k} = \sum \sigma_i \rho_i^2 A_i = \sum \sigma_i (x_i^2 + y_i^2 - 2y_0 y_i + y_0^2) A_i \tag{5-106}$$

式中 I_{xi}, I_{yi}——单元对中性轴 x 和 y 的惯性矩。

④ 建立单元中点截面弯曲和扭转的平衡方程，求解弯扭失稳荷载 $P_{y\omega}$。

参照弹性压弯构件平衡方程建立微分方程

$$EI_{ex} v'' + Pv + M_x = 0 \tag{5-107a}$$

$$EI_{ey} u'' + Pu + (M_x + Py_0)\varphi = 0 \tag{5-107b}$$

$$EI_{e\omega} \varphi''' + (\bar{k} - GI_{ek} - G_i I_{pk})\varphi' + (M_x + Py_0) u' = 0 \tag{5-107c}$$

若用有限积分法或有限差分法联合求解式（5-107b）和式（5-107c），可以得到各分段点的位移或其高阶导数的线性代数方程组，由其系数行列式 $|K|=0$，即可得到弯扭失稳荷载 $P_{y\omega}$。实际电算中，可以用荷载 P_i 和荷载 P_{i+1} 的两个系数行列式的乘积，满足 $|K_i| \times |K_{i+1}| \leqslant 0$ 时为构件失稳条件，而且要求满足精度 $|\Delta P/P| \leqslant 10^{-3}$。具体计算见图 5-24。

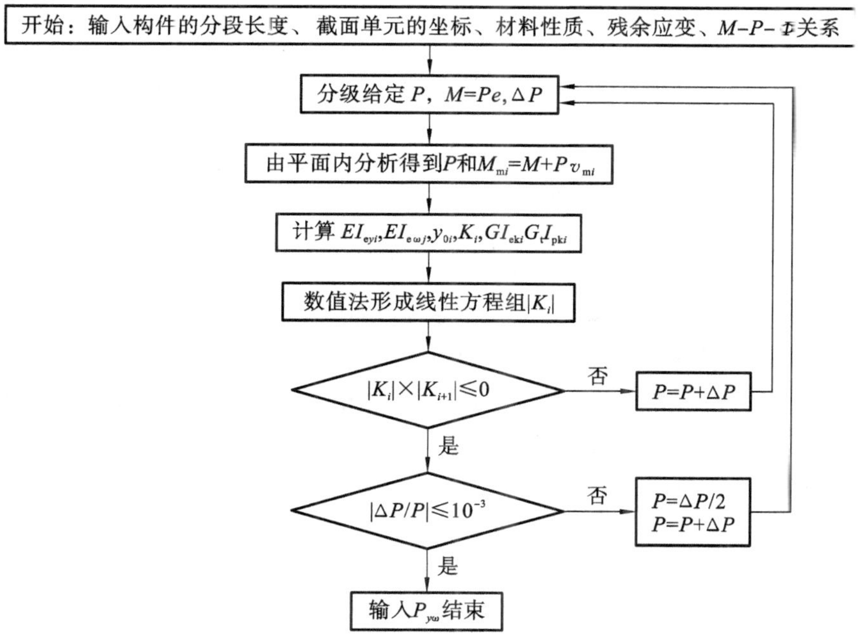

图 5-24 压弯构件弹塑性弯扭失稳荷载计算框图

5.3.3 压弯构件弯矩作用平面外的稳定理论在设计中的应用

开口薄壁截面压弯构件的抗扭刚度及弯矩平面外的抗扭刚度通常较小，当构件在弯矩作用平面外没有足够支承以阻止其侧向位移和扭转时，构件就可能发生弯扭失稳破坏。对双轴对称截面压弯构件，当发生弯扭失稳时，其临界条件为

$$\left(1-\frac{P}{P_{\mathrm{Ey}}}\right)\left(1-\frac{P}{P_{\omega}}\right)-\left(\frac{M_x}{M_{\mathrm{cr}x}}\right)^2=0 \tag{5-108}$$

式中，$M_{\mathrm{cr}x}$为双轴对称纯弯曲梁的临界弯矩，且

$$M_{\mathrm{cr}x}=i_0\sqrt{P_{\mathrm{Ey}}P_{\omega}} \tag{5-109}$$

以 $\dfrac{P_{\omega}}{P_{\mathrm{Ey}}}$的不同值代入式(5-108)，可以画出 P/P_{Ey}-$M_x/M_{\mathrm{cr}x}$之间相关曲线，如图 5-25 所示。

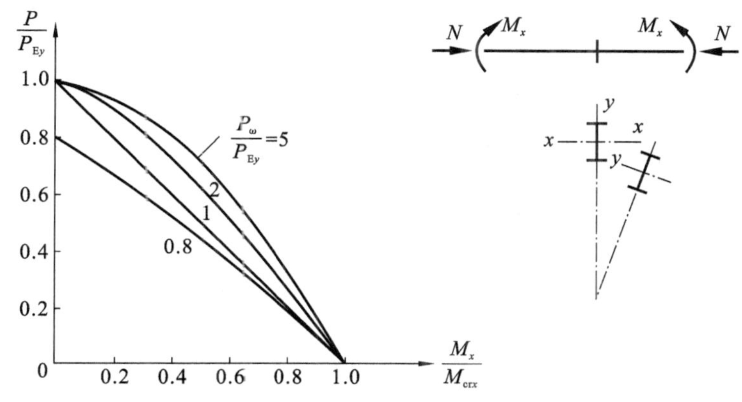

图 5-25 压弯构件 P/P_{Ey}-$M_x/M_{\mathrm{cr}x}$相关曲线

从图 5-25 可以看出，$P_{\omega}/P_{\mathrm{Ey}}$值愈大，曲线愈外凸。对常用的双轴对称工字形截面压弯钢构件，$P_{\omega}/P_{\mathrm{Ey}}$值一般总大于 1.0，若偏于安全地取 $P_{\omega}/P_{\mathrm{Ey}}=1.0$，则式(5-108)变为

$$\left(\frac{M_x}{M_{\mathrm{cr}x}}\right)^2=\left(1-\frac{P}{P_{\mathrm{Ey}}}\right)^2 \tag{5-110}$$

即

$$\frac{P}{P_{\mathrm{Ey}}}+\frac{M_x}{M_{\mathrm{cr}x}}=1 \tag{5-111}$$

虽然式(5-111)是根据弹性理论导出的简化结果，但是理论分析和试验研究表明其也可以用于压弯构件弹塑性弯扭失稳。

在式(5-111)中，代入 $P_{\mathrm{Ey}}=\varphi_y A f_y$，$M_{\mathrm{cr}x}=\varphi_{\mathrm{b}} W_{1x} f_y$，并引入截面调整系数 η、抗力分项系数 r_R 后，就得到规范中的压弯构件弯矩作用平面外稳定计算的相关公式

$$\frac{P}{\varphi_y A f}+\eta\frac{M_x}{\varphi_{\mathrm{b}} W_{1x} f}\leqslant 1 \tag{5-112}$$

式中 M_x——所计算段范围内(构件侧向支承点间)的最大弯矩；

η——截面调整系数，箱形截面 $\eta=0.7$，其他截面 $\eta=1.0$；

φ_y——弯矩作用平面外的轴心受压构件稳定系数，对轧制和双板焊接的 T 形截面根据规范应按考虑扭转效应的长细比 λ_{yz} 确定，对其他截面可直接用 λ_y 确定；

φ_{b}——均匀弯曲梁的整体稳定系数。

知识归纳

(1) 钢结构压弯构件可能发生平面内的弯曲失稳，也可能发生平面外的空间弯扭失稳。弯曲失稳一般在弹塑性阶段出现，而弯扭失稳可能发生在弹性阶段，也可能发生在弹塑性阶段。

(2) 压弯构件的最大弯矩不仅与轴心压力有关，还与端弯矩的比值有关，可采用等效弯矩系数考虑不同端弯矩和荷载类型的影响。

(3) 压弯构件在弯矩作用平面内的整体稳定计算通常采用两个计算准则，即边缘纤维屈服准则和极限承载力准则。

(4) 压弯构件在长细比较小以及其他因素共同影响下，可能在弹塑性阶段失稳。折减翼缘厚度法就是将最大受压翼缘面积按刚度折算，保持截面其他部分的尺寸不变，然后将折算后的截面按弹性解析法计算临界荷载。

独立思考

5-1 简述钢结构压弯构件失稳类型及其特征。

5-2 压弯构件平面内失稳的等效弯矩系数有何含义？

5-3 什么是压弯构件稳定计算的边缘屈服准则和极限承载力准则？

5-4 如何采用折减翼缘厚度法计算压弯构件的弹塑性临界荷载？

参考文献

[1] 钟善桐．钢结构稳定设计．北京：中国建筑工业出版社，1991.

[2] 沈祖炎，陈扬骥，陈以一．钢结构基本原理．2 版．北京：中国建筑工业出版社，2005.

[3] 周绪红，郑宏．钢结构稳定．北京：中国建筑工业出版社，2004.

[4] 丁阳．钢结构设计原理．天津：天津大学出版社，2004.

[5] 周绪红，王世纪．薄壁构件稳定理论及其应用．北京：科学出版社，2009.

[6] 陈绍蕃．钢结构稳定设计指南．3 版．北京：中国建筑工业出版社，2013.

[7] 陈骥．钢结构稳定理论与设计．6 版．北京：科学出版社，2014.

[8] 童根树.钢结构的平面内稳定.北京:中国建筑工业出版社,2015.

[9] 陈绍蕃,顾强.钢结构基础.3版.北京:中国建筑工业出版社,2014.

[10] 苏明周,申跃奎.钢结构稳定原理.北京:科学出版社,2012.

[11] 郭耀杰.钢结构稳定设计.武汉:武汉大学出版社,2003.

[12] 陈惠发.钢框架稳定设计.上海:上海世界图书出版公司,1999.

[13] 中华人民共和国住房和城乡建设部,中华人民共和国国家质量监督检验检疫总局.GB 50017—2017 钢结构设计标准.北京:中国建筑工业出版社,2018.

6 板的稳定

课前导读

内容提要

本章内容主要包括板的失稳现象，小挠度理论和大挠度理论，板的弹性屈曲计算，板的弹塑性屈曲问题及板失稳理论在结构设计中的应用。本章的教学重点为板弹性屈曲的理论分析，弹性屈曲荷载和屈曲后强度的计算，以及板屈曲对钢结构设计的影响。

能力要求

通过本章的学习，学生应了解板失稳的相关概念，板弹塑性屈曲荷载的近似计算方法，理解两种板弹性屈曲的理论分析，熟悉板弹性屈曲荷载和屈曲后强度的计算，板稳定的设计方法，以及板件屈曲后构件稳定承载力的计算方法。

6.1 板的失稳现象

板屈曲时会产生平面的双向弯曲变形(凸曲现象)，如图6-1所示，故板上任何点的弯矩 M_x，M_y 和扭矩 M_{xy} 以及板的挠度 w 都与此点的坐标有关。板的平衡方程属于二维偏微分方程，除了均匀受压的四边简支的理想矩形板可直接求解分叉屈曲荷载外，对于其他受力条件和边界条件的板，用平衡法很难求解，需用能量法或数值法求解。理想薄板失稳属于稳定的分叉失稳。对于有刚强侧边支撑的板，会产生薄膜应力，提高钢板屈曲后的强度(屈曲后强度)。按照小挠度理论分析只能得到板的分岔屈曲荷载，根据大挠度理论分析才能得到板的屈曲后强度和板的挠度。

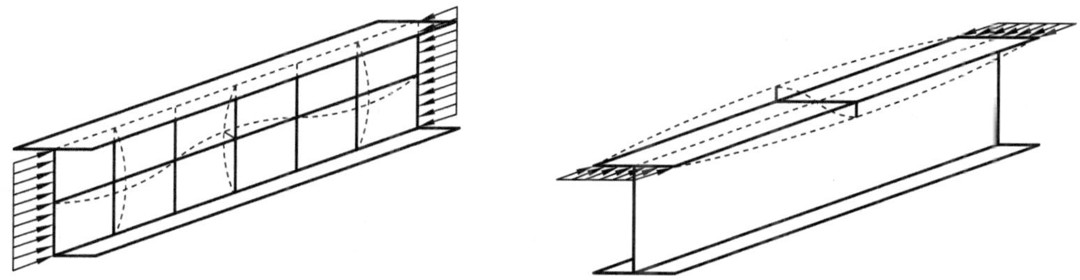

(a) (b)

图6-1 板件的局部屈曲现象

6.2 板的小挠度理论弹性屈曲

小挠度理论是结构力学中关于稳定分析的两种分析理论之一，常用于薄板的分岔屈曲荷载分析。如图6-2(a)所示的等厚薄板，板厚1/2平面，即板的中面为坐标空间内 xy 平面。从板中任取微元体 $dxdydz$，则在其每个面上作用的正应力和剪应力如图6-2(b)所示。

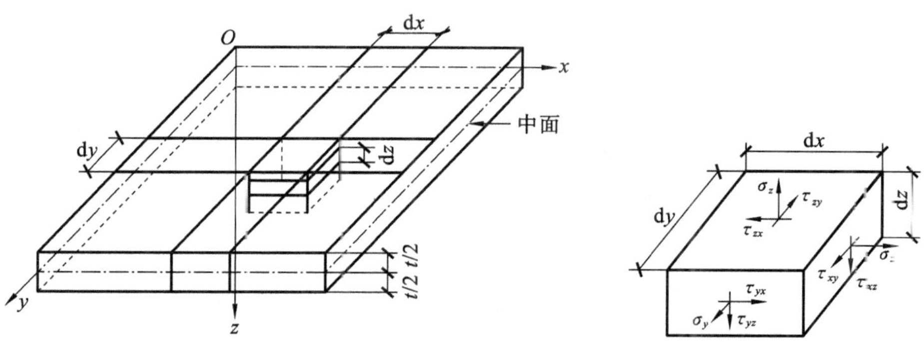

(a) (b)

图6-2 板的坐标和微元体上的应力

在进行板的小挠度理论分析时，有如下假定：

① 薄板具有一定的抗弯刚度，板中面挠度 $w \ll t$，通常为 $w_{max} \ll t/5$，则忽略弯曲引起的薄膜效应。由于 z 方向正应变极小，可以对假定为 $\varepsilon_z = \frac{\partial w}{\partial z} = 0$，由此可得：$w = w(x, y)$。该式说明小挠度板中任何一点的挠

度只与坐标 x 和 y 有关，也就是说，在小挠度等厚板中面的任何一根法线上，薄板在厚度方向内所有点具有相同的挠度，板中面挠度可以代表板沿厚度方向的任一点挠度。这一条假定属于平截面假定。

② 应力分量 σ_z，τ_{zx} 和 τ_{zy} 远小于 σ_x，σ_y 和 τ_{xy}，因此，可以对它们产生的正应变 ε_z、剪应变 γ_{zx} 和 γ_{zy} 忽略不计，即 $\varepsilon_z=\gamma_{zx}=\gamma_{zy}=0$。由此可知：

$$\gamma_{zx}=\frac{\partial w}{\partial x}+\frac{\partial u}{\partial z}=0\Rightarrow\frac{\partial w}{\partial x}=-\frac{\partial u}{\partial z} \tag{6-1}$$

$$\gamma_{zy}=\frac{\partial w}{\partial y}+\frac{\partial v}{\partial z}=0\Rightarrow\frac{\partial w}{\partial y}=-\frac{\partial v}{\partial z} \tag{6-2}$$

因为不考虑 ε_z，所以可以得到如下物理方程：

$$\begin{cases}\varepsilon_x=\dfrac{1}{E}(\sigma_x-\mu\sigma_y)\\ \varepsilon_y=\dfrac{1}{E}(\sigma_y-\mu\sigma_x)\\ \gamma_{xy}=\dfrac{2(1+\mu)}{E}\tau_{xy}\end{cases} \tag{6-3}$$

因此，小挠度薄板弯曲问题的物理方程和薄板平面应力问题的物理方程是相同的，小挠度薄板弯曲问题可以向平面应力问题简化，应力-应变仍旧服从胡克定律。

③ 薄板弯曲时，中面内各点不产生平行于中面应变，仅存在中面法线方向的应变，即保持薄板在 xy 平面的投影现状不变，忽略中面因弯曲变形伸长而产生的薄膜力，则有：

$$\varepsilon_x\big|_{z=0}=\frac{\partial u}{\partial x}=0,\quad \varepsilon_y\big|_{z=0}=\frac{\partial v}{\partial y}=0,\quad \gamma_{xy}\big|_{z=0}=\frac{\partial v}{\partial x}+\frac{\partial u}{\partial y}=0$$

6.2.1 小挠度理论板的平衡方程

通常，小挠度理论板的弯曲问题是按位移求解的，以 w 为基本未知量，根据几何方程，物理方程和力的平衡关系，将其他物理量都用 w 表示，则可以建立小挠度理论板的弹性屈曲面微分方程。

选取图 6-3 的薄板变形后的微元体。微元体内存在以下几种内力：

① 板中面的面力 N_x，N_y，N_{xy} 和 N_{yx}；

② 弯矩 M_x，M_y；

③ 扭矩 M_{xy}，M_{yx}；

④ 剪力 V_x，V_y。

按照小挠度板假定，弯曲变形极小，可以认为中面没有平行于中面的应变，因此微元体两侧中面力相

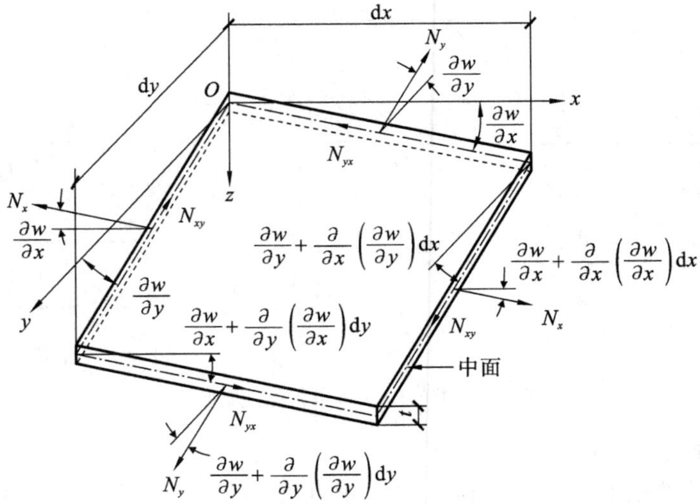

图 6-3 微元体上的中面力

同，同时由 z 轴的力矩平衡条件，可知 $N_{xy}=N_{yx}$。

由于假定板的挠度 w 只与坐标 x 和 y 有关，所以建立各力 z 方向的平衡关系，即可建立平面问题的应力应变微分方程，图 6-4 为微元体上的中面力，图 6-5 为微元体上的弯矩、扭矩和剪力，图 6-6 为板的正应力和剪应力。

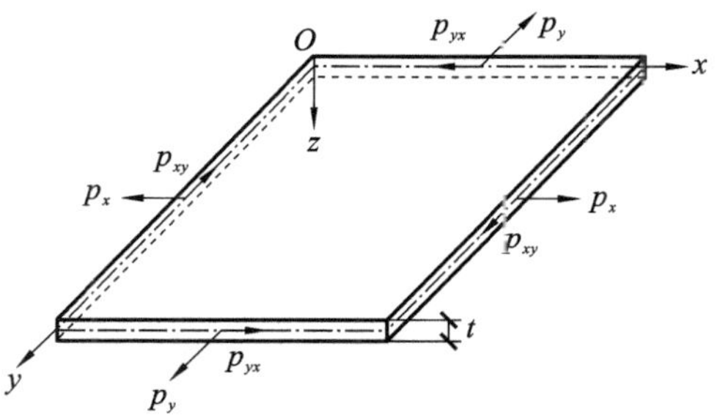

图 6-4 作用在板上的荷载

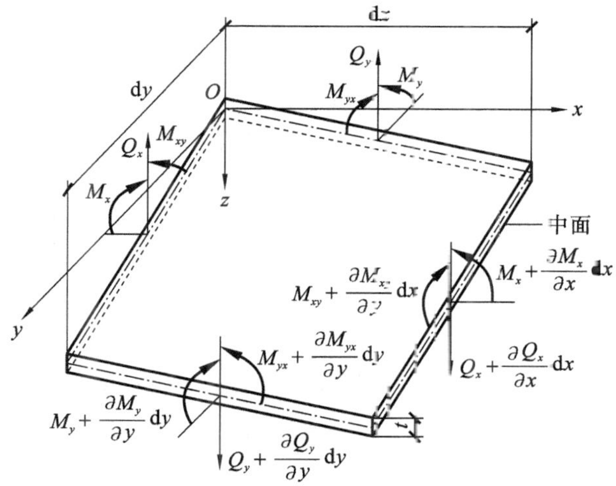

图 6-5 微元体上的弯矩、扭矩和剪力

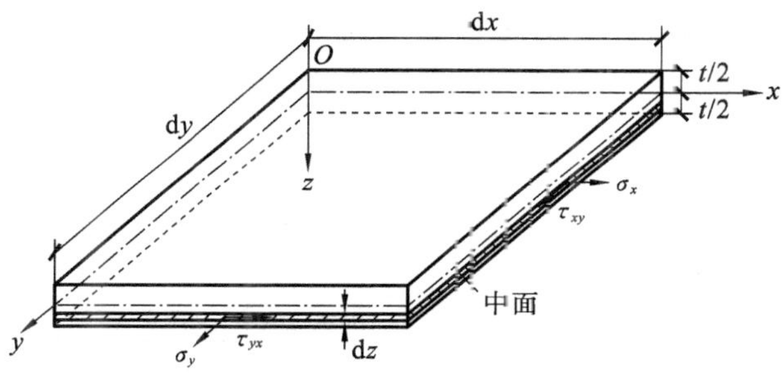

图 6-6 板的正应力和剪应力

先考察 x 方向的力，如图 6-4 的单位厚度薄板所示，按照小挠度理论，中面力与水平夹角余弦近似取 1.0，而正弦近似取其夹角，又因为曲面某点切线斜率即为该点切线与水平面的夹角，因此图中微元体左面的 N_x 与 xy 平面的夹角为挠度偏导数 $\partial w/\partial x$。利用泰勒公式可知，微元体右面需在 $\partial w/\partial x$ 增加一个二阶小量，即 $\dfrac{\partial w}{\partial x}+\dfrac{\partial}{\partial x}\left(\dfrac{\partial w}{\partial x}\right)\mathrm{d}x$。

因此，微元体的 N_x 在 z 方向的合力为：

$$N_x\left(\frac{\partial w}{\partial x}+\frac{\partial^2 w}{\partial x^2}\mathrm{d}x\right)\mathrm{d}y-N_x\frac{\partial w}{\partial x}\mathrm{d}y=N_x\frac{\partial^2 w}{\partial x^2}\mathrm{d}x\mathrm{d}y$$

同理，N_y 在 z 方向的合力为 $N_y\dfrac{\partial^2 w}{\partial y^2}\mathrm{d}x\mathrm{d}y$；$N_{xy}$ 和 N_{yx} 在 z 方向的合力为 $2N_{xy}\dfrac{\partial^2 w}{\partial x\partial y}\mathrm{d}x\mathrm{d}y$。

因此，微元体所有中面的力在 z 方向的合力为：$\left(N_x\dfrac{\partial^2 w}{\partial x^2}+2N_{xy}\dfrac{\partial^2 w}{\partial x\partial y}+N_y\dfrac{\partial^2 w}{\partial y^2}\right)\mathrm{d}x\mathrm{d}y$；而微元体上的剪力 V_x，V_y 在 z 方向的合力为：$\left(\dfrac{\partial V_x}{\partial x}+\dfrac{\partial V_y}{\partial y}\right)\mathrm{d}x\mathrm{d}y$。

由此可以得到 z 方向的力平衡方程为：

$$N_x\frac{\partial^2 w}{\partial x^2}+2N_{xy}\frac{\partial^2 w}{\partial x\partial y}+N_y\frac{\partial^2 w}{\partial y^2}+\frac{\partial V_x}{\partial x}+\frac{\partial V_y}{\partial y}=0 \tag{6-4}$$

如图 6-3 所示，由微元体上的内力对 x 轴和 y 轴的力矩平衡条件，可得

$$\begin{cases}\dfrac{\partial M_y}{\partial y}+\dfrac{\partial M_{xy}}{\partial x}-V_y=0\\[2ex]\dfrac{\partial M_x}{\partial x}+\dfrac{\partial M_{xy}}{\partial y}-V_x=0\end{cases}$$

将以上组式分别对 y 和 x 微分后，代入式(6-4)中，可得

$$N_x\frac{\partial^2 w}{\partial x^2}+2N_{xy}\frac{\partial^2 w}{\partial x\partial y}+N_y\frac{\partial^2 w}{\partial y^2}+\frac{\partial^2 M_x}{\partial x^2}+2\frac{\partial^2 M_{xy}}{\partial x\partial y}+\frac{\partial^2 M_y}{\partial y^2}=0 \tag{6-5}$$

根据式(6-1),可得:

$$\sigma_x=-\frac{Ez}{1-\mu^2}\left(\frac{\partial^2 w}{\partial x^2}+\mu\frac{\partial^2 w}{\partial y^2}\right)$$

$$\sigma_y=-\frac{Ez}{1-\mu^2}\left(\frac{\partial^2 w}{\partial y^2}+\mu\frac{\partial^2 w}{\partial x^2}\right)$$

$$\tau_{xy}=-\frac{Ez}{1+\mu}\cdot\frac{\partial^2 w}{\partial x\partial y}$$

沿板厚方向的力矩和扭矩为:

$$M_x=\int_{-t/2}^{t/2}\sigma_x z\,\mathrm{d}z=-\frac{Et^3}{12(1-\mu^2)}\left(\frac{\partial^2 w}{\partial x^2}+\mu\frac{\partial^2 w}{\partial y^2}\right)$$

$$M_y=\int_{-t/2}^{t/2}\sigma_y z\,\mathrm{d}z=-\frac{Et^3}{12(1-\mu^2)}\left(\frac{\partial^2 w}{\partial y^2}+\mu\frac{\partial^2 w}{\partial x^2}\right)$$

$$M_{xy}=\int_{-t/2}^{t/2}\tau_{xy} z\,\mathrm{d}z=-\frac{Et^3}{12(1+\mu)}\cdot\frac{\partial^2 w}{\partial x\partial y}$$

令 $D=\frac{Et^3}{12(1-\mu^2)}$,为单位宽度板的抗弯刚度,或称为柱面刚度。将以上组式代入式(6-5),即可得到以只有挠度 w 为变量的在 z 方向的力平衡方程,它是一个常系数线性四阶偏微分方程,即:

$$D\left(\frac{\partial^4 w}{\partial x^4}+2\frac{\partial^4 w}{\partial x^2\partial y^2}+\frac{\partial^4 w}{\partial y^4}\right)=N_x\frac{\partial^2 w}{\partial x^2}+2N_{xy}\frac{\partial^2 w}{\partial x\partial y}+N_y\frac{\partial^2 w}{\partial y^2} \tag{6-6}$$

6.2.2 平衡法求解单向均匀受压四边简支板的弹性屈曲荷载

图 6-7 所示为承受 x 方向均布压力的薄板 $a\times b\times t$。此时,$N_x=-p_x$,$N_{xy}=N_y=0$,则该板的平衡微分方程为

$$D\left(\frac{\partial^4 w}{\partial x^4}+2\frac{\partial^4 w}{\partial x^2\partial y^2}+\frac{\partial^4 w}{\partial y^4}\right)+p_x\frac{\partial^2 w}{\partial x^2}=0 \tag{6-7}$$

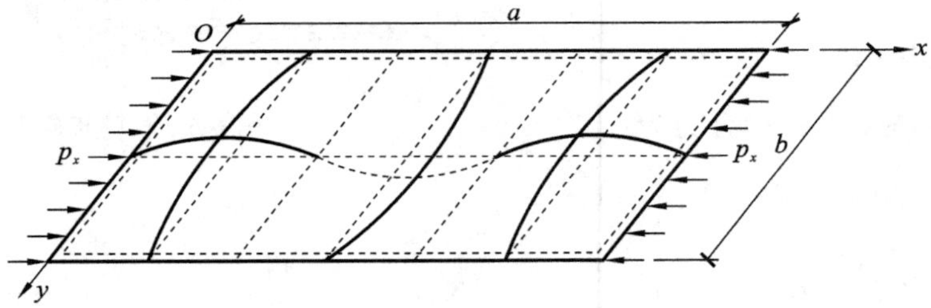

图 6-7 单向均匀受压四边简支板

四边简支板的边界条件是,当 $w=0$ 时,弯矩 $M_x=0$,即 $D\left(\frac{\partial^2 w}{\partial x^2}+\mu\frac{\partial^2 w}{\partial y^2}\right)=0$。由于板边界的各点挠度均为 0,所以有 $\frac{\partial^2 w}{\partial y^2}=0$ 和 $\frac{\partial^2 w}{\partial x^2}=0$。符合该边界条件的板的挠曲面函数可用二重三角级数表示

$$w=\sum_{m=1}^{\infty}\sum_{n=1}^{\infty}A_{mn}\sin\frac{m\pi x}{a}\sin\frac{n\pi y}{b} \tag{6-8}$$

式中 m,n——板屈曲时在 x 方向和 y 方向的半波数,m 和 n 分别为 1,2,3,…;

A_{mn}——待定数。

将式(6-8)代入式(6-7),可得

$$\sum_{m=1}^{\infty}\sum_{n=1}^{\infty}A_{mn}\left(\frac{m^4\pi^4}{a^4}+2\frac{m^2n^2\pi^4}{a^2b^2}+\frac{n^4\pi^4}{b^4}-\frac{p_x}{D}\frac{m^2\pi^2}{a^2}\right)\sin\frac{m\pi x}{a}\sin\frac{n\pi y}{b}=0$$

由于薄板在外压力下微弯,故上式中 A_{mn} 不为 0,$\sin\frac{m\pi x}{a}$ 和 $\sin\frac{n\pi y}{b}$ 也不为 0。因此,只有括号内 4 项之和为零,整理可得

$$p_x=\frac{\pi^2 D}{b^2}\left(\frac{mb}{a}+\frac{n^2 a}{mb}\right)^2 \tag{6-9}$$

式(6-9)的最小值即为板的屈曲荷载 p_{crx}。现考察 m 和 n 的取值,当 $n=1$ 时,表明板屈由时在 y 方向只产生一个半波;此时,若存在 p_x 最小值,则必有 $\partial p_x/\partial m=0$,故由式(6-6)可得 $m=a/b$,则有

$$p_{crx}=\frac{4\pi^2 D}{b^2} \tag{6-10}$$

由于 m 为 1,2,3,…的整数,而 a/b 可能不是整数时,m 取与 a/b 接近且使 p_{crx} 较小的整数。

$$p_{crx}=\frac{k\pi^2 D}{b^2} \tag{6-11}$$

式中,$k=\left(\frac{mb}{a}+\frac{a}{mb}\right)^2$ 为板的屈曲系数,取决于板的长宽比 a/b。该系数曲线如图 6-8 所示,可以看出,当 $a/b\geqslant 4$ 时,k 接近最小值 4。因此,对于四边简支均匀受压的狭长板,屈曲系数可取 $k=4$。

四边简支均匀受压板临界应力为

$$\sigma_{crx}=\frac{p_{crx}}{t}=\frac{k\pi^2 E}{12(1-\mu^2)}\left(\frac{t}{b}\right)^2 \tag{6-12}$$

式(6-12)表明,均匀受压板的屈曲应力与板的宽厚比的平方成反比,而与板的长度无关。

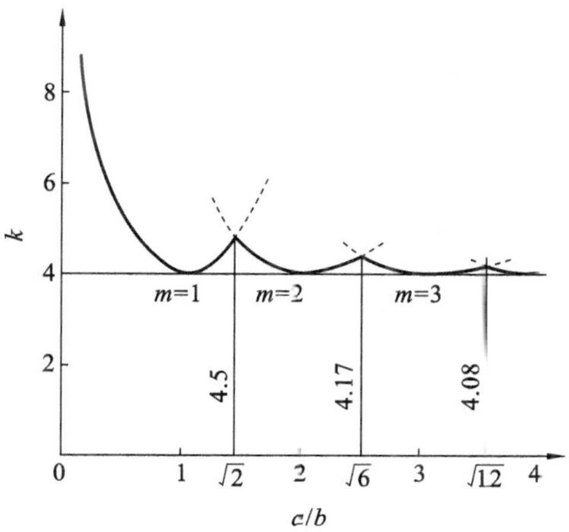

图 6-8 均匀受压四边简支板的屈曲系数

6.2.3 能量法求解板的弹性屈曲荷载

板在微弯状态下的总势能 Π 为应变能 U 和外力势能 V 之和,即

$$\Pi=U+V \tag{6-13}$$

其中

$$U=\frac{D}{2}\int_0^a\int_0^b\left\{\left(\frac{\partial^2 w}{\partial x^2}+\frac{\partial^2 w}{\partial y^2}\right)^2-2(1-v)\left[\frac{\partial^2 w}{\partial x^2}\times\frac{\partial^2 w}{\partial y^2}-\left(\frac{\partial^2 w}{\partial x\partial y}\right)^2\right]\right\}\mathrm{d}x\mathrm{d}y$$

$$V=-\frac{1}{2}\int_0^a\int_0^b\left[p_x\left(\frac{\partial w}{\partial x}\right)^2+2p_{xy}\frac{\partial w}{\partial x}\frac{\partial w}{\partial y}+p_y\left(\frac{\partial \omega}{\partial y}\right)^2\right]\mathrm{d}x\mathrm{d}y$$

(1) 瑞利-里兹法

利用瑞利-里兹法求解板的屈曲荷载时,需假定符合板几何边界条件的挠曲面函数。假定挠曲面函数为

$$w=\sum_{i=1}^{m}\sum_{j=1}^{n}A_{ij}f(x,y) \tag{6-14}$$

将式(6-14)代入总势能公式[式(6-13)],积分后根据势能驻值原理,建立线性代数方程组为

$$\begin{cases}\dfrac{\partial\Pi}{\partial A_{11}}=0\\ \dfrac{\partial\Pi}{\partial A_{12}}=0\\ \vdots\\ \dfrac{\partial\Pi}{\partial A_{mn}}=0\end{cases} \tag{6-15}$$

方程式(6-15)有非零解的条件是其系数行列式为 0,由此得到板的屈曲方程,进而求得板的屈曲荷载。若屈曲方程有多组解,则其中最小值为板的屈曲荷载。

【例 6-1】 用瑞利-里兹法求解图 6-9 所示单向均匀受压矩形板的屈曲荷载。板的加载边简支,非加载边一边简支,另一边自由。

【解】 将 $p_y=0$ 和 $p_{xy}=0$ 代入式(6-13)得到板的总势能为

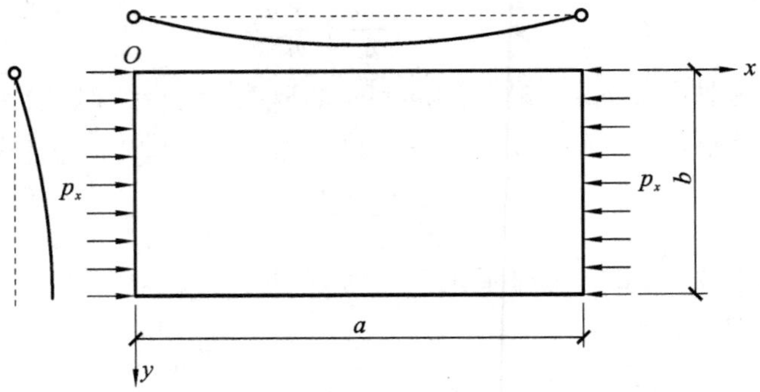

图 6-9 单向均匀受压矩形板

$$\Pi = \frac{D}{2}\int_0^a\int_0^b\left\{\left(\frac{\partial^2 w}{\partial x^2}+\frac{\partial^2 w}{\partial y^2}\right)^2-2(1-\mu)\left[\frac{\partial^2 w}{\partial x^2}\frac{\partial^2 w}{\partial y^2}-\left(\frac{\partial^2 w}{\partial x\partial y}\right)^2\right]\right\}\mathrm{d}x\mathrm{d}y-\frac{1}{2}\int_0^a\int_0^b p_x\left(\frac{\partial w}{\partial x}\right)^2\mathrm{d}x\mathrm{d}y \tag{1}$$

假定板的挠曲面函数为

$$w=Ay\sin\frac{m\pi x}{a} \tag{2}$$

符合板的几何边界条件 $x=0$ 和 $x=a$ 时，$w=0$；$y=0$ 时，$w=0$，$y=b$ 时，$w\neq 0$。

将式(2)代入式(1)，积分后可得

$$\Pi = \frac{D}{2}A^2\frac{m^2n^2}{a^2}\left[\frac{m^2n^2b^2}{6a^2}+(1-\mu)\right]ab-\frac{p_x}{12}A^2\frac{m^2n^2}{a^2}ab^3 \tag{3}$$

由势能驻值原理 $\mathrm{d}\Pi/\mathrm{d}A=0$ 得

$$A\left\{\frac{Dm^2\pi^2b}{a}\left[\frac{m^2\pi^2b^2}{a}+6(1-\mu)\right]-p_x\frac{m^2\pi^2b^3}{a}\right\}=0 \tag{4}$$

因 $A\neq 0$，故

$$p_x=\left[\frac{m^2\pi^2b^2}{a}+6(1-\mu)\right]\frac{D}{b^2} \tag{5}$$

当 $m=1$ 时，将 $\mu=0.3$ 代入，得到板的屈曲荷载为

$$p_{crx}=\left(0.425+\frac{b^2}{a^2}\right)\frac{\pi^2D}{b^2}=k\frac{\pi^2D}{b^2} \tag{6}$$

屈曲系数 $k=0.425+b^2/a^2$。

对于一般钢构件的板件，$a\gg b$，此时 $k_{\min}=0.425$。由挠曲面函数和 $m=1$ 可知，均匀受压三边简支板在凸曲时在 x 方向和 y 方向都只产生一个半波。

(2) 迦辽金法

板的平衡方程为

$$L(w)=0 \tag{6-16}$$

假定符合几何边界条件和自然边界条件的挠曲面函数为

$$w=\sum_{i=1}^{n}A_i\varphi_i(x,y) \tag{6-17}$$

则迦辽金方程组为

$$\begin{cases}\int_0^a\int_0^b L(w)\varphi_1(x,y)\mathrm{d}x\mathrm{d}y=0\\ \int_0^a\int_0^b L(w)\varphi_2(x,y)\mathrm{d}x\mathrm{d}y=0\\ \quad\vdots\\ \int_0^a\int_0^b L(w)\varphi_n(x,y)\mathrm{d}x\mathrm{d}y=0\end{cases} \tag{6-18}$$

式(6-18)积分后即得到关于 $A_1,A_2,\cdots,A_n$ 的线性方程组。为使方程组有非零解，其系数列式必须为

零，此条件即为屈曲方程，进而解得屈曲荷载。

【例 6-2】 用迦辽金法求解图 6-10 所示单向均匀矩形板的屈曲荷载。板的加载边两边简支，非加载两边固定。

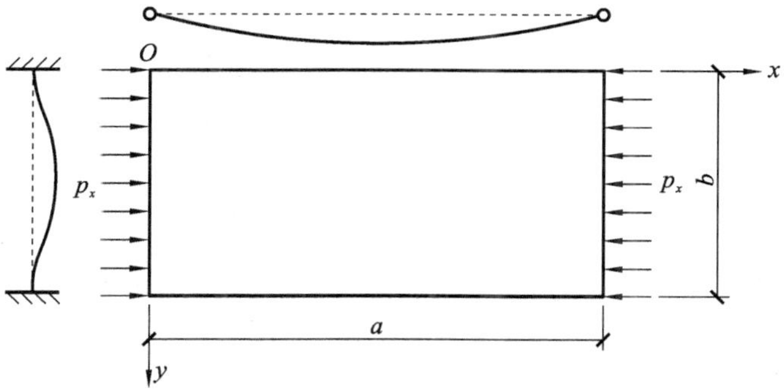

图 6-10 加载边简支、非加载边固定的单向均匀受压板

【解】 板的平衡方程为

$$L(w)=D\left(\frac{\partial^4 w}{\partial x^4}+2\frac{\partial^4 w}{\partial x^2\partial y^2}+\frac{\partial^4 w}{\partial y^4}\right)+p_x\frac{\partial^2 w}{\partial x^2}=0 \tag{1}$$

假定挠曲面函数为

$$w=A\sin\frac{m\pi x}{a}\sin^2\frac{\pi y}{b} \tag{2}$$

此函数当 $x=0$ 和 $x=a$ 时，$w=0$；当 $y=0$ 和 $y=b$ 时，$w=0$，$\frac{\partial \omega}{\partial y}=0$，满足几何边界条件。当 $x=0$ 和 $x=a$ 时，$\frac{\partial^2 w}{\partial x^2}=0$，$\frac{\partial^2 w}{\partial y^2}=0$；当 $y=0$ 和 $y=b$ 时，$M_y=-D\left(\frac{\partial^2 w}{\partial y^2}+v\frac{\partial^2 w}{\partial x^2}\right)\neq 0$，也满足自然边界条件。

迦辽金方程为

$$\int_0^a\int_0^b L(w)\sin\frac{m\pi x}{a}\sin^2\frac{\pi y}{b}\mathrm{d}x\mathrm{d}y=0 \tag{3}$$

将式(2)代入式(3)，可得

$$p_x=\frac{\pi^2 D}{b^2}\left(\frac{m^2b^2}{a^2}+\frac{8}{3}+\frac{16a^2}{3m^2b^2}\right) \tag{4}$$

为使 p_x 具有最小值，需满足 $\mathrm{d}p_x/\mathrm{d}m^2=0$，得到 $m^2=4a^2/\sqrt{3b^2}$，代入式(4)，得 $p_{\mathrm{cr}x}=7.283\frac{\pi^2 D}{b^2}$，与精确解 $p_{\mathrm{cr}x}=6.97\frac{\pi^2 D}{b^2}$ 只相差 4%。

6.2.4 不同条件下板的弹性屈曲荷载

对于不同的荷载和边界支承条件，板的屈曲荷载和临界应力均可表示为式(6-11)和式(6-12)的形式。本节给出不同的荷载条件和边界条件下的屈曲系数 k 值。

6.2.4.1 单向均匀受压简支板

加载边简支时单向均匀受压板的屈曲系数如表 6-1 所示。由表 6-1 可知，非加载边的支承条件不同，其屈曲系数 k 有很大差别，说明非加载边的约束条件对板的弹性屈曲荷载有很大影响。

表 6-1 加载边简支时单向均匀受压板的屈曲系数

序号	1	2	3	4	5
非加载边支承条件	一边简支，一边自由	一边固定，一边自由	两边简支	一边简支，一边固定	两边固定
屈曲系数 k	0.425	1.28	4.00	5.42	6.97

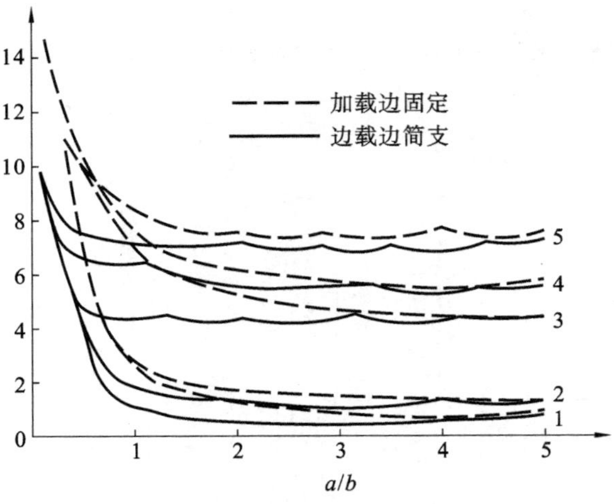

图 6-11 单向均匀受压板的屈曲系数

如果加载边是固定的，屈曲系数 k 将有所提高，但当 $a/b \geqslant 2$ 时，提高并不明显。各种支承条件的板的屈曲系数如图 6-11 所示。图 6-11 中的序号与表 6-1对应。由图 6-11 可知，对于单向均匀受压的狭长板件，采用设置横向加劲肋减小 a/b 来提高板的屈曲系数的做法效果并不明显。由式(6-12)可知，采用设置纵向加劲肋减小 b/t 提高屈曲应力的方法则效果非常明显。

6.2.4.2 单向非均匀受压简支板

如图 6-12 所示的单向非均匀受压简支板，荷载沿板宽线性分布，距原点 y 处的荷载为

$$p_x = p_1\left(1-\frac{\alpha_0}{b}y\right) \tag{6-19}$$

式中，$\alpha_0=(\sigma_1-\sigma_2)/\sigma_1$——应力梯度，$\sigma_1$ 和 σ_2 分别为最大应力和最小应力，以压为正。因此，均匀受压时，$\alpha_0=0$；纯弯曲时，$\alpha_0=2$；压弯组合时，α_0 在 0 和 2 之间。

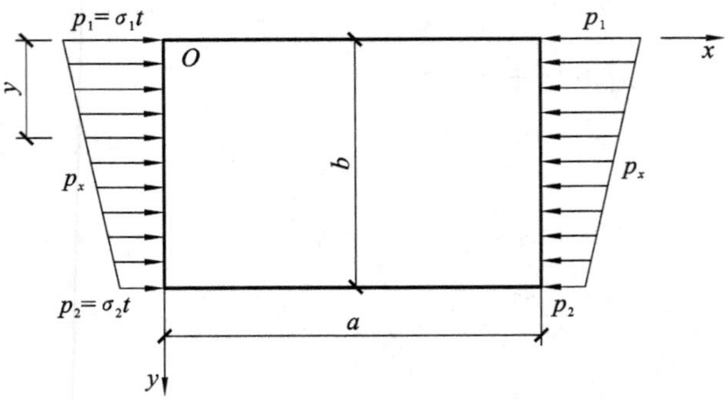

图 6-12 单向非均匀受压四边简支板

这一问题可用瑞利-里兹法求解，设符合简支边界条件的板的挠曲面函数为二重三角级数

$$w=\sum_{m=1}^{\infty}\sum_{n=1}^{\infty}A_{mn}\sin\frac{m\pi x}{a}\sin\frac{n\pi y}{b}$$

代入板的总势能式(6-13)，得

$$\begin{aligned}\Pi=&\frac{D}{2}\int_0^a\int_0^b\left\{\left(\frac{\partial^2 w}{\partial x^2}+\frac{\partial^2 w}{\partial y^2}\right)^2-\right.\\&\left.2(1-\mu)\left[\frac{\partial^2 w}{\partial x^2}\frac{\partial^2 w}{\partial y^2}-\left(\frac{\partial^2 w}{\partial x\partial y}\right)^2\right]\right\}\mathrm{d}x\mathrm{d}y-\\&\frac{1}{2}\int_0^a\int_0^b p_x\left(\frac{\partial w}{\partial x}\right)^2\mathrm{d}x\mathrm{d}y\\=&\frac{\pi^4}{8}Dab\sum_{m=1}^{\infty}\sum_{n=1}^{\infty}A_{mn}^2\left(\frac{m^2}{a^2}+\frac{n^2}{b^2}\right)^2-\frac{p_1ab}{8}\sum_{m=1}^{\infty}\sum_{n=1}^{\infty}A_{mn}^2\frac{m^2\pi^2}{a^2}+\\&\frac{\alpha_0 p_1 a}{4b}\sum_{m=1}^{\infty}\frac{m^2\pi^2}{a^2}\left[\frac{b^2}{4}\sum_{n=1}^{\infty}A_{mn}^2-\frac{8b^2}{\pi^2}\sum_{n=1}^{\infty}A_{mn}^2\frac{mn}{(m^2-n^2)}\right]\end{aligned}$$

Timoshenko 取二重三角级数中的三项，得到

$$w=A_{11}\sin\frac{\pi x}{a}\sin\frac{\pi y}{b}+A_{12}\sin\frac{\pi x}{a}\sin\frac{2\pi y}{b}+A_{13}\sin\frac{\pi x}{a}\sin\frac{3\pi y}{b}$$

代入总势能表达式[式(6-13)]，由势能驻值条件 $\frac{\partial \Pi}{\partial A_{11}}=0$，$\frac{\partial \Pi}{\partial A_{12}}=0$，$\frac{\partial \Pi}{\partial A_{13}}=0$，可得

$$\begin{cases}\left[D\pi^4\left(\frac{1}{a^2}+\frac{1}{b^2}\right)^2-p_1\frac{2-\alpha_0}{2}\times\frac{\pi^2}{a^2}\right]A_{11}+p_1\frac{16\alpha_0}{9a^2}A_{12}=0\\ p_1\frac{16\alpha_0}{9a^2}A_{11}+\left[D\pi^4\left(\frac{1}{a^2}+\frac{4}{b^2}\right)^2-p_1\frac{2-\alpha_0}{2}\times\frac{\pi^2}{a^2}\right]A_{12}+p_1\frac{48\alpha_0}{25a^2}A_{13}=0\\ p_1\frac{48\alpha_0}{25a^2}A_{12}+\left[D\pi^4\left(\frac{1}{a^2}+\frac{9}{b^2}\right)^2-p_1\frac{2-\alpha_0}{2}\times\frac{\pi^2}{a^2}\right]A_{13}=0\end{cases}$$

由以上三式系数行列式的值为零，可求得 p_1，其中最小值即为屈曲荷载。

对于 $\alpha_0=2$ 的纯弯曲板，令 $\alpha=a/b$，相应于最大压力 p_1 的临界应力和屈曲系数分别为

$$\sigma_{cr1}=\frac{k\pi^2 E}{12(1-\mu^2)}\left(\frac{t}{b}\right)^2 \tag{6-20}$$

$$k=\frac{\pi^2(1+\alpha^2)(1+4\alpha^2)(1+9\alpha^2)}{32\alpha^2\sqrt{\frac{9(1+\alpha^2)^2}{625}+\frac{(1+9\alpha^2)^2}{81}}} \tag{6-21}$$

当 $\alpha=2/3$ 时，$k_{\min}=23.9$。当 $\alpha\gg 2/3$ 时，纯弯曲板将屈曲成长度为 $2b/3$ 的一系列半波。当 $\alpha=2/3$ 时，$m=1$，屈曲系数近似值为

$$k=15.87+\frac{1.87}{\alpha^2}+8.6\alpha^2 \tag{6-22}$$

当 $\alpha=2/3$ 时，对非均匀受压的四边简支板，经分析可得 α_0 和 $k_{\min}$ 的近似关系为

$$k_{\min}=4+2\alpha_0(1+\alpha_0^2) \tag{6-23}$$

均匀受压 $\alpha_0=0$ 时，$k_{\min}=4$；纯弯曲 $\alpha_0=2$ 时，$k_{\min}=23.9$。

对于非加载边固定的板，纯弯曲时 $k_{\min}=39.6$。

6.2.4.3 均匀受剪简支板

如图 6-13(a)所示的四边简支均匀受剪板，由于剪应力等效的主拉应力和主压应力的数值相等并呈 45°方向，故屈曲时产生图 6-13(b)所示的大约 45°方向的屈曲变形。

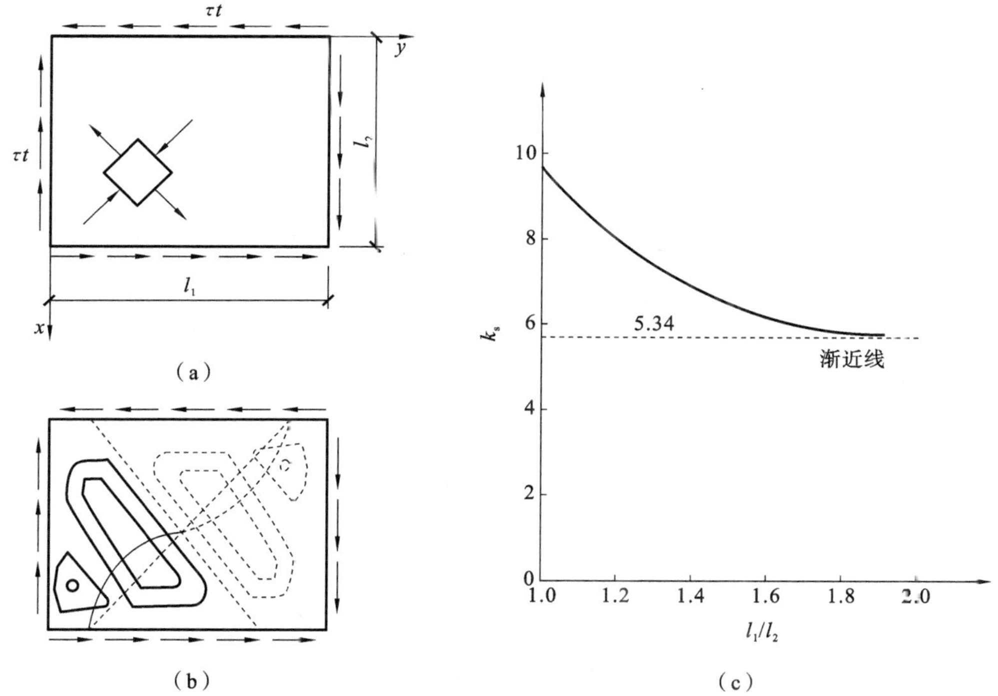

图 6-13 四边简支均匀受剪板的屈曲及屈曲系数

设均匀分布的剪应力为 τ，单位宽度为剪力 $N_{xy}=\tau t$，则平衡微分方程为

$$\frac{\partial^4 w}{\partial x^4}+2\frac{\partial^4 x}{\partial x^2\partial y^2}+\frac{\partial^4 w}{\partial y^4}-\frac{2\tau t}{D}\cdot\frac{\partial^2 w}{\partial x\partial y}=0$$

可以用迦辽金法进行求解，屈曲系数 k_s 的计算结果如图 6-13(c)所示，其横坐标 l_1/l_2 表示板长边尺寸 l_1 和短边尺寸 l_2 之比。应用时可将 k_s 简化为

$$k_s=5.34+\frac{4}{\left(\frac{l_1}{l_2}\right)^2} \tag{6-24}$$

四边简支板在均匀剪应力作用下的临界应力为

$$\tau_{cr}=\frac{k_s\pi^2 E}{12(1-\mu^2)}\left(\frac{t}{l_2}\right)^2 \tag{6-25}$$

6.2.4.4 一个边缘受压的四边简支板

在实际工程中常常会遇到矩形板一个边缘受压的情况。如吊车梁的腹板，受轨道上的轮压在腹板边缘产生的非均匀分布压应力作用[图 6-15(a)]。此时，板的临界应力为

$$\sigma_{c,cr}=\frac{k\pi^2E}{12(1-\mu^2)}\left(\frac{t}{b}\right)^2 \tag{6-26}$$

其屈曲系数 k 可采用理论分析和试验相结合的办法确定，有两种近似取值方法：

① 当考虑应力为图 6-14(a)的非均匀分布时，k 可以近似取

当 $0.5\leqslant\frac{a}{b}\leqslant1.5$ 时，

$$k=\frac{7.4}{\frac{a}{b}}+\frac{4.5}{\left(\frac{a}{b}\right)^2} \tag{6-27a}$$

当 $1.5<\frac{a}{b}\leqslant2.0$ 时，

$$k=\frac{11.0}{\frac{a}{b}}-\frac{0.9}{\left(\frac{a}{b}\right)^2} \tag{6-27b}$$

这种取值方法首先在苏联规范中采用，我国规范从 20 世纪 50 年代开始沿用。设计采用的 $\sigma_{c,cr}$ 值，还要考虑由试验确定的翼缘对腹板边缘的弹性约束作用。

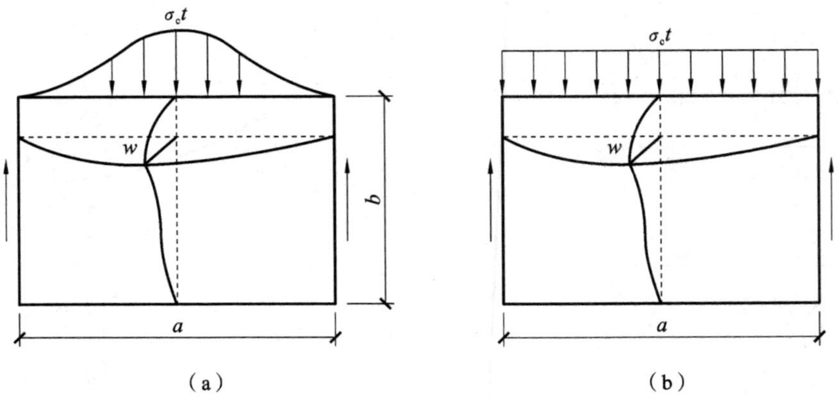

图 6-14 单侧受压板

② 当考虑应力为图 6-14(b)所示的均匀分布时，k 可以采用 K. Baslar 推荐的近似值

$$k=2+\frac{4}{\left(\frac{a}{b}\right)^2} \tag{6-28}$$

如果是吊车梁的腹板，则均布压应力 σ_c 取为轮压 F 除以 at 或 bt 中的较小者，同时要考虑翼缘对腹板的约束作用，取屈曲系数 k 为

$$k=5.5+\frac{4}{\left(\frac{a}{b}\right)^2} \tag{6-29}$$

美国规范也采用这种取值方法。

6.2.4.5 承受非均匀压力和剪力的板

压弯构件的腹板往往不能忽略剪应力的影响，因此，腹板承受单向线性分布压应力和均匀分布剪应力的共同作用，如图 6-15 所示。根据弹性理论，其弹性屈曲条件为

$$\left[1-\left(\frac{\alpha_0}{2}\right)^5\right]\frac{\sigma_1}{\sigma_{cr1}}+\left(\frac{\alpha_0}{2}\right)^5\left(\frac{\sigma_1}{\sigma_{cr1}}\right)^2+\left(\frac{\sigma}{\sigma_{cr}}\right)^2=1 \tag{6-30}$$

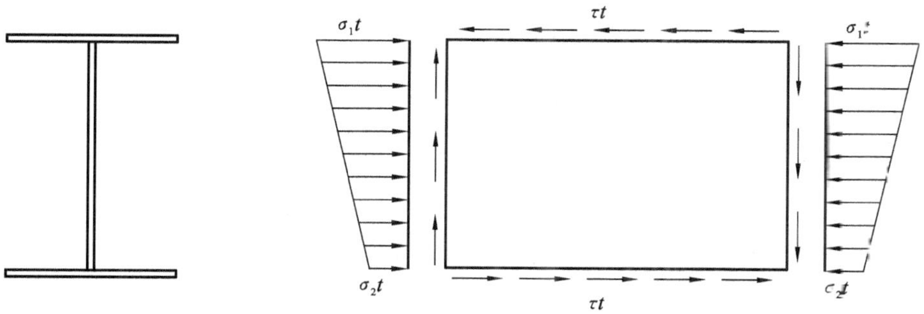

图 6-15 压弯构件的腹板

式中 $\alpha_0=(\sigma_1-\sigma_2)/\sigma_1$——应力梯度。

各应力单独作用的临界应力，σ_{cr1} 按式(6-20)计算，τ_{cr} 按式(6-25)计算，通常都不考虑翼缘对腹边缘的约束作用。

6.3 板的大挠度理论弹性屈曲

6.3.1 大挠度理论板的平衡方程

当薄板的弹性屈曲应力不太高，且板的周边有较强的支承时，板在屈曲后并不破坏，随着挠度的增加，板力会出现重分布，中面内会产生较大的薄膜拉力。应力重分布和薄膜拉力可以延缓板挠度的增加，对板起支撑作用，从而提高板的承载力，可能使其远远超过分屈曲荷载，即板有较高的屈住后强度。此时，板的挠度与其厚度相比已不再是一个微量，建立平衡方程时需要考虑薄膜力的影响，按照有限挠度理论或称大挠度理论来研究薄板的屈曲后强度。由于薄板屈曲后的挠度总是远小于板的幅面尺寸，因此在建立平衡方程时，除考虑薄膜应变外，6.2.1 节小挠度理论中的其他几项假定仍然适用。

6.3.1.1 大挠度理论板的平衡方程

当采用大挠度理论时，由于考虑薄膜应变所产生的中面力，薄板弯曲后微元体 $\mathrm{d}x\mathrm{d}y$ 的中面力 N_x、N_y 和 N_{xy} 都是变化的，它们都是 x 和 y 的函数，如图 6-16 所示。微元体挠曲面的切线角仍是微小的，其余弦为 1.0，正弦取角度本身。

由中面各力在 x 方向的平衡，忽略高阶微量后有

$$\frac{\partial N_x}{\partial x}+\frac{\partial N_{xy}}{\partial y}=0 \tag{6-31}$$

同理，中面各力在 y 方向的平衡有

$$\frac{\partial N_y}{\partial y}+\frac{\partial N_{xy}}{\partial x}=0 \tag{6-32}$$

N_x 在 z 方向上的分力，忽略高阶微量后有

$$\left(N_x\frac{\partial^2 w}{\partial x^2}+\frac{\partial N_x}{\partial x}\cdot\frac{\partial w}{\partial x}\right)\mathrm{d}x\mathrm{d}y$$

同理，N_y、N_{xy} 和 N_{yx} 在 z 方向上的分力分别为

$$\left(N_y\frac{\partial^2 w}{\partial x^2}+\frac{\partial N_x}{\partial x}\cdot\frac{\partial w}{\partial y}\right)\mathrm{d}x\mathrm{d}y$$

$$\left(N_{xy}\frac{\partial^2 w}{\partial x\partial y}+\frac{\partial N_{xy}}{\partial x}\cdot\frac{\partial w}{\partial y}\right)\mathrm{d}x\mathrm{d}y$$

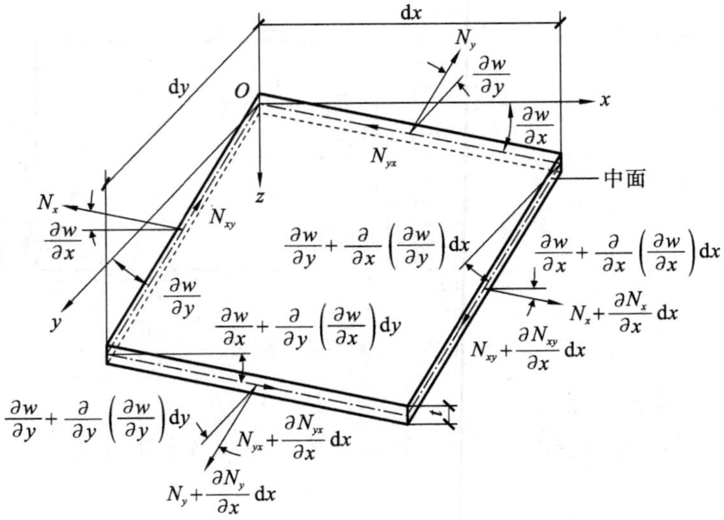

图 6-16 大挠度理论板微元体的变形和中面力

$$\left(N_{yx}\frac{\partial^2 w}{\partial x\partial y}+\frac{\partial N_{yx}}{\partial y}\times\frac{\partial w}{\partial x}\right)\mathrm{d}x\mathrm{d}y$$

以上四式相加即得到各中面力在 z 方向的合力，代入式(6-31)和式(6-32)，可得

$$\left(N_x\frac{\partial^2 w}{\partial x^2}+2N_{xy}\frac{\partial^2 w}{\partial x\partial y}+N_y\frac{\partial^2 w}{\partial y^2}\right)\mathrm{d}x\mathrm{d}y$$

微元体上的弯矩 M_x、M_y，扭矩 M_{xy} 和剪力 Q_x、Q_y 只是在量上与小变形理论有所不同，在本质上并无差别。它们在 z 方向上的分力为

$$\left(\frac{\partial Q_x}{\partial x}+\frac{\partial Q_y}{\partial y}\right)\mathrm{d}x\mathrm{d}y=-D\left(\frac{\partial^4 w}{\partial x^4}+2\frac{\partial^4 w}{\partial x^2\partial y^2}+\frac{\partial^4 w}{\partial y^4}\right)\mathrm{d}x\mathrm{d}y$$

因此，在 z 方向力的平衡为

$$D\left(\frac{\partial^4 w}{\partial x^4}+2\frac{\partial^4 w}{\partial x^2\partial y^2}+\frac{\partial^4 w}{\partial y^4}\right)=N_x\frac{\partial^2 w}{\partial x^2}+2N_{xy}\frac{\partial^2 w}{\partial x\partial y}+N_y\frac{\partial^2 w}{\partial y^2} \tag{6-33}$$

从形式上看，式(6-33)和式(6-5)完全相同，但本质上是不同的。式(6-5)是常系数偏微分方程，只有一个未知量 w，而式(6-33)中 N_x、N_y 和 N_{xy} 则是变量，包含外力和薄膜力，属于变系数偏微分方程。式(6-33)中有四个未知量，而方程只有式(6-31)、式(6-32)和式(6-33)三个，需要根据变形条件补充一个变形协调方程。

6.3.1.2 大挠度理论板的变形协调方程

图 6-17 给出微元体 $\mathrm{d}x\mathrm{d}y$ 的中面的轴向应变和剪应变。板弯曲后，微元体上任意点在 x 和 y 方向的位移由两部分组成：一部分由中面力 N_x、N_y 和 N_{xy} 产生，另一部分由板的挠度 w 产生。微元体的总应变为

$$\varepsilon_{x0}=\frac{\partial u_0}{\partial x}+\frac{1}{2}\left(\frac{\partial w}{\partial x}\right)^2 \tag{6-34}$$

$$\varepsilon_{y0}=\frac{\partial v_0}{\partial y}+\frac{1}{2}\left(\frac{\partial w}{\partial y}\right)^2 \tag{6-35}$$

$$\gamma_{xy0}=\frac{\partial u_0}{\partial y}+\frac{\partial v_0}{\partial x}+\frac{\partial w}{\partial x}\frac{\partial w}{\partial y} \tag{6-36}$$

式中 ε_{x0}，ε_{y0}，γ_{xy0}——微元体在 x，y 方向的轴向应变和剪应变；

u_0，v_0——微元体 x，y 方向的位移。

中面应变和中面力的关系为

$$\varepsilon_{x0}=\frac{1}{Et}(N_x-vN_y) \tag{6-37}$$

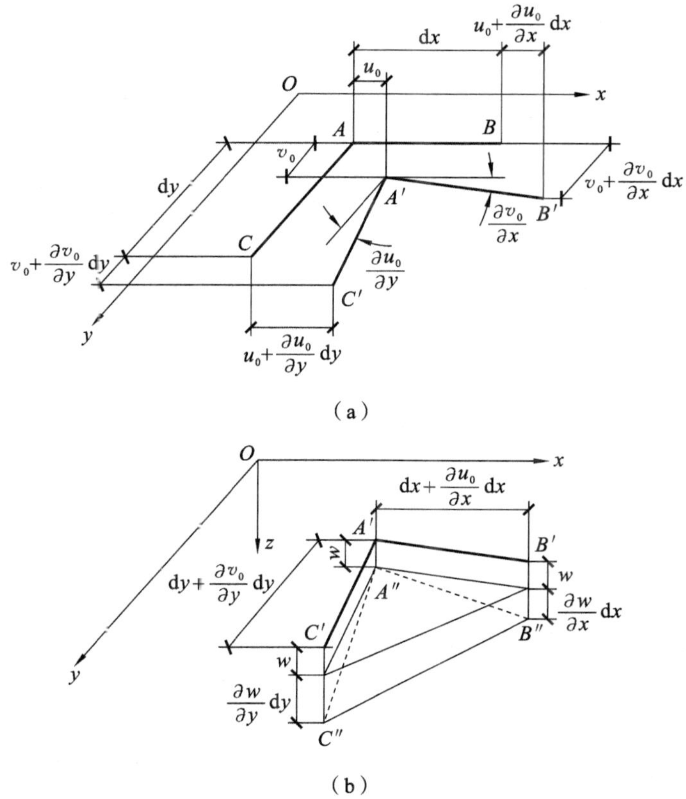

图 6-17　微元体中面的轴向应变和剪应变

$$\varepsilon_{y0}=\frac{1}{Et}(N_y-vN_x) \tag{6-38}$$

$$\gamma_{xy0}=\frac{2(1+v)}{Et}N_{xy} \tag{6-39}$$

这时微元体有 3 个平衡方程[式(6-31)、式(6-32)和式(6-33)]，3 个几何关系[式(6-34)、式(6-35)和式(6-36)]，以及 3 个物理方程[式(6-37)、式(6-38)和式(6-39)]，共有 9 个方程，而未知量也为 9 个(N_x，N_y，N_{xy}，u_0，v_0，w_0，ε_{x0}，ε_{y0} 和 γ_{xy0})，理论上可以求解，但非常困难。将式(6-34)对 y 微分两次，式(6-35)对 x 微分两次，式(6-36)对 x 和 y 各微分一次，然后合在一起，消去 u_0 和 v_0，可得

$$\frac{\partial^2\varepsilon_{x0}}{\partial y^2}+\frac{\partial^2\varepsilon_{y0}}{\partial x^2}-\frac{\partial^2\gamma_{xy0}}{\partial x\partial y}=\left(\frac{\partial^2 w}{\partial x\partial y}\right)^2-\frac{\partial^2 w}{\partial x^2}\frac{\partial^2 w}{\partial y^2} \tag{6-40}$$

此时，引入满足中面平衡方程式(6-31)和式(6-32)的应力函数 $F(x,y)$

$$N_x=t\frac{\partial^2 F}{\partial y^2} \tag{6-41}$$

$$N_x=t\frac{\partial^2 F}{\partial x^2} \tag{6-42}$$

$$N_{xy}=-t\frac{\partial^2 F}{\partial x\partial y} \tag{6-43}$$

将式(6-41)～式(6-43)代入式(6-33)可得以挠度 w 和应力函数 F 表示的板的大挠度平衡方程为

$$\frac{\partial^4 w}{\partial x^4}+2\frac{\partial^4 w}{\partial x^2\partial y^2}+\frac{\partial^4 w}{\partial y^4}=\frac{t}{D}\left(\frac{\partial^2 F}{\partial y^2}\frac{\partial^2 w}{\partial x^2}+\frac{\partial^2 F}{\partial x^2}\frac{\partial^2 w}{\partial y^2}-2\frac{\partial^2 F}{\partial x\partial y}\frac{\partial^2 w}{\partial x\partial y}\right) \tag{6-44}$$

将式(6-41)～式(6-43)代入式(6-37)～式(6-39)后，再代入式(6-40)，可得变形协调方程为

$$\frac{\partial^4 F}{\partial x^4}+2\frac{\partial^4 F}{\partial x^2\partial y^2}+\frac{\partial^4 F}{\partial y^4}=E\left[\left(\frac{\partial^2 w}{\partial x\partial y}\right)^2-\frac{\partial^2 w}{\partial x^2}\frac{\partial^2 w}{\partial y^2}\right] \tag{6-45}$$

式(6-44)和式(6-45)即为薄板的 Von Karman 大挠度方程组。

6.3.2 单向均匀受压简支板的屈曲后强度

6.3.2.1 求解单向均匀受压四边简支矩形板屈曲后强度的边界条件

如图 6-18(a)所示的单向均匀受压四边简支矩形板，其平面外的边界条件是当 $x=0$ 和 $x=a$ 时，$w=0$，$\dfrac{\partial^2 w}{\partial x^2}=0$ 和 $\dfrac{\partial^2 w}{\partial y^2}=0$；当 $y=0$ 和 $y=b$ 时，$w=0$，$\dfrac{\partial^2 w}{\partial x^2}=0$ 和 $\dfrac{\partial^2 w}{\partial y^2}=0$。求板的屈曲后强度时，由于板的应力重分布，还要用板自身平面内的边界条件，其基本假定为：

① 板弯曲后，边缘仍保持直线，如图 6-18(b)中虚线所示，外形不变。

② 沿板的周边不产生剪应力，即 $N_{xy}=0$。

③ 平行于 x 轴的边 $y=0$ 和 $y=b$ 在 y 方向上的移动是自由的。

由假定②和③可知，在 $y=0$ 和 $y=b$ 的两边上 $N_y\neq 0$，但 $\sum N_y=0$。

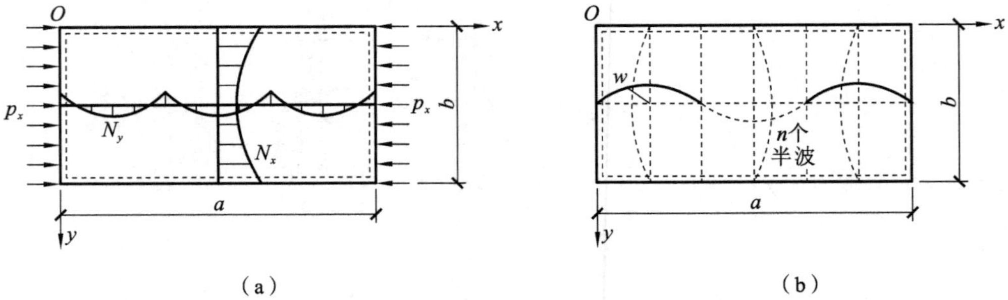

图 6-18 单向均匀受压四边简支板屈曲后中面力和挠度

6.3.2.2 单向均匀受压四边简支矩形板的屈曲后强度

单向均匀受压四边简支矩板的屈曲后强度可用迦辽金法求解。

首先，假定符合几何边界条件的挠曲面函数为

$$w=w_0\sin\frac{m\pi x}{a}\sin\frac{\pi y}{b} \tag{6-46}$$

式中 w_0——板屈曲后的最大挠度；

m——板屈曲时在 x 方向的半波数。

然后，将式(6-46)代入式(6-45)，求板中面力的应力函数为

$$\frac{\partial^4 F}{\partial x^4}+2\frac{\partial^4 F}{\partial x^2\partial y^2}+\frac{\partial^4 F}{\partial y^4}=\frac{w_0^2 m^2\pi^4 E}{2a^2b^2}\left(\cos\frac{2m\pi x}{a}+\cos\frac{2m\pi y}{b}\right) \tag{6-47}$$

解式(6-47)可得

$$F=\frac{E}{32}w_0^2\left(\frac{a^2}{m^2b^2}\cos\frac{2m\pi x}{a}+\frac{m^2b^2}{a^2}\cos\frac{2my}{b}\right)-\frac{p_x}{2t}y^2 \tag{6-48}$$

将式(6-48)和式(6-46)代入板的大挠度平衡方程式(6-44)，用迦辽金法可求得 p_x，即

$$p_x=\frac{\pi^2 D}{b^2}\left(\frac{mb}{a}+\frac{a}{mb}\right)^2+\frac{\pi^2 Et}{16b^2}w_0^2\left(\frac{m^2b^2}{a^2}+\frac{a^2}{m^2b^2}\right)$$

将板的小挠度理论屈曲荷载 $p_{\mathrm{cr}x}=\dfrac{\pi^2 D}{b^2}\left(\dfrac{mb}{a}+\dfrac{a}{mb}\right)^2$ 代入上式，有

$$p_x=p_{\mathrm{cr}x}+\frac{\pi^2 Et}{16b^2}w_0^2\left(\frac{m^2b^2}{a^2}+\frac{a^2}{m^2b^2}\right)=p_{\mathrm{cr}x}+\Delta p_x \tag{6-49}$$

式中 $\Delta p_x=\dfrac{\pi^2 Et}{16b^2}w_0^2\left(\dfrac{m^2b^2}{a^2}+\dfrac{a^2}{m^2b^2}\right)$——板屈曲后荷载的提高值。

板的挠度为

$$\frac{w_0}{t}=\frac{4b}{t}\sqrt{\frac{p_x-p_{\mathrm{cr}x}}{\pi^2 Et\left(\dfrac{m^2b^2}{a^2}+\dfrac{a^2}{m^2b^2}\right)}} \tag{6-50}$$

中面力为

$$N_x=-t\frac{\partial^2 F}{\partial y^2}=p_x+\frac{2(p_x-p_{\mathrm{cr}x})}{\frac{a^4}{m^4b^4}+1}\cos\frac{2\pi y}{b} \tag{6-51}$$

$$N_y=-t\frac{\partial^2 F}{\partial x^2}=\frac{2(p_x-p_{\mathrm{cr}x})}{\frac{m^2b^2}{a^2}+\frac{a^2}{m^2b^2}}\cos\frac{2m\pi x}{b} \tag{6-52}$$

当 $y=0$ 和 $y=b$ 时，板最大纵向压应力为

$$N_{x\max}=p_x+\frac{2(p_x-p_{\mathrm{cr}x})}{\frac{a^4}{m^4b^4}+1} \tag{6-53}$$

板的荷载-挠度 $p_x/p_{\mathrm{cr}x}$-w_0/t 的无量纲化曲线如图 6-19 所示。曲线 a 为无缺陷的板的荷载-挠度曲线[式(6-50)]，在达到 A 点后，板边缘纤维屈服，此后由于塑性的发展，板的挠度迅速增加，很快达到极限荷载。曲线 b 表示有初始缺陷的板的荷载-挠度曲线，达到 A' 点后板边缘纤维屈服，其极限荷载 p_{u} 与无缺陷板的边缘屈服荷载很接近。因此，为便于计算，可以近似地把无缺陷板的边缘纤维屈服荷载作为板的极限荷载，板的平均应力为 $\sigma_{\mathrm{u}}=p_{\mathrm{u}}/t$。

由式(6-53)可得

$$\sigma_{\max}=f_{\mathrm{y}}=\sigma_{\mathrm{u}}+\frac{2(\sigma_{\mathrm{u}}-\sigma_{\mathrm{cr}x})}{\frac{a^4}{m^4b^4}+1}$$

当 a/b 为整数时，取 $m=a/b$ 代入上式，则有

$$\sigma_{\mathrm{u}}=\frac{f_{\mathrm{y}}+\sigma_{\mathrm{cr}x}}{2} \tag{6-54}$$

将式(6-54)代入式(6-51)和式(6-52)，可得板的应力分布为

$$\sigma_x=\sigma_{\mathrm{u}}+(\sigma_{\mathrm{u}}-\sigma_{\mathrm{cr}x})\cos\frac{2\pi y}{b}$$

$$\sigma_y=(\sigma_{\mathrm{u}}-\sigma_{\mathrm{cr}x})\cos\frac{2m\pi x}{a}$$

板屈曲后中面的应力分布如图 6-20 所示。

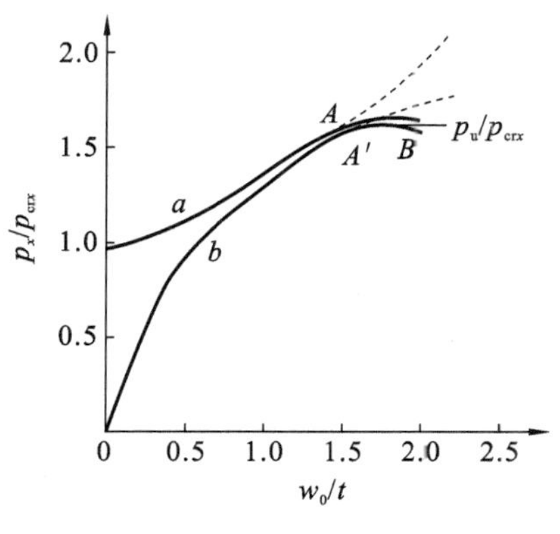

图 6-19　$p_x/p_{\mathrm{cr}x}$-w_0/t 曲线

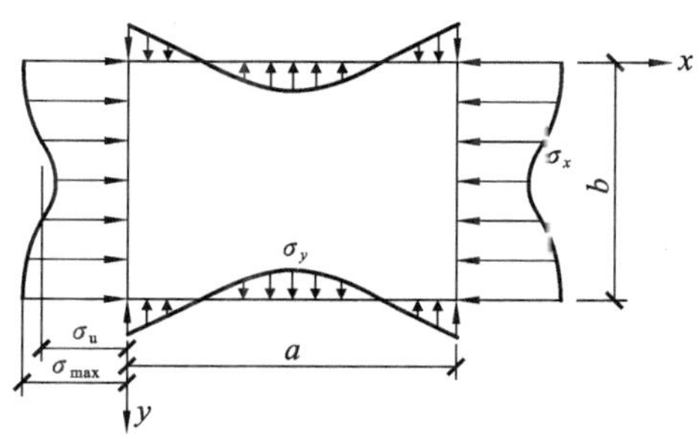

图 6-20　板屈曲后的应力分布

【例 6-3】 计算图 6-21(a)所示单向均匀受压四边简支方板的屈曲后强度和对应的挠度，并画出板的应力分布。板的宽厚比为 100 和 60 两种情况。钢材为 Q235，$E=206000\ \mathrm{N/mm^2}$，$f_{\mathrm{y}}=235\ \mathrm{N/mm^2}$，$\mu=0.3$。

【解】 (1) 当 $b/t=100$ 时。

$$\sigma_{\mathrm{cr}x}=\frac{p_{\mathrm{cr}x}}{t}=\frac{4\pi^2E}{12\times(1-\mu^2)}\left(\frac{t}{b}\right)^2=\frac{4\times\pi^2\times206000}{12\times(1-0.3^2)\times100^2}=74.5(\mathrm{N/mm^2})$$

$$\sigma_{\mathrm{u}}=\frac{\sigma_{\max}+\sigma_{\mathrm{cr}x}}{2}=\frac{235-74.5}{2}=154.7(\mathrm{N/mm^2})$$

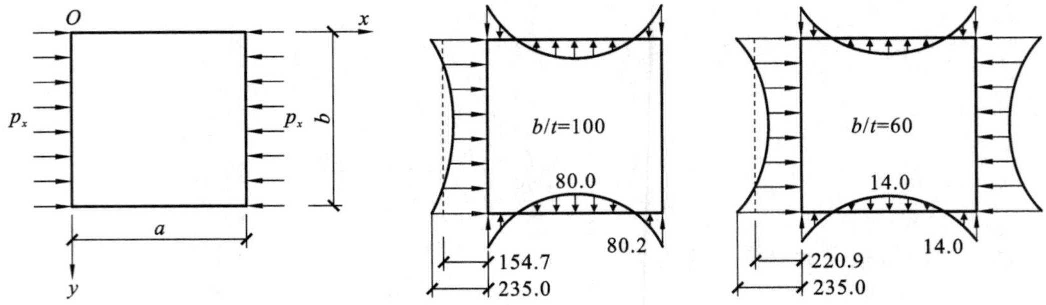

(a) (b) (c)

图 6-21 板的屈曲后强度

$\sigma_u/\sigma_{crx}=154.7/74.5=2.08$，屈曲后强度提高了 1.08 倍。

板的应力分布为

$$\sigma_x=\sigma_u+(\sigma_u-\sigma_{crx})\cos\frac{2\pi y}{b}=154.7+80.2\cos\frac{2\pi y}{b}$$

$$\sigma_y=(\sigma_u-\sigma_{crx})\cos\frac{2m\pi x}{a}=80.2\cos\frac{2m\pi x}{a}$$

板中面应力分布如图 6-21(b)所示。

$$\frac{f}{t}=\frac{4b}{t}\sqrt{\frac{\sigma_u-\sigma_{crx}}{\pi^2E(1+1)}}=4\times100\sqrt{\frac{154.7-74.5}{\pi^2\times206000\times2}}=1.78$$

(2) 当 $b/t=60$ 时。

$$\sigma_{crx}=\frac{p_{crx}}{t}=\frac{4\pi^2E}{12\times(1-\mu^2)}\left(\frac{t}{b}\right)^2=\frac{4\times\pi^2\times206000}{12\times(1-0.3^2)\times60^2}=206.9(\text{N/mm}^2)$$

$$\sigma_u=\frac{\sigma_{max}+\sigma_{crx}}{2}=\frac{235+206.9}{2}=220.9(\text{N/mm}^2)$$

$\sigma_u/\sigma_{crx}=220.9/206.9=1.07$，屈曲后强度仅提高了 7%。

板的应力分布为

$$\sigma_x=\sigma_u+(\sigma_u-\sigma_{crx})\cos\frac{2\pi y}{b}=220.9+14.0\cos\frac{2\pi y}{b}$$

$$\sigma_y=(\sigma_u-\sigma_{crx})\cos\frac{2m\pi x}{a}=14.0\cos\frac{2m\pi x}{a}$$

板中面应力分布如图 6-21(c)所示。

$$\frac{f}{t}=\frac{4b}{t}\sqrt{\frac{\sigma_u-\sigma_{crx}}{\pi^2E(1+1)}}=4\times60\sqrt{\frac{220.9-206.9}{\pi^2\times206000\times2}}=0.446$$

6.4 板的弹塑性屈曲

当板按弹性屈曲计算得到的屈曲应力超过材料的比例极限后，板将在弹塑性状态屈曲，对于不太薄的板，就会出现这种情况。从理论上讲，板的弹塑性屈曲应力不仅与材料切线模量 E_t 有关，还与割线模量 E_s 有关。对于有残余应力的板，还与残余应力分布有关。因此，求解板的弹塑性屈曲荷载非常复杂，这里仅介绍一种近似方法。

对于单向均匀受压的弹塑性矩形板，可以看成是双向正交异形板，在其平衡方程中引入与比值 $\eta=E_t/E$ 有关的弹性模量折减系数，假定在板的主受力 x 方向抗弯刚度按 η 折减，在非加载的 y 方向抗弯刚度不折

减，在 x 方向对 y 方向的抗扭刚度按$\sqrt{\eta}$折减。这样板的平衡微分方程为

$$D\left(\eta\frac{\partial^4 w}{\partial x^4}+2\sqrt{\eta}\frac{\partial^4 w}{\partial x^2\partial y^2}+\frac{\partial^4 w}{\partial y^4}\right)+p_x\frac{\partial^2 w}{\partial x^2}=0 \tag{6-55}$$

求解方法和求解弹性板一致，屈曲荷载为

$$p_{crx}=\frac{k\pi^2 D}{b^2} \tag{6-56}$$

$$k=C_1\sqrt{\eta}+C_2\frac{a^2}{m^2b^2}+\frac{m^2b^2}{a^2}\eta$$

式中 C_1，C_2——与板的支承条件有关的系数。

屈曲系数 k 的最小值由$\frac{\partial k}{\partial m}=0$ 得到，即

$$k_{min}=\sqrt{\eta}(C_1+2\sqrt{C_2}) \tag{6-57}$$

当加载边为简支而非加载边为各种支承条件时，均匀受压矩形的屈曲系数如表 6-2 所示。比较表 6-1 和表 6-2 可知，计算弹塑性屈曲荷载 p_{crx} 时，只需将弹性屈曲荷载乘以$\sqrt{\eta}$即可。

表 6-2 **加载边简支时单向均匀受压板的系数 C_1 和 C_2**

序号	1	2	3	4	5
非加载边支承条件	一边简支，一边自由	一边固定，一边自由	两边简支	一边简支，一边固定	两边固定
C_1	0.425	0.570	2.00	2.27	2.50
C_2	0	0.125	1.00	2.45	5.00
$C_1+2\sqrt{C_2}$	0.425	1.28	4.00	5.42	6.97

6.5 板失稳理论在钢结构设计中的应用

对钢结构板件局部屈曲的处理，可按两种情况考虑：一是保证板件的屈曲荷载不低于构件的极限荷载，即保证构件在整体失稳前不发生局部扭曲，一般采用限制板件宽厚比的方法；二是允许板件发生局部屈曲并发展屈曲后强度，但要考虑板件局部屈曲对构件极限荷载的不利影响，一般采用有效截面的方法。本节首先介绍第一种情况，涉及受压、受弯和压弯构件对板件宽厚比的要求。然后介绍第二种情况，采用有效宽度的方法进行处理。

6.5.1 轴心受压构件的板件局部稳定计算

6.2 节和 6.4 节给出板件的弹性屈曲荷载和弹塑性屈曲荷载，但组成钢结构构件的板件往往是几块板连接而成，板和板之间的边界并不是铰接或固定，而是存在弹性约束，较强的板件对较弱的板件起约束作用。因此，在考虑板件的局部屈曲时，还要考虑这一约束作用，引进弹性嵌固系数 χ。这样，板件的屈曲应力可以表示为

$$\sigma_{cr}=k\frac{\sqrt{\eta}\chi\pi^2E}{12(1-\mu^2)}\left(\frac{t}{b}\right)^2 \tag{6-58}$$

弹性模量折减系数 η 根据试验资料可采用式(6-59)计算

$$\eta=0.1013\lambda^2\left(1-0.0248\lambda^2\frac{f_y}{E}\right)\frac{f_y}{E}\leqslant 1.0 \tag{6-59}$$

式中 λ——构件的长细比。

《钢结构设计标准》(GB 50017—2017)对轴心受压构件的局部稳定是通过规定板件宽厚比来考虑的，确定板件宽厚比的原则是局部屈曲不先于整体失稳，即

$$k\frac{\sqrt{\eta}\chi\pi^2 E}{12(1-\mu^2)}\left(\frac{t}{b}\right)^2\geqslant\varphi f_y \tag{6-60}$$

式中 φ——轴心受压构件的整体稳定系数。

(1) 工字形截面和 H 形截面

① 翼缘宽厚比。

由于工字形截面和 H 形截面的腹板一般比翼缘薄，腹板对翼缘嵌固作用较弱，翼缘可视为三边简支、一边自由的均匀受压板，屈曲系数 $k=0.425$，弹性约束系数 $\chi=1.0$，由式(6-60)可以得到翼缘板悬伸部分的宽度 b 与厚度 t 之比 b/t 和长细比 λ 的关系曲线，经简化可用三段直线式代替

$$\frac{b}{t}\leqslant(10+0.1\lambda)\sqrt{\frac{235}{f_y}} \tag{6-61}$$

式中 λ——构件两方向长细比的较大值(当 $\lambda<30$ 时，取 $\lambda=30$；当 $\lambda>100$ 时，取 $\lambda=100$)。

② 腹板高厚比。

腹板可视为四边支承板，此时屈曲系数 $k=4$。当腹板发生屈曲时，翼缘作为腹板纵向边的支承，对腹板起一定的弹性嵌固作用，这种嵌固作用可使腹板的临界应力提高，根据试验可取弹性约束系数 $\chi=1.3$。仍由式(6-60)经简化后得到腹板高厚比 h_0/t_w 的设计公式为

$$\frac{h_0}{t_w}\leqslant(25+0.5\lambda)\sqrt{\frac{235}{f_y}} \tag{6-62a}$$

式中 h_0，t_w——腹板的高度和厚度。

λ 取构件两方向长细比的较大值(当 $\lambda<30$ 时，取 $\lambda=30$；当 $\lambda>100$，取 $\lambda=100$)。

(2) 热轧部分 T 型钢截面和焊接 T 型钢截面

对热轧部分 T 型钢截面和焊接 T 型钢截面，翼缘的宽厚比限值同工字钢或 H 型钢，见式(6-61)，腹板的高厚比限值分别由以下公式求出。

对于热轧部分 T 型钢截面

$$\frac{h_0}{t_w}\leqslant(15+0.2\lambda)\sqrt{\frac{235}{f_y}} \tag{6-62b}$$

对于焊接 T 型钢截面

$$h_0/t_w\leqslant(13+0.17\lambda)\sqrt{\frac{235}{f_y}} \tag{6-62c}$$

其中，λ 的取值同式(6-62a)。

(3) 箱形截面

对箱形截面中的板件(包括双层翼缘板的外层板)，其宽厚比限值偏于安全地取 $40\sqrt{235/f_y}$，不与构件长细比发生关系。

(4) 圆管截面

对圆管截面是根据管壁的局部屈曲不先于构件的整体屈曲确定，考虑材料的弹塑性和管壁缺陷的影响，根据理论分析和试验研究，得出其径厚比限值为

$$\frac{D}{t}\leqslant 100\times\frac{235}{f_y} \tag{6-63}$$

6.5.2 梁的局部稳定和腹板加劲肋计算

组成梁的板件在压应力或剪应力作用下，也可能会发生局部屈曲问题。轧制型钢梁因板件宽厚比较小，都能满足局部稳定要求，不必计算。冷弯薄壁型钢梁允许板件屈曲，采用有效截面计算，以考虑板件局部截面因屈曲退出工作对梁承载能力的影响，可按《冷弯薄壁型钢结构技术规范》(GB 50018—2002)进行计算。本节只分析一般钢结构的组合梁的局部稳定问题。

6.5.2.1 受压翼缘的局部稳定

梁的翼缘板远离截面形心，强度一般能得到充分利用。若翼缘板发生局部屈曲，梁很快就会丧失继续承载的能力。因此，《钢结构设计标准》(GB 50017—2017)采用限制板件宽厚比的方法，防止翼缘板的屈曲。

工作截面或等截面H形梁的受压翼缘可以看成加载边简支，非加载边一边简支、一边自由的板，在单向均匀压应力的作用，其临界应力仍按式(6-58)计算。取 $k=0.425$，$\chi=1.0$，$\eta=0.25$，$\mu=0.3$ 和 $E=206000\ \mathrm{N/mm^2}$，若 $\sigma_{cr}\geqslant f_y$，则

$$\frac{b}{t}\leqslant 13\sqrt{\frac{235}{f_y}} \tag{6-64}$$

式(6-64)可以考虑截面发展部分塑性。若为弹性设计，则 b/t 可以放宽为

$$\frac{b}{t}\leqslant 15\sqrt{\frac{235}{f_y}} \tag{6-65}$$

对于箱形截面梁两腹板中间的部分，相当于四边简支单向均匀受压板，屈曲系数 $k=4$，取 $\chi=1.0$，$\eta=0.25$，$\mu=0.3$ 和 $E=206000\ \mathrm{N/mm^2}$，若 $\sigma_{cr}\geqslant f_y$，则

$$\frac{b_0}{t}\leqslant 40\sqrt{\frac{235}{f_y}} \tag{6-66}$$

6.5.2.2 腹板的局部稳定

对于直接承受动力荷载的吊车梁及类似构件和其他不考虑屈曲后强度的组合梁，腹板的局部稳定可以通过配置加劲肋来保证；对承受静力荷载或间接承受动力荷载的组合梁，宜考虑腹板的屈曲后强度，按《钢结构设计标准》(GB 50017—2017)的有关规定计算其抗弯和抗剪承载。这里只介绍不考虑屈曲后强度的梁腹板的局部稳定问题。

组合梁腹板的加劲肋主要分为横向加劲肋、纵向加劲肋、短加劲肋和支承加劲肋几种情况，如图6-22所示。其中图6-22(a)为仅配置横向加劲肋的情况；图6-22(b)、(c)为同时配置横向加劲肋和纵向加劲肋情况；图6-22(d)除配置了横向加劲肋和纵向加劲肋外，还配置了短加劲肋。

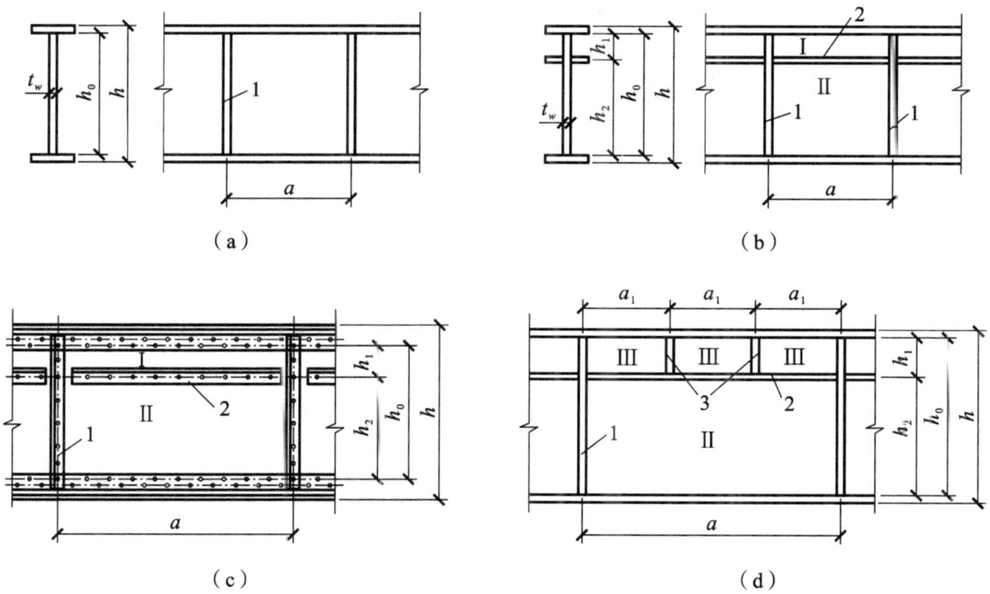

图6-22 加劲肋配置

1—横向加劲肋；2—纵向加劲肋；3—短加劲肋

组合梁腹板在配置加劲肋之后，腹板被分成了不同的区段，各区段的受力不同。对简支梁而言，靠近梁端部的区段主要受剪应力作用，跨中区段主要受正应力作用，其他区段则受正应力和剪应力的联合作用。对于受集中荷载作用的区段，还承受局部压应力作用。加劲肋的设置需要先布置加劲肋，然后计算各区段

板的临界应力，使之满足局部稳定条件。对轻、中级工作制吊车梁，计算腹板稳定性时，吊车轮压设计值可以乘以 0.9 的折减系数。

(1) 组合梁腹板配置加劲肋的规定

① 当 $h_0/t_w \leqslant 80\sqrt{235/f_y}$ 时，对无局部压应力($\sigma_c=0$)的梁，可不配置加劲肋。对有局部压应力($\sigma_c \neq 0$)的梁，应按构造配置横向加劲肋，加劲肋的间距 a 应满足 $0.5h_0 \leqslant a \leqslant 2h_0$。

② 当 $h_0/t_w > 80\sqrt{235/f_y}$ 时，应配置横向加劲肋并满足局部稳定计算要求。

③ 当 $h_0/t_w > 170\sqrt{235/f_y}$(受压翼缘扭转受到约束，如连有刚性铺板、制动板或焊有钢轨时)或 $h_0/t_w > 150\sqrt{235/f_y}$(受压翼缘扭转未受到约束时)时，按计算需要，应在弯曲压应力较大区格的受压区增加配置纵向加劲肋。当局部压应力很大，必要时尚应受压区配置短加劲肋。

任何情况下，h_0/t_w 均不应超过 $250\sqrt{235/f_y}$。

此处 h_0 为腹板计算高度(对单轴对称梁，第③条中的 h_0 应取为腹板受压区高度 h_c 的 2 倍)，t_w 为腹板的厚度。

(2) 梁腹板各区段的局部稳定计算

① 仅配置横向加劲肋的腹板[图 6-22(a)]，各区格局部稳定按式(6-67)计算。

$$\left(\frac{\sigma}{\sigma_{cr}}\right)^2+\left(\frac{\tau}{\tau_{cr}}\right)^2+\frac{\sigma}{\sigma_{c,cr}} \leqslant 1.0 \tag{6-67}$$

式中 σ——所计算腹板区格内，由平均弯矩 M 产生腹板计算高度边缘的弯曲压应力，$\sigma=Mh_c/I$，h_c 为腹板弯曲受压区高度，I 为梁截面的惯性矩；

τ——所计算腹板区格内，由平均剪力 V 产生的腹板平均剪应力，$\tau=V/(h_w t_w)$；

σ_c——腹板边缘的局部压应力；

σ_{cr}，τ_{cr}，$\sigma_{c,cr}$——各种应力单独作用下的临界应力。

a. σ_{cr} 的计算。仅非均匀压力作用下简支板的弹性屈曲应力 σ_{cr} 按式(6-20)计算。考虑梁腹板受翼缘的转动约束作用，当受压翼缘扭转受到约束时，取弹性嵌固系数 $\chi=1.66$；未受约束时，取 $\chi=1.23$。对于非弹性屈曲，还要考虑材料弹塑性，残余应力和几何缺陷的影响，《钢结构设计标准》(GB 50017—2017)规定 σ_{cr} 的计算公式为：

当 $\lambda_b \leqslant 0.85$ 时，

$$\sigma_{cr}=f \tag{6-68a}$$

当 $0.85 < \lambda_b \leqslant 1.25$ 时，

$$\lambda_{cr}=[1-0.75(\lambda_b-0.85)]f \tag{6-68b}$$

当 $\lambda_b > 1.25$ 时，

$$\sigma_{cr}=\frac{1.1f}{\lambda_b^2} \tag{6-68c}$$

式中 λ_b——用于腹板受弯计算时的通用高厚比。

梁受压翼缘扭转受到约束时，

$$\lambda_b=\frac{\dfrac{2h_c}{t_w}}{177}\sqrt{\frac{f_y}{235}} \tag{6-68d}$$

梁受压翼缘扭转未受到约束时，

$$\lambda_b=\frac{\dfrac{2h_c}{t_w}}{153}\sqrt{\frac{f_y}{235}} \tag{6-68e}$$

式中 h_c——梁腹板受压区高度，对双轴对称截面，$2h_c=h_0$。

式(6-68a)、式(6-68b)和式(6-68c)分别用于塑性、弹塑性和弹性阶段的计算。

b. τ_{cr} 的计算。纯剪作用下简支板的弹性屈曲应力 τ_{cr} 按式(6-25)计算。同样，考虑梁腹板受翼缘的转动约束作用，取 $\chi=1.23$。和 σ_{cr} 的计算类似，《钢结构设计标准》(GB 50017—2017)规定 τ_{cr} 的计算公式为：

当 $\lambda_s\leqslant 0.8$ 时，

$$\tau_{cr}=f_v \tag{6-69a}$$

当 $0.8<\lambda_s\leqslant 1.2$ 时，

$$\tau_{cr}=[1-0.59(\lambda_s-0.8)]f_v \tag{6-69b}$$

当 $\lambda_s>1.2$ 时，

$$\tau_{cr}=\frac{1.1f_v}{\lambda_s^2} \tag{6-69c}$$

式中 λ_s——用于腹板受剪计算时的通用高厚比。

当 $\frac{a}{h_0}\leqslant 1.0$ 时，

$$\lambda_s=\frac{\frac{h_0}{t_w}}{41\sqrt{5.34+4\left(\frac{h_0}{a}\right)^2}}\sqrt{\frac{f_y}{235}} \tag{6-69d}$$

当 $\frac{a}{h_0}>1.0$ 时，

$$\lambda_s=\frac{\frac{h_0}{t_w}}{41\sqrt{5.34+4\left(\frac{h_0}{a}\right)^2}}\sqrt{\frac{f_y}{235}} \tag{6-69e}$$

同样，式(6-69a)、式(6-69b)和式(6-69c)分别用于塑性、弹塑性和弹性阶段的计算。

c. $\sigma_{c,cr}$ 的计算。局部压力单独作用下简支板的弹性屈曲应力 $\sigma_{c,cr}$ 按式(6-26)计算。同样，考虑到梁腹板受翼缘的转动约束作用，取 $\chi=1.81-0.255h_0/a$。《钢结构设计标准》(GB 50017—2017)规定 $\sigma_{c,cr}$ 的计算公式为：

当 $\lambda_c\leqslant 0.9$ 时，

$$\sigma_{c,cr}=f \tag{6-70a}$$

当 $0.9<\lambda_c\leqslant 1.2$ 时，

$$\sigma_{c,cr}=[1-0.79(\lambda_c-0.9)]f \tag{6-70b}$$

当 $\lambda_c>1.2$ 时，

$$\sigma_{c,cr}=\frac{1.1f}{\lambda_c^2} \tag{6-70c}$$

式中 λ_c——用于腹板受局部压力计算时的通用高厚比。

当 $0.5\leqslant\frac{a}{h_0}\leqslant 1.5$ 时，

$$\lambda_c=\frac{\frac{h_0}{t_w}}{28\sqrt{10.9+13.4\left(1.83-\frac{a}{h_0}\right)^3}}\sqrt{\frac{f_y}{235}} \tag{6-70d}$$

当 $1.5<\frac{a}{h_0}\leqslant 2.0$ 时，

$$\lambda_c=\frac{\frac{h_0}{t_w}}{28\sqrt{18.9-\frac{5a}{h_0}}}\sqrt{\frac{f_y}{235}} \tag{6-70e}$$

同样，式(6-70a)、式(6-70b)和(6-70c)分别用于塑性、弹塑性和弹性阶段的计算。

② 同时配置横向加劲肋和纵向加劲肋加强的腹板[图 6-22(b)、(c)]，局部稳定按下列公式计算。

a. 受压翼缘与纵向加劲肋之间的区格Ⅰ。

$$\frac{\sigma}{\sigma_{cr1}}+\left(\frac{\sigma_c}{\sigma_{c,cr1}}\right)^2+\left(\frac{\tau}{\tau_{cr1}}\right)^2\leqslant 1.0 \tag{6-71}$$

σ_{cr1}、$\sigma_{c,cr1}$、τ_{cr1} 分别按下列方法计算。

(a) σ_{cr1} 按式(6-68)计算，但 λ_b 改用 λ_{b1} 代替。

梁受压翼缘扭转受到约束时，

$$\lambda_{b1}=\frac{\frac{h_1}{t_w}}{75}\sqrt{\frac{f_y}{235}} \tag{6-72a}$$

梁受压翼缘扭转未受到约束时，

$$\lambda_{b1}=\frac{\frac{h_1}{t_w}}{64}\sqrt{\frac{f_y}{235}} \tag{6-72b}$$

式中 h_1——纵向加劲肋至腹板计算高度受压边缘的距离[图 6-22(c)、(d)]。

(b) τ_{cr1} 按式(6-69)计算，将式中的 h_0 改用 h_1 代替。

(c) $\sigma_{c,cr1}$ 按式(6-70)计算，但 λ_b 改用 λ_{c1} 代替。

梁受压翼缘扭转受到约束时，

$$\lambda_{c1}=\frac{\frac{h_1}{t_w}}{56}\sqrt{\frac{f_y}{235}} \tag{6-73a}$$

梁受压翼缘扭转未受到约束时，

$$\lambda_{c1}=\frac{\frac{h_1}{t_w}}{40}\sqrt{\frac{f_y}{235}} \tag{6-73b}$$

b. 受拉翼缘与纵向加劲肋之间的区格Ⅱ。

$$\left(\frac{\sigma}{\sigma_{cr2}}\right)^2+\left(\frac{\sigma_{c2}}{\sigma_{c,cr2}}\right)^2+\left(\frac{\tau}{\tau_{cr2}}\right)^2\leqslant 1.0 \tag{6-74}$$

式中 σ_2——所计算区格内由平均弯矩产生的腹板在纵向加劲肋处的弯曲压应力；

σ_{c2}——腹板在纵向加劲肋处的横向压应力，取为 $0.3\sigma_c$。

(a) σ_{cr2} 按式(6-88)计算，但 λ_b 改用 λ_{b2} 代替。

$$\lambda_{b2}=\frac{\frac{h_2}{t_w}}{194}\sqrt{\frac{f_y}{235}} \tag{6-75}$$

(b) τ_{cr2} 按式(6-69)计算，将式中的 h_0 改用 h_2 代替，$h_2=h_0-h_1$[图 6-22(c)、(d)]。

(c) $\sigma_{c,cr2}$ 按式(6-70)计算，但式中的 h_0 改用 h_2 代替。当 $a/h_2>$时，取 $a/h_2=2$。

③ 受压翼缘与纵向加劲肋之间设有短加劲肋的区格Ⅲ[图 6-22(d)]，其局部稳定性可参考式(6-71)，按《钢结构设计标准》(GB 50017—2017)的有关规定计算。

6.5.3 压弯构件的板件局部稳定计算

6.5.3.1 腹板的局部稳定

(1) 工作截面和 H 形截面压弯构件腹板的稳定

工作截面和 H 形截面压弯构件的腹板在剪应力和非均匀压应力的作用下其弹性屈曲条件见式(6-30)，设计时改为

$$\left[1-\left(\frac{\alpha_0}{2}\right)^5\right]\frac{\sigma_1}{\sigma_{cr1}}+\left(\frac{\alpha_0}{2}\right)^5\left(\frac{\sigma_1}{\sigma_{cr1}}\right)^2+\left(\frac{\tau}{\tau_{cr}}\right)^2\leqslant 1 \tag{6-76}$$

以不同的 τ 代入式(6-76)，可以得到剪应力和非均匀压应力联合作用下的腹板的弹性屈曲应力 σ_{cre}。

对于弯矩作用平面内失稳的压弯构件，失稳时截面一般都发展了部分塑性，计算时假定腹塑性区的深度为其高度的 1/4，可以求得弹塑性状态腹板的屈曲应力 σ_{crp}，令 $\sigma_{crp}=f_y$，就可以得到腹板高厚比 h_0/t_w 与应力梯度 α_0 之间的关系，简化后可得：

当 $0\leqslant\alpha_0\leqslant1.6$ 时，

$$\frac{h_0}{t_w}=16\alpha_0+50$$

当 $1.6<\alpha_0\leqslant2.0$ 时，

$$\frac{h_0}{t_w}=48\alpha_0-1$$

实际上，对于长细比较小的压弯构件，在弯曲平面内失稳时，截面的塑性深度超过了 $h_0/4$，而对于长细比较大的压弯构件，塑性深度则不到 $h_0/4$，甚至可能会处于弹性状态。因此，h_0/t_w 的限值应与长细比联系起来，《钢结构设计标准》(GB 50017—2017)规定：

当 $0\leqslant\alpha_0\leqslant1.6$ 时，

$$\frac{h_0}{t_w}\leqslant(16\alpha_0+0.5\lambda+25)\sqrt{\frac{235}{f_y}} \tag{6-77a}$$

当 $1.6<\alpha_0\leqslant2.0$ 时，

$$\frac{h_0}{t_w}\leqslant(48\alpha_0+0.5\lambda+26.2)\sqrt{\frac{235}{f_y}} \tag{6-77b}$$

其中

$$\alpha_0=\frac{\sigma_{max}-\sigma_{min}}{\sigma_{max}}$$

式中 α_0——应力梯度。

σ_{max}——腹板计算高度边缘的最大压应力，计算时不考虑构件的稳定系数和截面塑性发展系数。

σ_{min}——腹板计算高度另一边缘相应的应力(压应力为正值，拉应力为负值)。

λ——构件在弯矩作用平面内的长细比，当 $\lambda<30$ 时，取 $\lambda=30$；当 $\lambda>100$ 时，取 $\lambda=100$。

(2) 箱形截面压弯构件腹板的稳定

对于箱形截面压弯构件，因翼缘和腹板的连接焊拉只能是单侧角焊缝，且两腹板受力可能不一样，《钢结构设计标准》(GB 50017—2017)规定，腹板高厚比限值取工字形截面腹板高厚比限值的 0.8 倍，当此值小于 $40\sqrt{235/f_y}$ 时，应采用 $40\sqrt{235/f_y}$。

(3) T 形截面压弯构件腹板的稳定

① 弯矩使腹板自由边受拉的压弯构件，对于热轧部分 T 型钢，$h_0/t_w\leqslant(1.5+0.2\lambda)\sqrt{235/f_y}$；对于焊接 T 型钢，$h_0/t_w\leqslant(13+0.17\lambda)\sqrt{235/f_y}$。

② 弯矩使腹板自由边受压的压弯构件，当 $\alpha_0\leqslant1.0$(弯矩较小)时，腹板中不均匀分布的压应力的有利影响不大，取值与翼缘板相同，$h_0/t_w\leqslant15\sqrt{235/f_y}$；当 $\alpha_0>1.0$(弯矩较大)时，腹板中不均匀分布的压应力的有利影响较大，将腹板高厚比限值提高 20%，即 $h_0/t_w\leqslant18\sqrt{235/f_y}$。

6.5.3.2 翼缘宽厚比

压弯构件的受压翼缘板与梁的受压翼板受力情况基本相同，因此，其翼缘宽厚比限值与梁也相同，见式(6-64)、式(6-65)和式(6-66)。

知识归纳

(1) 理想薄板失稳属于稳定的分岔失稳。对于有刚强侧边支撑的板，会产生薄膜应力，提高钢板屈曲后的强度(屈曲后强度)。

(2) 根据板的小挠度理论分析时提出的3个假定,可以将小挠度薄板的弯曲问题简化为平面应力问题。弯曲问题按位移求解,以挠度为基本未知量,考虑几何方程、物理方程和力的平衡关系,建立小挠度理论板的弹性屈曲面微分方程。按照小挠度理论分析只能得到板的分岔屈曲荷载。

(3) 只有均匀受压的四边简支的理想矩形板可利用平衡法直接求解其分岔屈曲荷载,对于其他受力条件和边界条件的板,可用能量法求解,如瑞利-里兹法和迦辽金法,也可采用数值法。

(4) 根据大挠度理论分析才能得到板的屈曲后强度和板的挠度。

(5) 采用大挠度理论建立平衡方程时,除考虑薄膜应变外,小挠度理论中的其他几项假定仍然适用。并且需要根据变形条件补充一个变形协调方程。

(6) 单向均匀受压四边简支矩形板的屈曲后强度可用迦辽金法求解。其边界条件除了平面外的边界条件外,由于板的应力重分布,还要用板自身平面内的边界条件。

(7) 钢结构板件局部屈曲的处理有两种方法:一是保证板件的屈曲荷载不低于构件的极限荷载,即保证构件在整体失稳前不发生局部扭曲,可用于受压、受弯和压弯构件,采用限制板件宽厚比的方法;二是允许板件发生局部屈曲并发展屈曲后强度,但要考虑板件局部屈曲对构件极限荷载的不利影响,一般采用有效截面的方法,如冷弯薄壁型钢构件中板的有效宽度。

独立思考

6-1 板小挠度理论下的三个基本假定是什么?为什么薄板的弯曲问题可以简化为平面应力问题?

6-2 薄板屈曲临界应力公式的通式是什么?哪些因素直接影响临界应力?

6-3 采用什么措施可以提高薄板的稳定承载力?

6-4 板的失稳理论在钢结构设计中如何应用?

6-5 钢梁中一般设置哪些加劲肋?加劲肋如何设置?

参考文献

[1] 吕烈武,沈世钊,沈祖炎,等.钢结构构件稳定理论.北京:中国建筑工业出版社,1983.

[2] 陈绍蕃.钢结构稳定设计指南.3版.北京:中国建筑工业出版社,2013.

[3] 钟善桐.钢结构稳定设计.北京:中国建筑工业出版社,1991.

[4] 陈骥.钢结构稳定理论与设计.6版.北京:科学出版社,2014.

[5] 沈祖炎,陈扬骥,陈以一.钢结构基本原理.2版.北京:中国建筑工业出版社,2005.

[6] 周绪红,郑宏.钢结构稳定.北京:中国建筑工业出版社,2004.

[7] 童根树.钢结构的平面外稳定.2版.北京:中国建筑工业出版社,2013.

[8] 丁阳.钢结构设计原理.天津:天津大学出版社,2004.

[9] 陈绍蕃,顾强.钢结构基础.3版.北京:中国建筑工业出版社,2014.

[10] 苏明周,申跃奎.钢结构稳定原理.北京:科学出版社,2012.

[11] 郭耀杰.钢结构稳定设计.武汉:武汉大学出版社,2003.

[12] 陈惠发.钢框架稳定设计.上海:上海世界图书出版公司,1999.

[13] 唐家祥,王仕统,裴若娟.结构稳定理论.北京:中国铁道出版社,1989.

[14] 夏志斌,潘有昌.结构稳定理论.北京:高等教育出版社,1988.

[15] 周承倜.弹性稳定理论.成都:四川人民出版社,1981.

[16] Timoshenko S P, Gere J M. Theory of Elastic Stability. New York: Courier Dover Publication, 2009.

[17] 中华人民共和国住房和城乡建设部,中华人民共和国国家质量监督检验检疫总局.GB 50017—2017 钢结构设计标准.北京:中国建筑工业出版社,2018.

7

框架平面内的稳定

课前导读

◁ 内容提要

本章主要内容包括钢结构在框架平面内的失稳现象及失稳问题的分类，临界荷载的求解方法。本章的教学重点为框架临界荷载的求解方法。

◁ 能力要求

通过本章的学习，学生应了解钢结构的失稳现象及其危害，理解钢结构失稳问题的分类、特征，熟悉求解临界荷载的方法，以及主弯矩对框架稳定的影响。

7.1 框架平面内的失稳现象

7.1.1 无侧移框架

实际工程中遇到的压杆和压弯杆，很多不是单独存在的，而是与其他构件联系在一起，最典型的是梁与柱组成的框架结构。在结构整体中，当某个构件失稳时，必将带动其他构件同时发生变形。比如，柱子的两端已不再是简单的铰支或固支形式，而是受到梁的约束。因此，必须将梁和柱组成的框架作为整体共同分析才能得到框架柱的临界荷载。

图 7-1 所示为作用有对称荷载的单跨对称框架，用交叉支撑或剪力墙阻止柱顶侧移，两个集中荷载 P 均沿柱轴线作用，若不考虑几何缺陷，当荷载比例增加到失稳荷载 P_{cr} 时，框架产生图中虚线所示的对称弯曲变形，即发生分岔失稳，与理想轴心受力构件屈曲性质相同。

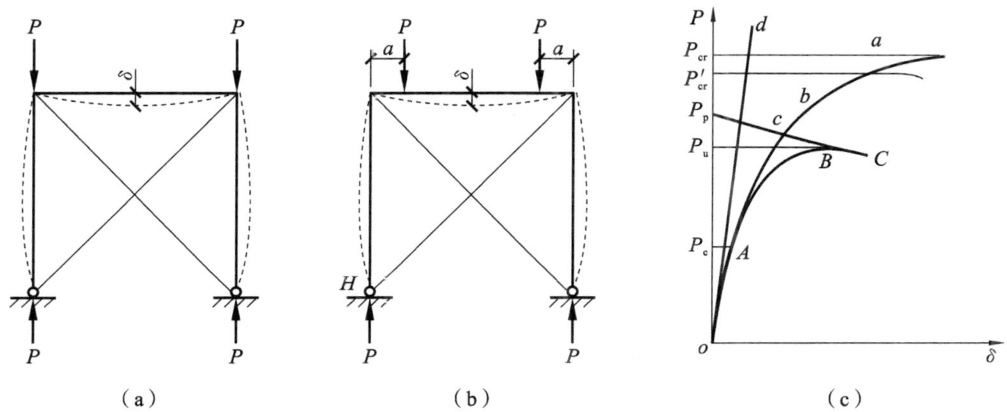

图 7-1 有对称荷载的单跨对称框架

7.1.2 有侧移框架

对于对称的单跨刚架，如图 7-2(a)所示，荷载对称地作用于柱顶，因柱顶可以移动，当荷载达到屈服荷载 P_{cr} 时，刚架将产生有侧向位移的反对称弯曲变形，如图 7-2(a)中虚线所示。这种失稳形式属于分岔失稳问题，图 7-2(c)所示的荷载位移曲线有其分岔水平线 a。当荷载对称地作用于离柱顶距离为 a 处时，如图 7-2(b)所示，荷载开始作用，刚架先产生对称的弯曲变形，柱顶并无侧移，其荷载挠度曲线如图 7-2(c)中的曲线 b 所示；但当荷载达到屈服荷载 P'_{cr} 时，刚架将产生有侧移 Δ 的反对称屈曲，仍属于分岔失稳问题，有分岔点水平线 c，如图 7-2(c)所示。

通过求解可以发现，当刚架的组成和荷载作用条件类型相同时，有侧移刚架的屈曲荷载总是远小于无侧移刚架，因此在计算刚架的屈曲荷载之前，首先要明确所分析的钢架柱顶是否可能产生侧移；对于已经设置了阻止柱顶侧移的支撑系统，还要考察其是否有效。按规定，对于有支撑的刚架，当其抗侧移的刚度大于或等于同类无支撑刚架抗侧移刚度的 5 倍时，就认为支撑系统有效，否则仍按无支撑钢架计算其稳定性。

求解屈曲荷载的方法有微分方程平衡法、位移法、刚度矩阵法和近似法等。对于发生极值点失稳的弹塑性刚架，可用数值积分法和近似法求解。

为了将理论上求解得到的屈曲荷载应用于刚架设计，常常需要把弹性屈曲荷载换算成等效长度的两段铰接轴心受压柱的屈曲荷载，其通式仍是：

$$P_{cr}=\pi^2 EI_c/l_0^2=\pi^2 EI_c/(\mu l_c)^2$$

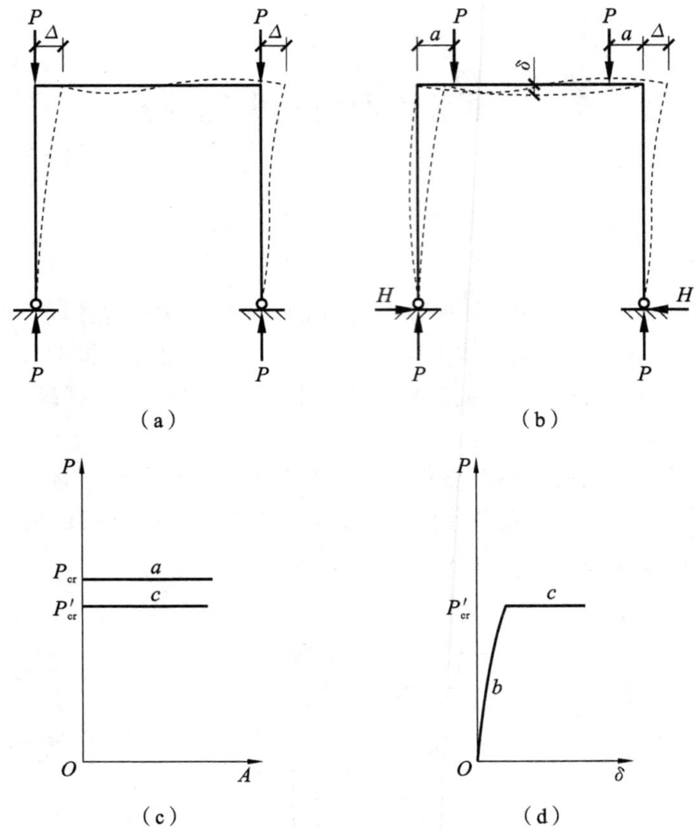

图 7-2 有侧移刚架

式中 I_c——刚架柱的截面惯性矩；

l_c，l_0——刚架柱几何长度和计算长度；

μ——计算长度系数。

本章计算刚架的弹性屈曲荷载时常常将其转化为求解柱的计算长度系数。

7.2 框架的弹性失稳

7.2.1 平衡法求解框架的临界荷载

对图 7-3(a)所示下端铰接无侧移单跨对称框架，用平衡法求解其屈曲荷载。柱的几何长度和计算长度分别为 l_c 和 l_0，计算时做如下基本假定：

① 材料为弹性体。

② 集中荷载沿柱的轴线作用于柱顶，无水平力。

③ 不计柱轴向压缩变形。

④ 不计框架屈曲时横梁中的轴向力。

由于左柱与右柱的受力和变形具有对称性，可将框架划分为图 7-3(b)所示的两个隔离体。

先对左柱建立平衡方程，令 $k_2=N/EI_c$，则

$$y''_c+k^2y_c=\frac{M_B}{EI_cl_c}x_c \tag{7-1}$$

其通解为

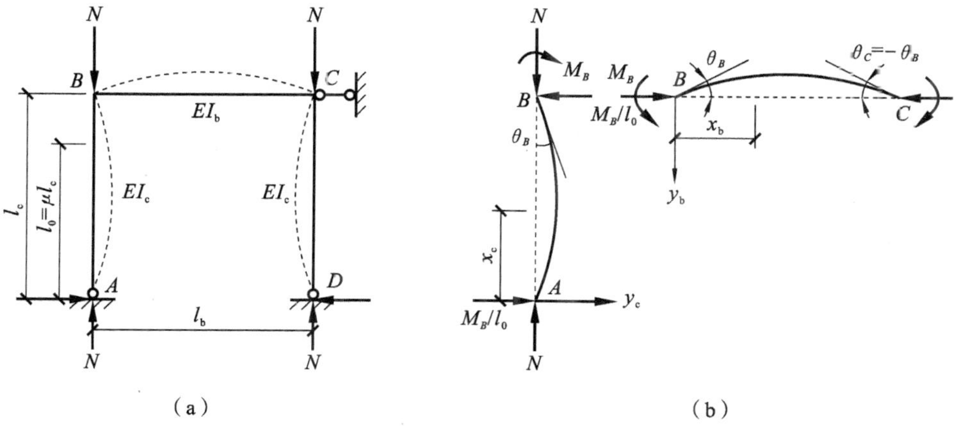

图 7-3 柱脚铰接无侧移单跨框架

$$y_c = A\sin(kx_c) + B\cos(kx_c) + \frac{M_B}{N}\frac{x_c}{l_c} \tag{7-2}$$

由边界条件 $y_c(0)=0$ 和 $y_c(l_c)=0$ 得 $A=-\dfrac{M_B}{N\sin(kl_c)}$，$B=0$，则

$$y_c = \frac{M_B}{N}\left[\frac{x_c}{l_c} - \frac{\sin(kx_c)}{\sin(kl_c)}\right] \tag{7-3}$$

$$\theta_B = y'_c(l_c) = \frac{M_B}{N}\left[\frac{1}{l_c} - \frac{k}{\tan(kl_c)}\right] \tag{7-4}$$

再建立梁的平衡方程，根据结点平衡条件知，梁端弯矩和柱端弯矩应大小相等、方向相反，由于不计梁中的轴向压力，故由 $M_B = EI_b y''_b$ 得

$$y_b = \frac{M_B}{2EI_b}x_b^2 + Cx_b + D \tag{7-5}$$

由边界条件 $y_b(0)=0$ 和 $y_b(l_b)=0$ 得 $D=0$，$C=-\dfrac{M_B l_b}{2EI_b}$，则

$$y_b = \frac{M_B}{2EI_b}(x_b^2 - l_b x_b) \tag{7-6}$$

$$\theta_B = y'_b(0) = -\frac{M_B}{2EI_B}l_b \tag{7-7}$$

根据变形协调条件，在结点 B 应有 $y'_c(l_c) = y'_b(0)$，由此得

$$\frac{M_B}{N}\left[\frac{1}{l_c} - \frac{k}{\tan(kl_c)}\right] + \frac{M_B}{2EI_b}l_b = 0 \tag{7-8}$$

在式(7-8)中，$M_B \neq 0$，将 $N = k_2 EI_c$、梁与柱的线刚度比值 $K_1 = \dfrac{I_b l_c}{I_c l_b}$ 代入后可得框架的屈曲方程为：

$$2K_1[\tan(kl_c) - kl_c] + (kl_c)^2\tan(kl_c) = 0 \tag{7-9}$$

式(7-9)也可以用框架柱的计算长度系数的形式表示，由 $N_{cr} = \dfrac{\pi^2 EI_c}{(\mu l_c)^2} = k^2 EI_c$，知 $kl_c = \pi/\mu$，因此

$$2K_1\left(\tan\frac{\pi}{\mu} - \frac{\pi}{\mu}\right) + \left(\frac{\pi}{\mu}\right)^2\tan\frac{\pi}{\mu} = 0 \tag{7-10}$$

给定线刚度比值 K_1 后，由式(7-10)可得到柱的计算长度系数 μ，从而算得屈曲荷载。

当横梁的线刚度为无限大时，式(7-10)将变为 $\tan\dfrac{\pi}{\mu} - \dfrac{\pi}{\mu} = 0$，$\mu = 0.699$，$N_{cr} = \dfrac{\pi_2 EI_c}{(0.699l_c)^2} = \dfrac{20.2EI_c}{l_c^2}$，相当于一端固定、一端铰接柱的屈曲荷载。

当横梁的线刚度接近零时，式(7-10)将变为 $\tan\dfrac{\pi}{\mu} = 0$，$\mu = 1.0$，$N_{cr} = \pi^2 EI_c/l_c^2 = 9.87EI_c/l_c^2$，相当于两端铰接柱的屈曲荷载。

对于不同的 K_1 值，μ 在 0.7～1.0 之间变动。

【例 7-1】 用平衡法求解图 7-4(a)中下端固定的无侧移单跨框架的屈曲荷载。

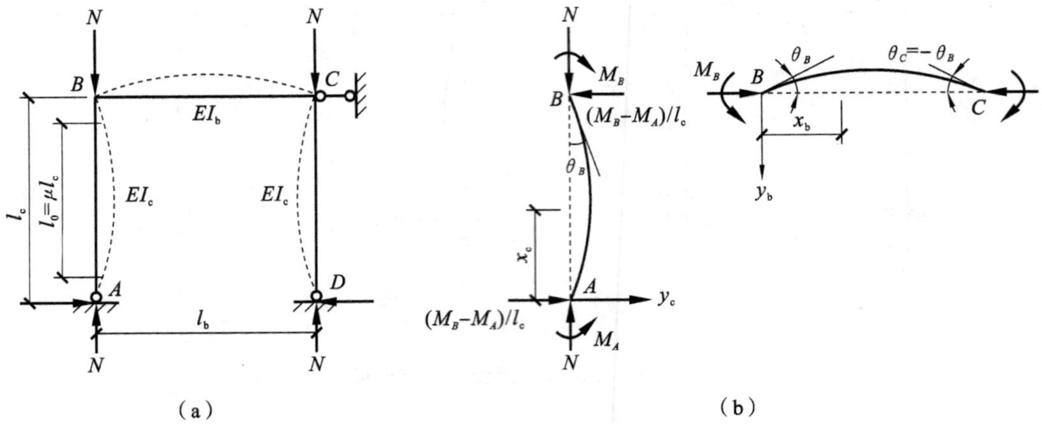

图 7-4 柱脚固定无侧移单跨框架

【解】 柱与梁的变形和受力如图 7-4(b)所示。

先对左柱建立平衡方程，令 $k_2=N/EI_c$，则

$$y''_c+k^2y_c=\frac{M_B-M_A}{EI_cl_c}x_c+\frac{M_A}{EI_c} \tag{1}$$

通解为

$$y_c=A\sin(kx_c)+B\cos(kx_c)+\frac{M_B-M_A}{Nl_c}x_c+\frac{M_A}{N} \tag{2}$$

$$y'_c=Ak\cos(kx_c)-Bk\sin(kx_c)+\frac{M_B-M_A}{Nl_c} \tag{3}$$

由边界条件 $y'_c(0)=0$ 和 $y_c(0)=0$ 得 $A=-\dfrac{M_B-M_A}{Nkl_c}$，$B=-\dfrac{M_A}{N}$，则

$$y_c=-\frac{M_B-M_A}{Nkl_c}\sin(kx_c)-\frac{M_A}{N}\cos(kx_c)+\frac{M_B-M_A}{Nl_c}x_c+\frac{M_A}{N} \tag{4}$$

由 $y_c(l_c)=0$，得

$$M_A=\frac{\sin(kl_c)-kl_c}{\sin(kl_c)-kl_c\cos(kl_c)}M_B \tag{5}$$

$$\begin{aligned}\theta_B&=y'_c(l_c)=\frac{M_B}{Nl_c}[1-\cos(kl_c)]+\frac{M_A}{Nl_c}[kl_c\sin(kl_c)-1+\cos(kl_c)]\\&=\frac{[2kl_c-2kl_c\cos(kl_c)-(kl_c)^2\sin(kl_c)]}{\sin(kl_c)-kl_c\cos(kl_c)}\times\frac{M_B}{Nl_c}\end{aligned} \tag{6}$$

梁左端的转角见式(7-7)。由结点 B 转角相等的条件，并引入线刚度比值 $K_1=\dfrac{I_bl_c}{I_cl_b}$ 和 $N=k_2EI_c$，得到框架的屈曲方程为

$$2K_1=2-\cos(kl_c)-\sin(kl_c)+kl_c[\sin(kl_c)-kl_c\cos(kl_c)]=0 \tag{7}$$

式(7)也可以写成

$$2K_1\left(2-2\cos\frac{\pi}{\mu}-\frac{\pi}{\mu}\sin\frac{\pi}{\mu}\right)+\frac{\pi}{\mu}\left(\sin\frac{\pi}{\mu}-\frac{\pi}{\mu}\cos\frac{\pi}{\mu}\right)=0 \tag{8}$$

当 $K_1=\infty$ 时，式(8)变为 $2-2\cos(\pi/\mu)-(\pi/\mu)\sin(\pi/\mu)=0$，得到 $\mu=0.5$，$N_{cr}=\pi^2EI_c/(0.5l_c)^2=39.48EI_c/l_c^2$，相当于两端固定柱的屈曲荷载。

当 $K_1=0$ 时，式(8)变为 $\sin(\pi/\mu)-(\pi/\mu)\cos(\pi/\mu)=0$，得到 $\mu=0.699$，$N_{cr}=\pi^2EI_c/(0.699l_c)^2=20.2EI_c/l_c^2$，相当于一端固定、一端铰接柱的屈曲荷载。

对于不同的 K_1 值，μ 在 0.5～0.7 之间变动。

7.2.2 位移法求解框架的临界荷载

位移法求解框架屈曲荷载的计算原理和结构力学中求解超静定结构的内力是一致的。具体运算时的不同之处是求解框架的屈曲荷载时，对于有轴向压力的构件，其转角位移方程需考虑轴向压力对构件抗弯刚度的影响。关于构件端部的力矩和位移之间的关系可直接利用压弯构件的转角位移方程：

$$M_{AB}=K\left[C\theta_A+S\theta_B-(C+S)\frac{\Delta}{l}\right]$$

$$M_{BA}=K\left[S\theta_A+C\theta_B-(C+S)\frac{\Delta}{l}\right]$$

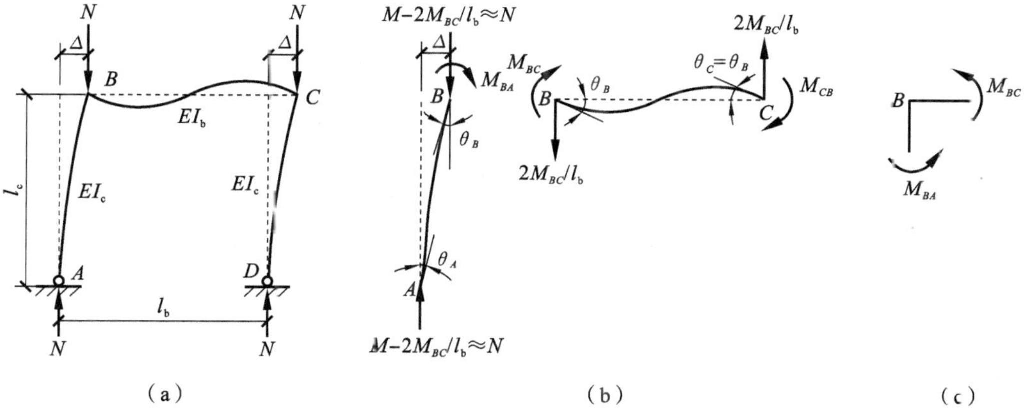

图 7-5 柱脚铰接有侧移单跨框架

对图 7-5(a)中下端铰接的单层单跨框架，在屈曲时柱顶产生侧移而形成反对称屈曲变形，分析时因侧移而导致两柱的压力有微小变化可忽略不计。求解屈曲荷载时可将框架分为图 7-5(b)所示的隔离体，柱的侧移角 $\rho=\Delta/l_c$。

对左柱，$K_c=EI_c/l_c$，A 端弯矩 $M_{AB}=K_c[C\theta_A+S\theta_B-(C+S)\rho]=0$，则

$$\theta_A=-\left(\frac{S}{C}\right)\theta_B+\left(1+\frac{S}{C}\right)\rho \tag{7-11}$$

写出 B 端弯矩，并将式(7-11)代入，得

$$M_{BA}=K_c[S\theta_A+C\theta_B-(C+S)\rho]=K_c\left[\left(C-\frac{S^2}{C}\right)\theta_B-\left(C-\frac{S^2}{C}\right)\rho\right] \tag{7-12}$$

根据左柱本身的平衡条件，得

$$M_{BA}=-N\rho l_c \tag{7-13}$$

由式(7-12)和式(7-13)相等得

$$K_c\left[\left(C-\frac{S^2}{C}\right)\theta_B-\left(C-\frac{S^2}{C}\right)\rho\right]+Nl_c\rho=0 \tag{7-14}$$

因 $N=k2EI_c$，$K_c=EI_c/l_c$，故

$$\left(C-\frac{S^2}{C}\right)\theta_B-\left[C-\frac{S^2}{C}-(kl_c)^2\right]\rho=0 \tag{7-15}$$

对于横梁，$K_b=EI_b/l_b$，则

$$M_{BC}=K_b(4\theta_B+2\theta_C)=6K_b\theta_B=0 \tag{7-16}$$

由图 7-5(c)所示结点 B 的力矩平衡条件 $M_{BA}+M_{BC}=0$，得

$$K_c\left[\left(C-\frac{S^2}{C}\right)\theta_B-\left(C-\frac{S^2}{C}\right)\rho\right]+6K_b\theta_B=0$$

令 $K_1=K_b/K_c=\dfrac{I_b l_c}{I_c l_b}$，则

$$\left(C-\frac{S^2}{C}+6K_1\right)\theta_B-\left(C-\frac{S^2}{C}\right)\rho=0 \tag{7-17}$$

由式(7-15)和式(7-17)得，框架屈曲的条件为

$$\begin{vmatrix} C-\dfrac{S^2}{C} & -\left[C-\dfrac{S^2}{C}-(kl_c)^2\right] \\ C-\dfrac{S^2}{C}+6K_1 & -\left(C-\dfrac{S^2}{C}\right) \end{vmatrix}=0 \tag{7-18a}$$

或

$$[(kl_c)^2-6K_1]\left(C-\frac{S^2}{C}\right)+6K_1(kl_c)^2=0 \tag{7-18b}$$

已知 K_1 后，可利用 $C=\dfrac{kl\sin(kl)-(kl)^2\cos(kl)}{2-2\cos(kl)-kl\sin(kl)}$，$S=\dfrac{(kl)^2-kl\sin(kl)}{2-2\cos(kl)-kl\sin(kl)}$，通过试算得到 kl_c，从而获得框架柱的屈曲荷载。

当 $K_1=\infty$ 时，式(7-18b)变为 $C-\dfrac{S^2}{C}-(kl_c)^2=0$，此时，$kl_c=\pi/2$，$\mu=\pi/kl_c=2$，$N_{cr}=\dfrac{\pi^2 EI_c}{(2l_c)^2}=2.467\dfrac{EI_c}{l_c^2}$，相当于一端铰接，一端可移动但不能转动的轴心受压构件的屈曲荷载。

当 $K_1=0$ 时，式(7-18b)变为 $(kl_c)^2(C^2-S^2)=0$。符合此式的有 3 个解，当 $kl_c=0$ 时，$N_{cr}=0$；当 $C=S$ 时，$kl_c=\pi$，$N_{cr}=\dfrac{\pi^2 EI_c}{l_c^2}$；当 $C=-S$ 时，$kl_c=2\pi$，$N_{cr}=\dfrac{4\pi^2 EI_c}{l_c^2}$。显然，屈曲荷载的最小值 $N_{cr}=0$，实际上当 $K_1=0$ 时，框架为不稳定的机动体系。

对于不同的 K_1 值，μ 在 2 与∞之间变动。

将 C 和 S 的三角函数与 $\mu=\pi/kl_c$ 代入式(7-18b)后，还可得到此框架的屈曲方程

$$\frac{\pi}{\mu}\tan\frac{\pi}{\mu}-6K_1=0 \tag{7-19}$$

给定 K_1 值后，可由式(7-19)直接算得 μ 值。

【例 7-2】 用位移法求解图 7-6(a)中柱脚固定有侧移单跨框架的屈曲荷载。

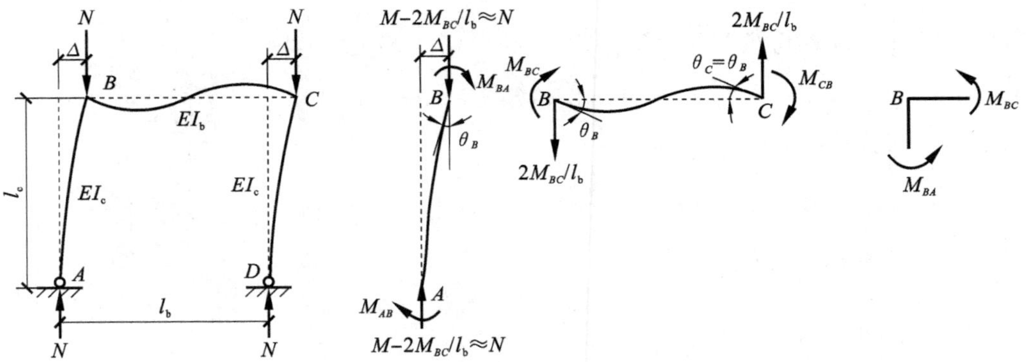

图 7-6 柱脚固定有侧移单跨框架

【解】 梁与柱的隔离体的变形与受力如图 7-6(b)所示。对左柱，$K_c=EI_c/l_c$，有

$$M_{AB}=K_c[S\theta_B-(C+S)\rho] \tag{1}$$

$$M_{BA}=K_c[C\theta_B-(C+S)\rho] \tag{2}$$

柱的平衡条件为

$$M_{AB}+M_{BA}+N\rho l_c=0 \tag{3}$$

把式(1)和式(2)代入式(3)，得

$$K_c[(C+S)\theta_B-2(C+S)\rho]+N\rho l=0 \tag{4}$$

因 $N=k_2EI_c$，故

$$(C+S)\theta_B-[2(C+S)-(kl_c)^2]\rho=0 \tag{5}$$

对于横梁 $M_{BC}=6K_b\theta_B$，由图 7-6(c)中结点 B 的力矩平衡条件 $M_{BA}+M_{BC}=0$，得

$$K_c[C\theta_B-(C+S)\rho]+6K_b\theta_B=0$$

引进线刚度比值 $K_1=K_b/K_c=\frac{I_b l_c}{I_c l_b}$，得

$$(C+6K_1)\theta_B-(C+B)\rho=0 \tag{6}$$

由式(5)和式(6)得框架的屈曲方程为

$$\begin{vmatrix} C+S & 2(C+S)-(kl_c)^2 \\ C+6K_1 & C+S \end{vmatrix}=0 \tag{7a}$$

或

$$(C^2-S^2)+12K_1(C+S)-(kl_c)^2(C+6K_1)=0 \tag{7b}$$

当 $K_1=\infty$ 时，式(7b)变为 $2(C+S)-(kl_c)^2=0$，$kl_c=\pi$，$\mu=1.0$，$N_{cr}=\pi^2EI_c/l_c^2$，相当于两端固定但有侧移的轴心受压柱的屈曲荷载。

当 $K_1=0$ 时，式(7b)变为 $C^2-S^2-C(kl_c)^2=0$，$kl_c=\pi/2$，$\mu=2.0$，$N_{cr}=\pi^2EI_c/(2l_c)^2$，相当于下端固定、上端自由的轴心受压柱的屈曲荷载。

对于不同的 K_1 值，μ 在 1.0～2.0 之间变动。

将 C 和 S 的三角函数与 $\mu=\pi/kl_c$ 代入式(7b)后，还可得到此框架的屈曲方程

$$6K_1\tan\frac{\pi}{\mu}+\frac{\pi}{\mu}=0 \tag{8}$$

给定 K_1 值后，可由式(8)直接算得 μ 值。

表 7-1 给出单层单跨框架柱的计算长度系数 μ。μ 值也可以用表中的近似计算公式求得。

表 7-1 **单层单跨框架的计算长度系数 μ**

框架类型	柱与基础连接方式	线刚度比值 K_1							近似计算公式
		∞	10	5	1.0	0.5	0.1	0	
无侧移	固定	0.55	0.524	0.546	0.626	0.656	0.689	0.700	$\mu=\frac{K_1+2.188}{5K_1+3.125}$
	铰接	0.700	0.732	0.760	0.875	0.922	0.981	1.000	$\mu=\frac{1.4K_1+3}{2K_1+3}$
有侧移	固定	1.000	1.020	1.030	1.160	1.280	1.670	2.000	$\mu=\sqrt{\frac{K_1+0.532}{K_1+0.133}}$
	铰接	2.000	2.030	2.070	2.330	2.640	4.440	∞	$\mu=2\sqrt{1+\frac{0.38}{K_1}}$

7.2.3 近似法求解多层多跨框架的临界荷载

7.2.3.1 无侧移多层多跨框架

对于图 7-7(a)中无侧移多层多跨框架，梁与柱的连接均为刚接，计算时做如下假定：

① 所研究柱与其相邻的上下柱同时屈曲。

② 框架屈曲时同一层的各横梁两端的转角大小相等而方向相反。

③ 屈曲时结点处产生的梁端不平衡力矩按结点处柱的线刚度比分配给柱端，使之平衡。

④ 各柱的 kl 值均相同。

⑤ 不计横梁中的轴力。

图 7-7(b)是根据上述基本假定确定无侧移框架柱 AB 的计算长度系数的计算简图。图 7-7 中标明了梁和柱的截面惯性矩。

利用受弯构件和压弯构件的转角位移方程建立与结点 A 有关的梁端与柱端力矩。

$$M_{AC}=\frac{EI_{b1}}{l_{b1}}(4-2)\theta_A,\quad M_{AD}=\frac{2EI_{b2}}{l_{b2}}\theta_A,\quad M_{AB}=\frac{EI_{c2}}{l_{c2}}(C\theta_A+S\theta_B);$$

$$M_{AG}=\frac{EI_{c1}}{l_{c1}}(C\theta_A+S\theta_B)=M_{AB}\frac{\frac{I_{c1}}{l_{c1}}}{\frac{I_{c2}}{l_{c2}}}$$

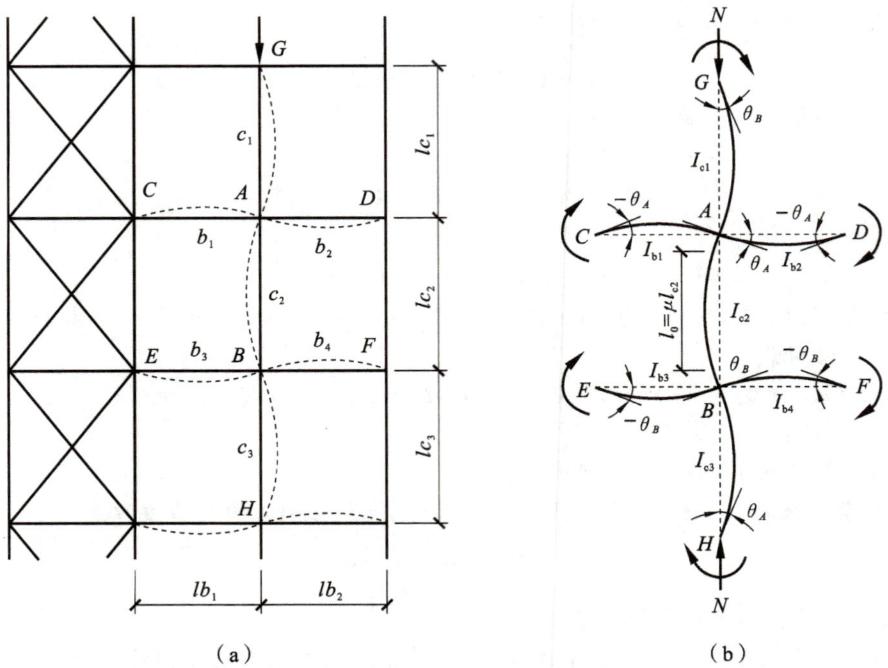

图 7-7 无侧移多层多跨框架计算简图

建立结点 A 的平衡方程，$M_{AB}+M_{AG}+M_{AC}+M_{AD}=0$，将 M_{AG} 代入后，得

$$M_{AB}+\frac{M_{AC}+M_{AD}}{\dfrac{I_{c1}}{l_{c1}}+\dfrac{I_{c2}}{l_{c2}}}\times\frac{I_{c2}}{l_{c2}}=0$$

这就是计算假定③。将 M_{AB}、M_{AC} 以及 M_{AD} 代入上式，得

$$(C\theta_A+S\theta_B)+\frac{2\left(\dfrac{I_{b1}}{l_{b1}}+\dfrac{I_{b2}}{l_{b2}}\right)}{\dfrac{I_{c1}}{l_{c1}}+\dfrac{I_{c2}}{l_{c2}}}\theta_A=0 \tag{7-20}$$

令 $K_1=\dfrac{\sum\limits_A I_b/l_b}{\sum\limits_A I_c/l_c}$，表示连接于 AB 柱上端梁的线刚度之和与柱的线刚度之和的比值，见式(7-20)中第二项 θ_A 的系数，它反映梁与柱连接的约束刚度，称为柱上端约束参数。由式(7-20)可得

$$(C+2K_1)\theta_A+S\theta_B=0 \tag{7-21}$$

令 $K_2=\dfrac{\sum\limits_B I_b/l_b}{\sum\limits_B I_c/l_c}$，表示连接于 AB 柱下端的线刚度之和与柱的线刚度之和的比值，称为柱下端约束参数。同理，可得结点 B 的平衡方程为

$$S\theta_A+(C+2K_2)\theta_B=0 \tag{7-22}$$

框架屈曲方程为

$$\begin{vmatrix} C+2K_1 & S \\ S & C+2K_2 \end{vmatrix}=0 \tag{7-23a}$$

或

$$C^2-S^2+2C(K_1+K_2)+4K_1K_2=0 \tag{7-23b}$$

将 $C=\dfrac{kl\sin(kl)-(kl)^2\cos(kl)}{2-2\cos(kl)-kl\sin(kl)}$，$S=\dfrac{(kl)^2-kl\sin(kl)}{2-2\cos(kl)-kl\sin(kl)}$ 代入，并用 $\mu=\pi/l_{c2}$ 表示，经整理后得 AB 柱的屈曲方程为

$$\left[\left(\frac{\pi}{\mu}\right)^2+2(K_1+K_2)-4K_1K_2\right]\left(\frac{\pi}{\mu}\right)\sin\frac{\pi}{\mu}-$$
$$2\left[(K_1+K_2)\left(\frac{\pi}{\mu}\right)^2+4K_1K_2\right]\cos\frac{\pi}{\mu}+8K_1K_2=0 \tag{7-24}$$

《钢结构设计标准》(GB 50017—2017)附录 E 给出无侧移多层多跨框架柱的计算长度系数 μ 就是按照式(7-24)算得的，它取决于 K_1 和 K_2，也可用下面的实用计算公式直接算得

$$\mu=\frac{0.64K_1K_2+1.4(K_1+K_2)+3}{1.28K_1K_2+2(K_1+K_2)+3} \tag{7-25}$$

式(7-24)和式(7-25)也可用于单层无侧移框架。

前面计算 μ 值的公式都是根据梁与柱连接是刚性结点得到的，如果连接条件不同，则需对横梁的线刚度做修正。

研究与 AB 柱的 A 端有关的横梁 AD，图 7-8(a)中的 A 结点是完全固定的，称为近端固定，由于框架屈曲时 $\theta_A=0$，此时可把横梁的线刚度看成无限大，故 $K_1=\infty$。图 7-8(b)中与 A 点相邻的 D 点是完全固定的，称为远端固定，这样 $M_{AD}=4(EI_{b2}/l_{b2})\theta_A=2(EI_{b2}/l_{b2})\theta_A\times 2$；经与前面 M_{AD} 比较后可知只需将横梁 AD 的线刚度乘以 2，式(7-24)照常适用，因此远端固定时横梁的线刚度修正系数 $\alpha=2.0$。

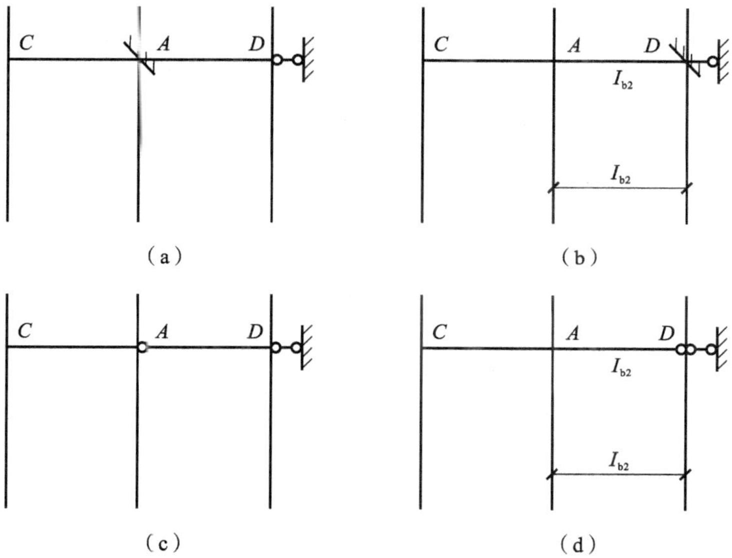

图 7-8　梁与柱的不同连接

图 7-8(c)中 A 端为铰接，说明横梁 AD 对柱的上端无约束作用，计算 μ 值时可视 $I_{b2}/l_{b2}=0$。图 7-8(d)中横梁在 D 点为铰接，$M_{AD}=3(EI_{b2}/l_{b2})\theta_A=2(EI_{b2}/l_{b2})\theta_A\times(3/2)$，因此远端铰接时横梁线刚度的修正系数 $\alpha=3/2$。

柱的远端为固定或铰接时对柱的屈曲荷载也有影响，但已有的研究成果尚不便于应用。

7.2.3.2　有侧移多层多跨框架

对于图 7-9(a)的有侧移多层多跨框架，确定 AB 柱的计算长度系数时，前面无侧移框架基本假定中的第②条改为屈曲时认为同一层的结点转角不仅大小相等，方向也相同，第⑤条假定改为不计屈曲时柱中轴压力的变化，其他假定都一样。AB 柱的计算简图如图 7-9(b)所示。图 7-9 中梁与柱的长度和截面惯性矩都用与图 7-7 相同的符号，而侧移角为 $\rho_1=\Delta/l_{c1}$，$\rho_2=\Delta/l_{c2}$。

先写出与结点 A 有关的梁端和柱端力矩

$$M_{AC}=6\frac{EI_{b1}}{l_{b1}}\theta_A$$

$$M_{AD}=6\frac{EI_{b2}}{l_{b2}}\theta_A$$

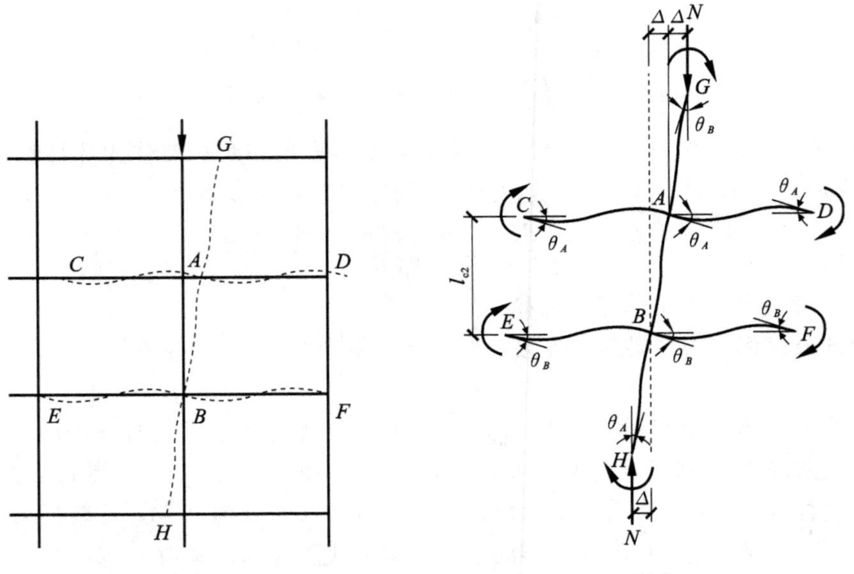

图 7-9 有侧移多层多跨框架计算

$$M_{AB}=\frac{EI_{c2}}{l_{c2}}[C\theta_A+S\theta_B-(C+S)\rho_2]$$

$$M_{AG}=\frac{EI_{c1}}{l_{c1}}[C\theta_A+S\theta_B-(C+S)\rho_1]$$

若 $\rho_1=\rho_2$，则

$$M_{AG}=M_{AB}\frac{\frac{I_{c1}}{l_{c1}}}{\frac{I_{c2}}{l_{c2}}}$$

再建立结点 A 的平衡条件，$M_{AB}+M_{AG}+M_{AC}+M_{AD}=0$，将 M_{AG} 代入后，得

$$M_{AB}+\frac{M_{AC}+M_{AD}}{\frac{I_{c1}}{l_{c1}}+\frac{I_{c2}}{l_{c2}}}\times\frac{I_{c2}}{l_{c2}}=0$$

从而可得

$$C\theta_A+S\theta_B-(C+S)\rho+\frac{6\left(\frac{I_{b1}}{l_{b1}}+\frac{I_{b2}}{l_{b2}}\right)}{\frac{I_{c1}}{l_{c1}}+\frac{I_{c2}}{l_{c2}}}\theta_A=0 \tag{7-26}$$

引进连接于 AB 柱上端的梁的线刚度之和与柱的线刚度之和的比值 K_1，式(7-26)可写作

$$(C+6K_1)\theta_A+S\theta_B-(C+S)\rho=0 \tag{7-27}$$

同理，可建立结点 B 的力矩平衡方程，并引进与 AB 柱下端约束有关的线刚度比值 K_2 即可得到

$$S\theta_A+(C+6K_2)\theta_B-(C+S)\rho=0 \tag{7-28}$$

再建立柱本身的平衡方程，$M_{AB}+M_{BA}+N\Delta=0$，而 $\Delta=\rho l_{c2}$，$N=k^2EI_{c2}$，故 $N\Delta=(EI_{c2}/l_{c2})(kl_{c2})^2\rho$，又 $M_{BA}=(EI_{c2}/l_{c2})[S\theta_A+C\theta_B-(C+S)\rho]$，这样此平衡方程可写为

$$(C+S)(\theta_A+\theta_B)-[2(C+S)-(kl_{c2})^2]\rho=0 \tag{7-29}$$

将式(7-27)和式(7-28)相加，得

$$(C+S)(\theta_A+\theta_B)-2(C+S)\rho=-6(K_1\theta_A+K_2\theta_B) \tag{7-30}$$

将式(7-30)代入式(7-29)，可得

$$-6K_1\theta_A-K_2\theta_B+(kl_{c2})^2\rho=0 \tag{7-31}$$

由式(7-27)、式(7-28)和式(7-31)所组成的线性方程组的系数行列式为零，可得有侧移框架的屈曲方

程为

$$\begin{vmatrix} C+6K_1 & S & -(C+S) \\ S & C+6K_2 & -(C+S) \\ -6K_1 & -6K_2 & (kl_{c2})^2 \end{vmatrix}=0 \tag{7-32}$$

以 C 和 S 的三角函数代入，并用 $\mu=\pi/kl_{c2}$ 表示，经整理后得屈曲方程为

$$\left[36K_1K_2-\left(\frac{\pi}{\mu}\right)^2\right]\tan\frac{\pi}{\mu}+6(K_1+K_2)\frac{\pi}{\mu}=0 \tag{7-33}$$

《钢结构设计标准》(GB 50017—2017)附录 E 给出的有侧移多层多跨框架柱的计算长度系数 μ 就是按照式(7-33)算得的，它取决于约束参数 K_1 和 K_2，也可用下面的实用计算公式直接算得

$$\mu=\sqrt{\frac{7.5K_1K_2+4(K_1+K_2)+1.52}{7.5K_1K_2+K_1+K_2}} \tag{7-34}$$

式(7-33)和式(7-34)也可用于单层有侧移框架。

若梁与柱的连接并非都是刚接，也需根据不同的连接条件对横梁的线刚度做修正。如果近端是固定的，那么横梁的线刚度可视为无限大。如果近端为铰接，则线刚度视为零。如远端为可移动而不能转动[图 7-10(a)]，那么由 $M_{AD}=4(EIb_2/lb_2)\theta_A=6(EI_{b2}/l_{b2})\theta_A\times2/3$ 可知，横梁 AD 的线刚度修正系数 $\alpha=2/3$。如果远端为铰接[图 7-10(b)]，由 $M_{AD}=3(EI_{b2}/l_{b2})\theta_A=6\left(\frac{EI_{b2}}{l_{b2}}\right)\theta_A\times1/2$，可知横梁 AD 的线刚度修正系数 $\alpha=1/2$。柱远端为固定或铰接对柱计算长度系数也有影响，但目前的研究成果还不便于应用。

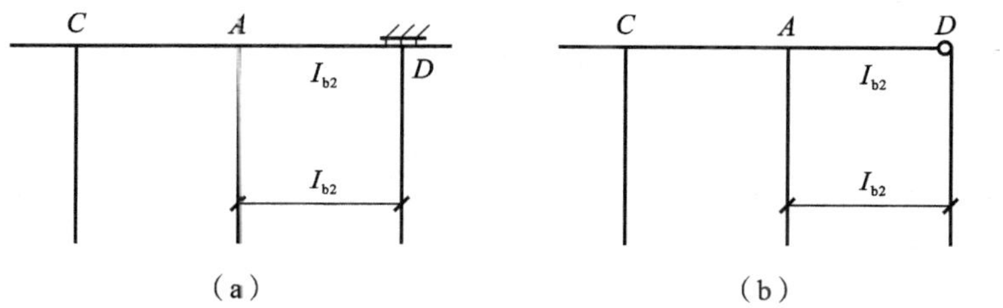

图 7-10 梁与柱链接简图

【例 7-3】 用近似法求解图 7-11(a)所示无侧移和图 7-11(b)所示有侧移双层单跨框架柱的计算长度系数。集中荷载 N 均对称地作用于柱顶，图 7-11(a)和(b)的几何尺寸完全相同，已知 $I_b/l_b=I_c/l_c$。

【解】 (1) 无侧移框架。

对上层柱 BC，$K_1=\frac{I_b l_b}{I_c/l_c}=1$，$K_2=\frac{I_b/l_b}{2I_c/l_c}=0.5$，查《钢结构设计标准》(GB 50017—2017)附表 E.0.1，得 $\mu=0.813$。

若利用实用计算公式[式(7-25)]得

$$\mu=\frac{0.64K_1K_2+1.4(K_1+K_2)+3}{1.28K_1K_2+2(K_1+K_2)+3}=\frac{0.64\times1\times0.5+1.4\times(1+0.5)+3}{1.28\times1\times0.5\times+2\times(1+0.5)+3}=0.816$$

对下层柱 AB，$K_1=0.5$；柱与基础刚接，$K_2=10$，查《钢结构设计标准》(GB 50017—2017)附表 E.0.1，得 $\mu=0.685$。

若利用式(7-25)计算得

$$\mu=\frac{0.64\times0.5\times10+1.4\times(0.5+10)+3}{1.28\times0.5\times10+2\times(0.5+10)+3}=0.688$$

(2) 有侧移框架。

对上层柱 BC，$K_1=1$，$K_2=0.5$，查《钢结构设计标准》(GB 50017—2017)附表 E.0.2，得 $\mu=1.450$。

若利用实用计算公式(7-34)得

$$\mu=\sqrt{\frac{7.5K_1K_2+4(K_1+K_2)+1.52}{7.5K_1K_2+K_1+K_2}}=\sqrt{\frac{7.5\times1\times0.5+4\times(1+0.5)+1.52}{7.5\times1\times0.5+1+0.5}}=1.465$$

对于下层柱 AB，$K_1=0.5$，$K_2=10$，查《钢结构设计标准》(GB 50017—2017)附表 E.0.2，得 $\mu=1.300$。

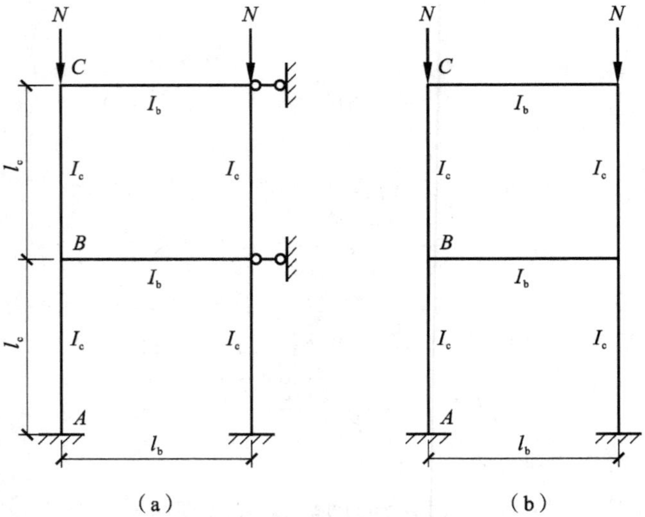

图 7-11 双层单跨框架

若用式(7-34)计算得

$$\mu=\sqrt{\frac{7.5\times0.5\times10+4\times(0.5+10)+1.52}{7.5\times0.5\times10+0.5+10}}=1.299$$

7.2.4 主弯矩对框架稳定的影响

前面研究的框架属于集中荷载沿柱的轴线作用的弹性框架屈曲问题。本节要研究的框架，除有一部分集中荷载沿柱的轴线作用外，还有一部分荷载作用于横梁上。横梁上的荷载使得框架在屈曲之前产生了弯曲变形和弯矩。梁和柱未考虑其轴向力影响的一阶弯矩称为主弯矩，考虑了轴向力后的弯矩变化量称为次弯矩。本节研究主弯矩对弹性框架屈曲荷载的影响。

7.2.4.1 单跨无侧移框架

对图 7-12(a)中下端铰接的单跨无侧移框架，求解其失稳荷载时做如下基本假定：

① 材料为弹性体。

② 梁和柱均为等截面直杆。

③ 轴向压力与构件的轴线重合。

④ 横梁上的均布荷载与柱顶的集中荷载按比例增加。为便于分析，q 和 N 之间的关系用 n 表示。

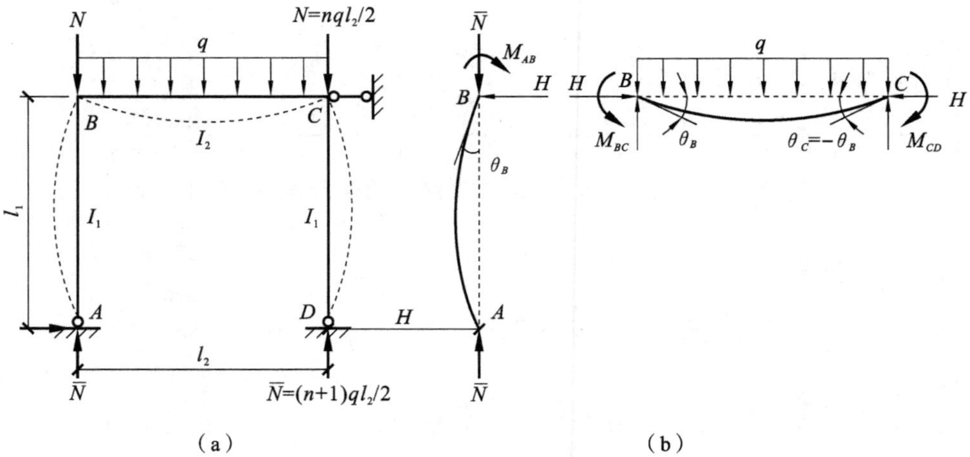

图 7-12 单跨无侧移框架

采用位移法求解框架的失稳荷载。与 7.2.1 节分析框架有所不同，这里需计及轴向压力对横梁刚度的影响。将框架划分为图 7-12(b)所示柱与梁两个隔离体，其轴向压力分别为 $\overline{N}$ 和 H。

对于柱 AB，$K_1=EI_1/l_1$，对应于 $k_1l_1=l_1\sqrt{N/EI_1}$ 的抗弯刚度系数为 C_1 和 S_1。因柱的下端铰接，故

$$M_{BA}=K_1\left(C_1-\frac{S_1^2}{C_1}\right)\theta_B \tag{7-35}$$

对于梁 BC，$K_2=EI_2/l_2$，对应于 $k_2l_2=l_2\sqrt{H/EI_2}$ 的抗弯刚度系数为 C_2 和 S_2。由于梁上有横向荷载，其转角位移方程还应包括横向荷载产生的固端弯矩 $M=-\frac{ql}{8}(\cos\mu-\cot\mu)$，即

$$M_{BC}=K_2(C_2\theta_B+S_2\theta_C)+M_{FBC}=K_2(C_2-S_2)\theta_B+M_{FBC} \tag{7-36}$$

由 $M=-\frac{ql}{8}(\cos\mu-\cot\mu)$ 可知，梁的固端弯矩为

$$M_{FBC}=-\frac{ql_2^2}{12}\left(\frac{3}{\frac{k_2l_2}{2}}-\frac{3}{\frac{k_2l_2}{2}}\cot\frac{k_2l_2}{2}\right) \tag{7-37}$$

由结点 B 的力矩平衡条件 $M_{BA}+M_{BC}=0$，得

$$\left[K_1\left(C_1-\frac{S_1^2}{C_1}\right)+K_2(C_2-S_2)\right]\theta_B+M_{FBC}=0 \tag{7-38}$$

由左柱的平衡条件 $M_{BA}-Hl_1=0$，得

$$K_1\left(C_1-\frac{S_1^2}{C_1}\right)\theta_B-Hl_1=0 \quad 或 \quad \theta_B=\frac{Hl_1}{K_1\left(C_1-\frac{S_1^2}{C_1}\right)} \tag{7-39}$$

将式(7-39)代入式(7-38)，得

$$Hl_1\left[K_1\left(C_1-\frac{S_1^2}{C_1}\right)+K_2(C_2-S_2)\right]+K_1\left(C_1-\frac{S_1^2}{C_1}\right)M_{FBC}=0 \tag{7-40}$$

将 C_1，S_1，C_2，S_2 和 M_{FBC} 的三角形函数代入式(7-40)，整理后得 $\overline{N}$ 和 H 的关系式

$$\frac{H}{N}[1-k_1l_1\cot(k_1l_1)]+k_2l_1\tan\frac{k_2l_2}{2}-\frac{ql_2}{H}\left(\frac{\tan\frac{k_2l_2}{2}}{k_2l_2}-\frac{1}{2}\right)=0 \tag{7-41}$$

直接求解框架的屈曲荷载比较困难，可在已知比值 n 的条件下，先给定不同的 q 值或 $\overline{N}$，通过试算，由式(7-41)得到 H，画出 $\overline{N}$-H 关系曲线(图 7-13)。曲线具有上升段和下降段，其最高点所对应的荷载即为框架弹性失稳荷载 $\overline{N}_{cr}$。

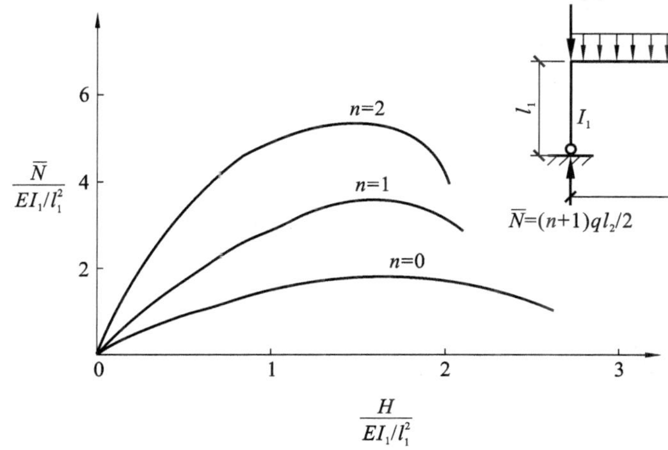

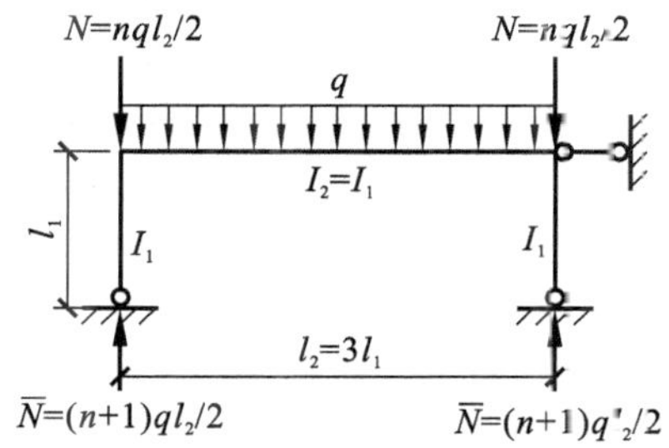

图 7-13 无侧移框架的屈曲荷载

图 7-13 给出 $I_2=I_1$，$l_2=3l_1$ 和 $n=0,1$ 与 2 时的 $\overline{N}$-H 关系曲线。因横梁上直接荷载作用的影响，柱的计算长度系数 μ 分别为 2.27，1.63 和 1.36。当 $n=0$，$\mu=2.27$ 时，相当于荷载全部作用于横梁上，失稳荷载 $\overline{N}_{cr}=1.915EI_1/l_1^2$。当荷载全部作用于柱顶时，相当于 $n=\infty$，框架的分岔屈曲荷载可由 $K_1=\frac{I_2l_1}{I_1l_2}=0.333$，

查表 7-1 得 $\mu=0.945$，$\overline{N}_{cr}=\pi^2 EI_1/(0.945l_1)^2=11.052EI_1/l_1^2$。$\overline{N}_{cr1}/\overline{N}_{cr}=5.77$，可见主弯矩作用将降低无侧移框架的屈曲荷载。但对于一般的框架，只有部分荷载作用于横梁上，且线刚度比值 K_1 不会太小，因此主弯矩的影响相对来说不会如此之大。

7.2.4.2 单跨有侧移框架

对图 7-14(a)中下端铰接有侧移单跨框架，计算时的基本假定和无侧移框相同。

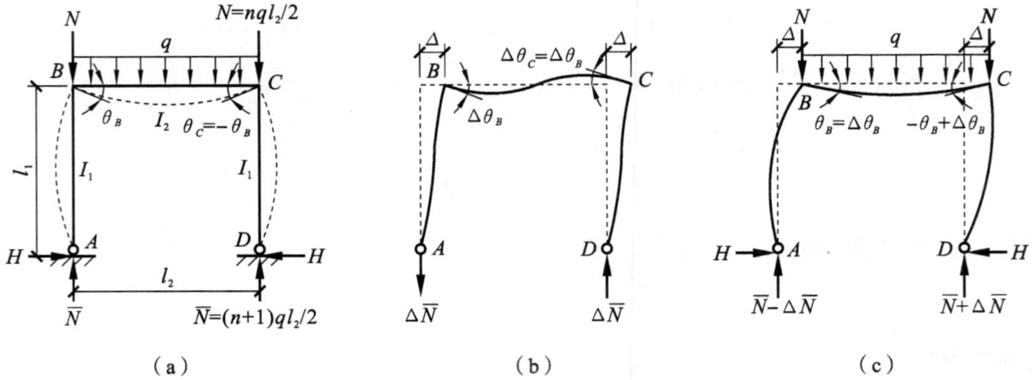

图 7-14 单跨有侧移框架

在框架发生有侧移分岔屈曲之前，框架的受力和变形与无侧移框架完全相同[图 7-15(a)]，此时柱的轴向压力 N 和横梁的轴向压力 H 的关系式仍是式(7-41)。但当荷载达到分岔屈曲荷载 $\overline{N}_{cr}$时，框架柱顶产生侧移 Δ，可用位移法求解。分两步计算框架：第一步，按图 7-14(a)得到 $\overline{N}$ 和 H 的关系[式(7-41)]；第二步，按在 q，$\overline{N}$ 和 H 共同作用下框架产生图 7-14(b)所示的反对称变形，用位移法得到结点 B 的弯矩，此时柱的轴向压力有变量 $\Delta\overline{N}$。图 7-14(c)是框架屈曲后总的受力和变形，通过建立结点 B 和左柱的平衡方程得到侧移屈曲时 $\overline{N}$ 和 H 的关系式。由于整个计算过程比较复杂，这里只写出 $\overline{N}$ 和 H 的曲线方程

$$k_1 l_1\cot(k_1 l_1)-\frac{\overline{N}l_1}{Hl_2}\left(2-k_2 l_2\cot\frac{k_2 l_2}{2}\right)+\frac{Hl_1}{Nl_2}\left[2-k_1 l_1\cot(k_1 l_1)-\frac{(k_1 l_1)^2}{\sin^2(k_1 l_1)}\right]=0 \tag{7-42}$$

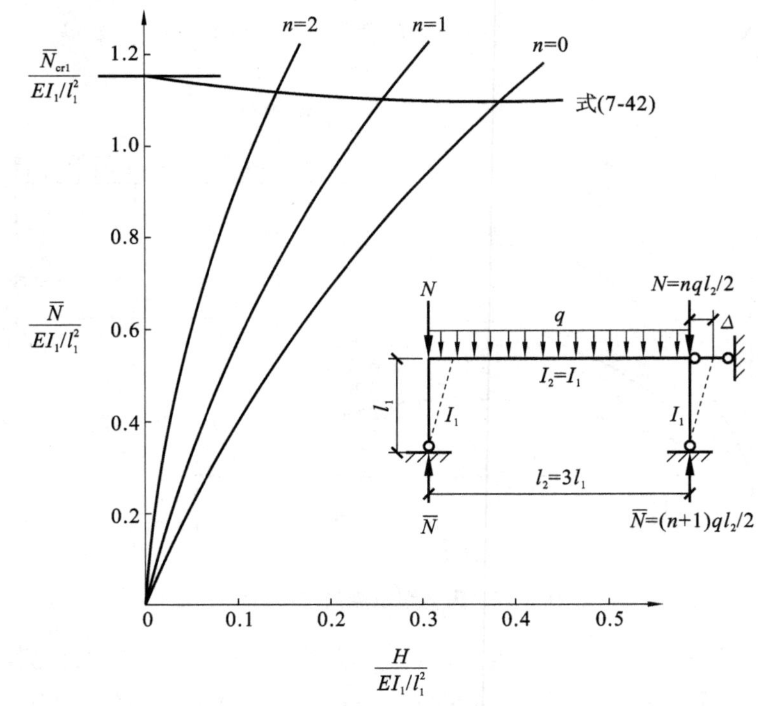

图 7-15 有侧移框架的屈曲荷载

求解时可在已知 n 的条件下，先给定不同的 q 值，按式(7-41)画出无侧移时的 $\overline{N}$-H 曲线，如图 7-15 所

示，再按式(7-42)画出另一条 $\overline{N}$-H 曲线。两条曲线的交点即为有侧移框架的分岔屈曲荷载 $\overline{N}_{cr}$。图 7-15 给出当 $I_2=I_1$，$l_2=3l_1$ 和 $n=0$，1 与 2 时柱的计算长度系数 μ，分别是 3.02，2.97 与 2.95。当荷载全部作用于横梁上时，$\overline{N}_{cr}=\pi^2EI_1/(3.02l_1)=1.082EI_1/l_1^2$，$\overline{N}_{cr}/\overline{N}=1.07$。可见，主弯矩对有侧移框架屈曲荷载的影响很小，可忽略不计。因此，对分岔失稳的有侧移框架，可直接把横梁上的荷载分解到柱顶，按无主弯矩作用的条件计算屈曲荷载，从而得到柱的计算长度系数的近似值。

7.3 框架的非弹性失稳

当框架失稳时，梁或柱的屈曲应力超过了截面的有效比例极限 $\sigma'_p=\sigma_y-\sigma_{rc}$，则框架将发生弹塑性状态屈曲。对于框架的非弹性失稳，由于荷载作用位置和框架类型的不同，计算方法也将不同。

(1) 单跨无侧移框架

对无侧移框架，若荷载全部作用于柱顶，则框架的弹塑性屈曲荷载为 $N_{cr}=\pi^2EI_{c1}/(\mu l_1)^2$。其值取决于柱截面弹性区的惯性矩 I_{c1}，不论用平衡法还是位移法求解都需要通过反复试算，直到计算结果符合 $N_{cr}=\sum\sigma_1A_1$ 为止。若有一部分荷载作用于横梁上[图 7-16(a)]，可用数值积分法分别得到图 7-16(b)和(c)所示的柱和梁在结点 B 处力矩与转角的关系曲线[图 7-16(d)]。曲线的交点符合结点 B 的力平衡和变形协调条件，曲线的交点构成如图 7-16(e)所示的 $\overline{N}$-θ_B 曲线，其最高点即为屈曲荷载 $\overline{N}_{cr}$。

(2) 单跨有侧移框架

去掉图 7-16(a)柱顶的支承，则变为有侧移框架。欲求其弹塑性屈曲荷载，可根据前面弹性框架分析的结果，直接将作用在横梁上的荷载分解到柱顶，忽略主弯矩的影响，而用截面弹性区的惯性矩 I_e 代替柱的全截面惯性矩 I，像弹性框架那样计算屈曲荷载。I_e 与柱的轴向压力有关，因此需通过反复试算才能得到框架的弹塑性屈曲荷载。

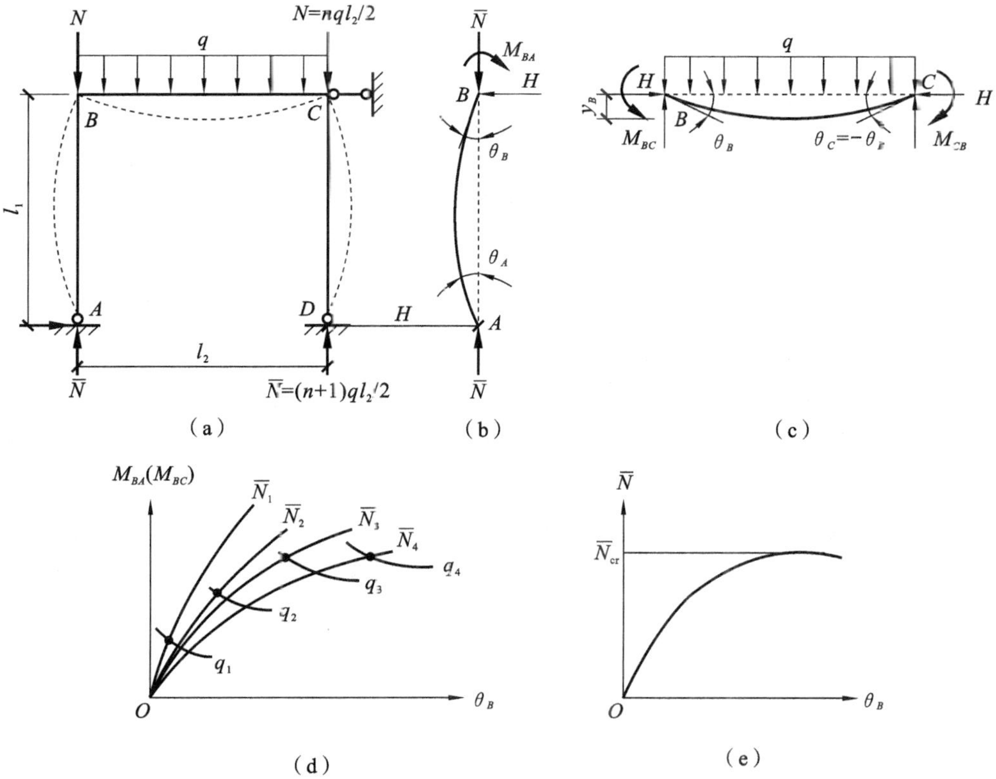

图 7-16 弹塑性框架力的平衡与变形协调

7.4 框架平面内的弯曲失稳理论在设计中的应用

框架柱的稳定应由框架的整体稳定来解决。不过，目前在设计框架时，仍然采用计算长度法，将框架稳定简化为柱稳定计算来对待。

该方法先按一阶弹性分析法求得框架在各种荷载作用下的内力，然后进行内力组合得到各构件的最不利内力。取出框架柱单独来设计，按前面章节介绍的压弯构件稳定计算设计方法分别验算其平面内和平面外稳定性。在设计过程中，柱的计算长度采用前面弹性理论分析结果。

需要指出的是，前面分析的框架只是一些典型框架，未考虑轴向压力对横梁刚度的影响。《钢结构设计标准》(GB 50017—2017)规定当与柱刚性连接的横梁所受轴心压力较大时，横梁线刚度应乘以折减系数 α_N。

(1) 无侧移框架柱

横梁远端与柱刚接和横梁远端铰支时，

$$\alpha_N = 1 - \frac{N_b}{N_{Eb}}$$

横梁远端嵌固时，

$$\alpha_N = 1 - \frac{N_b}{2N_{Eb}}$$

(2) 有侧移框架柱

横梁远端与柱刚接时，

$$\alpha_N = 1 - \frac{N_b}{4N_{Eb}}$$

横梁远端铰支时，

$$\alpha_N = 1 - \frac{N_b}{N_{Eb}}$$

横梁远端嵌固时，

$$\alpha_N = 1 - \frac{N_b}{2N_{Eb}}$$

式中，$N_{Eb} = \frac{\pi^2 EI_b}{l^2}$，其中，$I_b$ 为横梁截面惯性矩；l 为横梁长度。

知识归纳

(1) 钢结构在框架平面内的失稳现象可分为两类稳定问题，即分岔失稳和分差失稳问题。只有准确判断结构失稳类型的性质，才能正确估量结构的稳定承载力。

(2) 框架平面内发生弹性失稳时，可采用平衡法、位移法和近似法求解其临界荷载；当框架发生非弹性失稳时，荷载作用位置和框架类型的不同，计算方法也将不同。

独立思考

7-1 钢结构在框架平面内的失稳按性质可分为几类？各自有何特征？

7-2 在计算钢架的屈服荷载时,如何判断框架柱顶有无侧移?

7-3 钢结构在框架平面内的失稳荷载有哪些求解方法?

参考文献

[1] 吕烈武,沈世钊,沈祖炎,等.钢结构构件稳定理论.北京:中国建筑工业出版社,1983.
[2] 陈绍蕃.钢结构稳定设计指南.3 版.北京:中国建筑工业出版社,2013.
[3] 钟善桐.钢结构稳定设计.北京:中国建筑工业出版社,1991.
[4] 陈骥.钢结构稳定理论与设计.6 版.北京:科学出版社,2014.
[5] 沈祖炎,陈扬骥,陈以一.钢结构基本原理.2 版.北京:中国建筑工业出版社,2005.
[6] 周绪红,郑宏.钢结构稳定.北京:中国建筑工业出版社,2004.
[7] 郝际平,钟炜辉.薄壁杆件的弯曲与扭转.北京:高等教育出版社,2006.
[8] 童根树.钢结构的平面内稳定.北京:中国建筑工业出版社,2015.
[9] 周绪红,王世纪.薄壁构件稳定理论及其应用.北京:科学出版社,2009.
[10] 丁阳.钢结构设计原理.天津:天津大学出版社,2004.
[11] 陈绍蕃,顾强.钢结构基础.3 版.北京:中国建筑工业出版社,2014.
[12] 苏明周,申跃奎.钢结构稳定原理.北京:科学出版社,2012.
[13] 郭耀杰.钢结构稳定设计.武汉:武汉大学出版社,2003.
[14] 陈惠发.钢框架稳定设计.上海:上海世界图书出版公司,1999.
[15] 中华人民共和国住房和城乡建设部,中华人民共和国国家质量监督检验检疫总局.GB 50017—2017 钢结构设计标准.北京:中国建筑工业出版社,2018.